개정 누리과정과
개정 표준보육과정에
기초한

영유아 음악교육

이숙희 김미정 공저

정민사

머리말
preface

자동차 회사의 새 모델 자동차 TV광고가 음악 없이 방영된다면 어떤 느낌일까? 그리고 어떤 영화가 음악 없이 화면만 스크린에 상영된다면 그 영화에 대한 느낌은 어떨까? 만약 음악 없이 피겨 스케이팅 선수가 스케이팅을 한다면 이것은 또 어떤 느낌일까? 자동차 TV광고나 영화, 피겨 스케이팅에 음악이 들어간다면 아마도 우리는 새 모델 자동차나 영화, 피겨 스케이팅에 더 잘 동화되고 감동을 받을 것이며 그에 대한 스토리텔링도 잘 이루어질 것이다.

이처럼 음악은 우리의 일상을 역동적이게 하고 이해를 돕고 스토리텔링을 구성하는 힘을 가지고 있다. 음악을 통해 우리는 자연스럽게 리듬을 이해하고 표현하며 감성과 정서를 풍부하게 하여 삶의 에너지를 가질 수 있다. 그래서 음악은 우리를 움직이게 하고, 우리는 생각보다 훨씬 음악적이다.

이것은 유아들도 마찬가지이다. 짜증 내는 아이에게 즐겁고 편안한 느낌의 음악을 들려주면 기분이 좋아져, 하던 활동을 계속할 수 있으며 음악에 맞춰 자신의 동작을 더 다양하게 만들어낼 수도 있다. 그래서 유아교육은 음악을 중요하게 활용한다. 유아들이 즐겁게 노래 부르며 움직이다 보면 하고 싶은 활동에 더 집중할 수 있게 되고 쌓였던 스트레스가 해소되기도 한다. 음악과 동작을 서로 연결하여 즐겁게 활동하다 보면 유아는 미래의 프리마돈나가 될 수도 있을 예술가적 자질을 자극받을 수도 있다. 이를 위해 유아를 위한 음악과 동작 프로그램은 미래를 여는 활동이기도 하다.

이 책의 저자들은 유아가 미래에 행복한 삶의 주체가 될 수 있도록 수년간 유아를 위한 음악 프로그램을 연구하고 개발하는 일에 전력해왔다. 그 프로그램들을 실제로 대학과 유아교육 현장에 적용하여 유아들이 음악을 즐기고 몰입하며 리듬을 몸으로 익히고 음악적 감수성을 기르는 등의 변화와 창의적인 동작들로 연결해낸다는 것을 경험했다. 그러한 노하우를 함께 나누고자 이 책을 집필하게 되었다.

이 책은 저자들의 교수 경험과 현장 프로그램 개발 경험을 바탕으로 영유아 음악교육에 대한 이론과 실제들을 각 장으로 구분하여 구성되었다. 1장부터 3장까지는 영유아음악교육의 개념 및 목적, 음악 발달, 교수법에 대한 내용을 중심으로 구성되었다. 4장부터 8장까지는 소리 탐색 및 소리 듣기, 노래, 악기, 신체표현, 음악감상 등의 주요 음악활동 형태를 중심으로 각 활동의 개념과 활동 방법, 실제 계획을 담고 있다. 그리고 9장과 10장은 음악과 미술, 음악과 동화 활동으로 음악과의 통합 계획의 실제로 구성되어 예술경험 영역의 통합적인 적용의 실제를 구성하였다. 아울러 유아들의 음악적 역량을 풍부하게 하고 유아가 미래의 창조적 구성원의 역할을 할 수 있도록 유아음악교육을 위한 유아교사의 역할도 다루고 있다. 또한 부록에서는 교육과정(개정 누리과정과 개정 표준보육과정)을 소개하였다. 이를 통해 예비유아교사들과 현장의 유아교사들이 영유아가 음악을 즐겁게 경험하도록 안내하고 함께 상호작용하여 영유아들이 일상에서 음악을 더욱 다양하게 활용하고 창의적인 음악놀이를 할 수 있는 자질과 능력을 기를 수 있을 것이다.

이 책의 편집과 출판을 위해 애써주신 정민사의 박세원 대표님께도 심심한 감사를 드린다. 유아들과 현장의 유아교사, 예비유아교사들의 음악적 효능감과 감수성의 성장과 발전을 위해 그동안 많은 노력과 지원을 해주신 것에 유아교육현장 선생님들께도 진심으로 감사드린다. 덧붙여 이 책이 유아교사와 예비유아교사들에게 음악교육에 대한 실제적인 도움이 되기를 진심으로 바란다.

2020년 11월
저자

목차
contents

★CD: 교재 수록 계획안 활동곡 67곡 수록(이숙희 작곡, 김미정 작곡, 김여진 노래)

표 목차

■ **본문**

■ **부록**

악보 목차

그림 목차

CHAPTER

01

영유아음악교육의 개념 및 목적

1. 영유아음악교육의 개념 및 중요성
2. 영유아음악교육의 목적과 목표

1. 영유아음악교육의 개념 및 중요성

음악은 영유아에게 삶의 기쁨과 즐거움을 자연스럽게 표현하는 수단이며, 영유아 삶의 한 부분이다. 영아는 태내기부터 청각신경이 발달되고, 생후 7개월이 되면서 소리에 대한 구별 능력이 생긴다(정현주, 2013). 점차 성장하면서 자연스럽게 음악을 접하게 되고 음악을 조금씩 인식하게 되면서 친숙한 노래의 리듬에 맞추어 몸을 흔들거나 들리는 선율을 부분적으로 따라 하는 등 자발적으로 음악에 대한 반응을 나타낸다(이숙희, 2010).

영유아는 놀이와 움직임을 통해 음악을 탐색하면서(김미정, 2007), 자기 생각을 창의적으로 표현하고, 타인과 정서를 교류할 수 있다(이숙희, 2010). 음악을 매체로 한 놀이와 게임과 같은 활동과정은 영유아에게 음악에 대한 다양한 정서반응 경험의 기회를 제공한다. 영유아의 음악 감수성과 음악 정서반응 경험은 영유아의 음악 인지와 음악표현뿐만 아니라(김미정, 2010; 배은영, 2008; Cohen, Radocy, & Boyle, 2001; Hevner, 1935; Jordan-Decarbo & Galliford, 2001; Kamenetsky, Hill, & Trehub, 1997; Lynch & Eilers, 1992; Trehub, 2003; Trehub, Thrope, & Trainor, 1990), 전인 발달과 풍요로운 삶을 위해 이 시기에 제공되어야 하는 중요한 교육의 한 부분이다(김명순, 조경자, 2005; 김미정, 2007; Andress, 1973; Gordon, 1997; MacDonald, 1993; Peery, & Peery, 1986; Sims, 1986).

영유아의 경험에서 음악은 중요하고 전체적인 반응을 통합하는 역할을 한다. 이런 영유아의 경험 통합은 음악경험에 대한 정서적 · 지적 상호관련성에 의해 나타나는데, 이 상호관련성은 영유아의 음악경험에 심리적인 의미와 성취감을 준다. 따라서 영유아음악교육은 '음악을 통한 영유아의 인지적, 정서적, 사회적, 신체적, 언어적 발달을 포괄하는 전인적 성장발달을 돕는 교육'의 개념으로 정의할 수 있다.

플라톤(Platon)은 인격형성과 감정을 평온하게 하는 것이 음악의 목적이며, 영유아기에 음악교육이 절대적으로 필요하다고 하였다(이숙희, 2010). 미국음악교육자협회(MENC: Music Educator National Conference, 2005)는 음악교육을 영유아가 타고난 음악적 잠재력을 바탕으로 음악을 만들고, 노래 부르고, 음악에 맞춰 움직이고, 음악을 듣고 연주함으로써 보다 큰 기쁨을 얻는 과정이어야 하며, 영유아의 음악적 태도(music attitude)와 음악적 행동(behavior)을 증진시키고, 음악적 개념(concept) 형성을 통해 궁극적으로는 음악적 소양을 길러주는 것이라고 하였다. 또한, 음악교육가 달크로즈, 코다이, 오르프, 고든도 모든 유아가 음악을 경험해야 하고, 음악교육을 받아야 한다고 주장하며 음악의 중요성을 강조하였다.

2. 영유아음악교육의 목적과 목표

영유아음악교육의 목적은 영유아에게 즐겁고 의미 있는 음악교육을 제공함으로써 잠재되어 있는 음악성을 최대한 계발하고 전인적 삶의 토대로서 음악을 즐기고 표현하는 사람으로 자라도록 하는 것이다. 영유아가 음악을 사랑하고 즐길 수 있는 기회를 제공하기 위한 영유아음악교육의 목표는 영유아의 음악경험에 대한 정서적 가치와 인지적 중요성에 반응하는 능력을 개발시킴으로써 영유아의 음악적 능력을 기르는 것이다(전인옥, 이숙희, 2016). 음악 놀이와 통합적 표상 활동을 통해 영유아는 음악에 대한 다양한 능력과 소양, 음악개념을 발달시키며 성장할 수 있다. 이를 기반으로 한 영유아음악교육의 목표는 다음과 같다.

1) 영유아의 신체발달을 돕는다

영유아의 노래 부르기, 악기연주, 그리고 음률 활동은 감각능력, 신체 인식 및 조절 그리고 대근육과 소근육의 발달에 영향을 미친다. 영유아는 신체를 조절하고 신체 부위에 대한 개념을 획득하며 자아 인식을 발달시키게 되고 자신의 능력에 대한 자신감도 갖게 된다. 또한 소리나 음악에 따라 신체를 적극적으로 움직이며 표현할 수 있다. 다양한 크기와 소재의 악기와 연주방법으로 영유아가 악기를 연주하면서, 신체 인식 및 조절을 통한 대근육과 소근육, 그리고 눈과 손의 협응력도 발달시킬 수 있다(문연경, 2001). 이렇게 음악을 통한 운동 또는 신체 기능 발달이나 강화가 가능한 것은 영유아에게 내재된 신체 리듬과 동조화 성향 때문이다. 음악의 리듬적 요소는 감각운동적 자극제로서 동작을 유도하고 조절하게 하며 음악의 선율에 따라 신체의 공간적 특성도 달라지게 된다(정현주, 2015).

또한 노래 부르기와 카주나 리코더, 혼 콰이어와 같은 취주악기 연주는 들숨과 날숨의 호흡부터 소리 생성에 필요한 여러 운동신경을 자극하고 촉진하여 영유아의 신체발달을 도울 수 있다. 롤리팝드럼이나 우드블록 같은 리듬 악기를 다양한 크기와 소재의 채를 사용하여 연주하거나 피아노나 멜로디언 같은 선율악기를 손가락으로 직접 터치하고 조작하는 기술은 소근육발달에도 도움을 준다. 노래를 부르며 함께하는 동작표현은 음악의 리듬과 선율 등의 요소를 경험할 수 있는 기회가 되고 민첩성, 유연성, 순발력, 방향성 등의 다양한 운동신경을 강화시켜 신체발달을 도울 수 있다.

2) 영유아의 사회성 발달을 돕는다

영유아기는 다양한 사회적 기술을 획득하고 인과적 관계에 대해 배우고(Oakes, 1994) 문제해결 기술을 획득하며(Chen, Sanchez, & Campbell, 1997) 자신의 방법을 유사한 문제에 시도해 보기도 하며 사회적 발달을 시작하는 시기이다(김미정, 2010; Chen & Siegler, 2000). 영유아의 사회적 기술은 부모와의 관계에서 최초로 형성되어 점차 가족 외에 또래나 타인과의 관계로 확장된다.

영유아는 친구와 함께 노래 부르는 합창, 악기를 함께 연주하는 합주, 기다렸다가 자신의 연주 차례에서 악기 연주하기, 연주하다가 멈추기, 리더 되어보기, 음악극하기 등의 음악놀이를 통해 또래와의 관계에서 자기중심적인 사고와 행동들을 조절하게 되고 규칙, 협동심, 사회적 약속, 질서 등을 경험할 수 있게 된다.

이렇게 음악활동을 통해 영유아는 타인과의 교류와 상호작용, 협력과 배려, 질서 등을 배우게 된다. 또한 자아개념, 자신감, 긍정적인 자아상과 문화적 주체성을 형성하게 된다.

3) 영유아의 정서 발달을 돕는다

영유아는 기쁨과 슬픔 같은 정서를 인식하거나 자신의 정서를 표현하고 자신의 정서를 타인과 공유하는 경험이 필요하다. 음악활동 과정에서 다양한 감정을 표현하고 타인의 정서를 이해하는 경험을 할 수 있으며, 다양한 주제의 노래 부르기와 다양한 장르의 음악감상은 영유아에게 풍부한 감성과 심미감을 갖도록 한다(Greenberg, 1979). 음악은 아이들이 음악을 경험하는 과정에서 느끼고 나타내는 감정을 교감해주고 위로해주는 필수적인 매개체이다.

부모가 표현해 주는 감정을 통해 자신이 경험한 감정을 확인받고 지지받는 음악적 상호작용은 건강한 부모자녀관계를 가능하게 할 뿐 아니라 부모역할(parenting)에서도 자녀와 매우 중요한 정서적 채널을 형성하도록 돕는다. 이렇게 음악은 결핍된 정서적 교감을 재경험하게 해 주고, 삶 속에서 무조건적인 지지자원(supportive resource)으로 기능한다(정현주, 2013).

어린 시기에 부모가 불러주는 자장가는 영아를 진정시켜 주고 영아에게 위안을 주고, 부모 또는 주양육자와 정서적 교감(affect attunement)의 경험을 하게 하고, 이는 영유아의 이후 발달과 성장에 매우 중요한 역할을 한다. 양육자와의 음악을 통한 상호작용은 영유아의 애착형성을 도울 수 있다(김미정, 2018).

이렇게 영유아는 성장과정에서 경험하게 되는 음악을 통해 안정적이고 즐거운 기분을 갖게 되고 부정적인 정서를 해소하게 되며, 외적 표현이나 내면 의식의 성장 발달을 하게 된다. 영유아가 정서적으로 안정되고 감정적으로 풍부하게 하는 것은 행복한 미래의 삶을 위해 매우 중요하다. 특히 심리적 문제로 인해 부적응적 행동이나 문제행동을 나타내는 영유아에게 음악은 심리적 안정과 평안함을 갖게 한다. 음악은 인성이나 정서 등 인간의 전인적 발달에 큰 영향을 미치므로 특히 영유아기의 경험이 중요하다.

영유아 음악경험은 영유아의 감성을 자라게 하는 원천이 되며, 영유아의 일상의 만족과 행복뿐만 아니라 집단 활동 등 사회적 환경에 적응하는 데도 영향을 끼치므로 매우 중요하다.

4) 영유아의 언어 발달을 돕는다

영유아는 옹알이에서 시작하여 한 단어시기 등을 거쳐 점차 언어능력이 발달한다. 이후 수용언어와 표현언어 등의 경험을 쌓아가며 의사소통능력이 증진된다.

언어와 음악의 학습과정은 매우 유사하다. 언어를 배울 때 먼저 듣고, 말하고, 읽고, 쓰는 과정을 거치듯이 음악도 소리나 음악을 듣고, 노래를 하고 악보를 읽고, 곡을 쓰는 것 같은 과정으로 발달한다. 언어능력이 발달함에 따라 음악적 능력도 함께 발달하게 된다(Linde, 1999).

말에 언어리듬(speech rhythm)과 억양이 있는 것처럼 음악에도 리듬과 선율이 주요 요소이다(정현주, 2013). 음악과 언어의 유사성으로 인해 노래를 통한 언어 발달은 자연스럽게 이루어질 수 있다. 선율의 악절(phrase)은 언어의 문장, 쉼표(rests)는 호흡, 음정(pitches)은 언어의 억양을 반영한다.

영유아는 음악경험 과정에서 노래를 부르거나 듣고, 음악을 감상하면서 자신이 느낀 것을 언어로 표현하면서 언어를 발달시킬 수 있다. 노래를 부르면서 새로운 단어와 문장 등을 경험할 수 있고 일상생활에서 쓰이는 말을 자연스럽게 노래로 표현할 수 있다. 영유아는 노래의 가사를 개사하여 불러봄을 통해 다양한 언어표현의 기회도 가질 수 있다. 또한 전래동요나 민요를 통한 문답 음악놀이도 유아기에 제공되어야 한다.

5) 영유아의 인지 발달을 돕는다

영유아의 음악적 경험은 인지발달과 밀접한 관련성을 가진다. 영유아의 인지 내용에 수, 색깔 등이 포함된다. 수 개념과 색깔 개념이 포함된 노래는 영유아의 인지발달을 도울 수 있다. 영유아는 소리를 탐색하고 창조하는 경험을 통해 사물을 관찰하고 이해하는 능력이 증진된다. 또한 음악활동을 통해 음의 특성을 이해하고 음악 개념을 형성하는 과정은 음의 같고 다름을 구별할 수 있는 변별력, 정확한 음을 찾아내는 인식력, 음의 개념에 따라 음을 분류할 수 있는 분류능력, 음을 차례로 나열할 수 있는 서열능력, 음을 기억하고 재생할 수 있는 기억과 재생 능력과 같은 인지적 능력 발달을 도울 수 있다(강보라, 2017).

이렇게 음악을 통한 다양한 활동들은 영유아의 인지하위 영역 중 집중력과 기억력도 발달시킬 수 있다. 교사(또는 부모)가 제시하는 다양한 리듬패턴을 아이가 그대로 모방하며 연주하거나 소리 내는 놀이를 할 때 아이는 타인의 연주방법이나 소리를 기억하기 위해 매우 집중하게 된다. 기본박을 주는 구조적 제시에서 점차 리듬패턴이나 악기들을 복잡한 내용으로 확장하며 이끌 수 있다. 이렇게 영유아는 악기나 노래, 소리의 특징을 인식(awareness)하고 이를 식별(discrimination)하고 그 내용들의 순서를 기억(sequence)하게 된다.

빨강, 주황, 노랑, 초록 등의 핸드벨 등을 연주하며 색깔 개념을 익히고 음의 순서화 색깔 순서를 연계해 보는 활동을 경험할 수 있으며, 나무소재 악기와 금속소재 악기를 바구니에 나누어 분류해 보는 활동도 도움이 될 수 있다. 크기가 다른 3~5개의 악기로 케이크나 탑 놀이를 할 수 있다.

6) 영유아의 창의성 발달을 돕는다

영유아기는 예술적인 창의성이 가장 풍부한 시기이다(Gadner, 2006). 창의성은 독창적이며 창의적인 아이디어의 발현을 하는 것으로 아이들은 음악을 통해 자신의 경험과 생각, 느낌을 표현하며 상상력과 창의성을 발달시킬 수 있다. 소리 탐색 및 듣기, 노래 부르며 개사하기, 악기연주 하며 리듬패턴 창작하거나 즉흥연주하기, 음악감상하며 음악에 맞춰 스카프나 리본 테이프로 표현하는 창의적 표현이 이루어질 수 있다. 이를 위해 교사 또는 부모는 영유아가 음악을 탐색하고 실험하며, 새롭고 독창적인 아이디어를 표현할 수 있는 기회를 제공하고, 영유아의 창의적 표현을 지지해주어야 한다.

7) 영유아의 뇌 발달을 돕는다

영유아기는 발달의 민감기이며 발달 속도도 매우 빠르다. 특히 출생 시 300g에 불과하던 뇌는 다른 발달 보다 매우 빠르므로 영유아기에 음악경험을 제공하는 것은 영유아의 뇌발달을 도울 수 있다.

영유아기의 바람직한 음악교육은 뇌 발달을 돕고, 학습자인 영유아의 인지적 기능을 극대화한다(Bransford et al, 2003; Jensen, 2004). 음악교육의 중요성이 뇌와 연관됨이 밝혀지면서 뇌 기반 학습과학에 기초한 음악교육에 대한 관심도 증가하고 있다. 음악교육과 두뇌개발의 관계에 대하여 음악경험은 두뇌에서 청각적, 시각적, 인지적, 정의적 동작체계가 모두 관여하는 다중 방식으로 나타나고, 음악을 처리할 때는 좌반구와 우반구가 모두 관여하는 다중 방식으로 나타나며, 음악을 처리할 때 좌반구와 우반구가 모두 관여하므로 음악경험이 두뇌 전체에 걸쳐 시냅스의 형성과 수초의 성장을 자극하기 때문이다(Black, 1997).

음악은 영유아의 각성(arousal)을 조절하고, 두뇌의 신경회로를 자극하는 역할을 하므로 영유아의 음악적 성장은 이들의 다른 발달영역과 동시에 일어날 수 있으며 발달능력에 적절한 음악 경험을 제공하는 것이 영유아의 균형 잡힌 발달을 이끄는데 매우 중요함을 알 수 있다.

CHAPTER 02

영유아의 음악 발달

1. 음악 개념 요소
2. 영유아의 연령별 음악 개념 발달
3. 영유아의 음악 발달 요인

1. 음악 개념 요소

1) 음악 개념 요소의 특징

음악에 대한 지각과 표현에 있어 음악요소는 매우 중요하다. 각 요소들이 구성되고 전개되는 패턴에 따라 각 음악의 특징이 다르며 각 음악마다 서로 다른 정서의 차이와 표현을 초래한다(김미정, 이숙희, 2008; 김종인, 2005; 문연경, 2003; 심성경 외, 2000; 안재신, 2004; Campbell& Scott-Kassner, 2006; Orff, 1995; Young, 2003). 음악요소는 학자들마다 다양하게 정의·분류하고 있으나[1] 공통적으로 리듬, 선율(음높이), 화성, 셈여림(소리의 세기), 음색, 형식 등을 들고 있다.

영유아가 음악을 이해하고 느끼고 즐길 수 있도록 하기 위해 리듬, 선율, 화성, 형식, 음색 등의 음악 요소에 대한 경험이 필요하다. 음악요소란 음악적 반응을 유도하여 음악이 가지는 느낌, 즉 음악의 성질에 따라 다양한 형태로 변형되어 음악에 대한 인지·정서·신체표현 등의 이해를 통합하는 개념이다. 음악개념 요소들은 영유아의 음악에 대한 심미적 경험을 하게 하며, 이들이 음악을 듣고 다양한 감정(사랑, 환희, 슬픔, 공포, 편안함 등)을 느끼게 한다.

영유아기는 수, 공간, 장소, 인과 관계에 대한 개념이 획득되고 구체적으로 발달되는 시기이므로 이 시기의 음악교육의 중요 내용 중 음악의 기본 개념을 가르치는 것이 매우 중요하다(Brunner, 1966; Piaget, 1970).

그린버그(Greenberg)는 영유아음악교육의 내용 중 개념요소와 관련하여 음악적 요소에 따른 음, 리듬과 속도, 박과 리듬패턴, 음의 강약, 음색, 선율, 화성, 형식 등을 주요 개념요소로 보았으며, 음악적 경험의 과정과 밀접한 관계를 갖고 있다고 주장하였다.

---

1) 캠벨과 스콧-카스너(Campbell & Scott-Kassner, 2006)는 영유아 음악적 개념요소를 리듬, 선율, 형식, 음색, 음의 세기, 표현의 질, 조직 등으로 보았다. 리듬 개념의 하위요소로 박, 장단, 악센트, 박자, 리듬패턴을, 선율 개념의 하위요소로 고저, 반복, 음 흐름 요소를, 형식 개념에는 반복, 변형, 대조라는 요소를, 조직 개념에는 단성화성과 다성 화성을, 표현의 질 개념에는 빠르기와 셈여림을 하위 음악 요소로 제시하고 있다.

그린버그가 영유아음악교육에서 다루어져야 한다고 주장한 음악개념을 기반으로 정리하면 다음의 〈표 2-1〉과 같다.

표 2-1 영유아음악교육에서 다루어야 할 음악 개념

셈여림	• 큰소리, 작은 소리 • 아주 크게, 아주 작게	• 갑자기 크게, 갑자기 작게 • 점점 크게, 점점 작게
리듬	• 기본박, 규칙적인 박 • 강박, 약박, 2박, 3박	• 길고 짧은 음, 리듬 패턴 • 가락의 리듬
음의 고저	• 높고 낮음 • 음의 방향 • 올라가기, 내려가기	• 반복하기 • 뛰어 진행하기, 차례로 진행하기 • 같은 패턴, 다른 패턴
화음	• 여러 음의 동시 울림	• 노래와 반주
빠르기	• 보통 빠르기 • 빠르게, 느리게	• 점점 빠르게, 점점 느리게
음색	• 주위 환경 소리 • 신체를 이용한 소리 • 동물 소리	• 목소리 • 여러 악기 소리(서양, 종족음악, 전자음악, 집에서 만든 악기 등)
형식	• 같은 가락, 다른 가락 • 프레이즈(같고 다름)	• 같은 리듬 패턴, 다른 리듬 패턴 • 반복되는 패턴

출처: 이숙희(2010). 아동음악.

즉, 영유아기 음악교육은 단순히 음악을 접하는 학습으로써 노래나 악기를 반복적으로 연습하여 유창하게 부르고 연주하도록 하는 교과가 아니라 음악의 기본 개념들을 다양한 음악활동 형태로 경험하도록 하는 것이다.

(1) 셈여림

① 개념

셈여림(dynamics)은 음의 세고 여림의 정도가 변화하는 것이다. 큰 소리-작은 소리, 아주 크게-아주 작게, 갑자기 크게-갑자기 작게, 점점 크게(crescendo)-점점 작게(crescendo/dim) 등의 변화에 의해 표현되는 요소이다. 악센트(>), 스포르찬도(sf) 등 그 음만 특히 세게 연주하는 기호나 악상이 포함된다.

② 셈여림 활동의 예

노래를 크고 작게 불러보거나 악기를 크고 작게 연주해 보기, 노래를 점점 크게 또는 작게 불러보거나 악기를 점점 크게 또는 점점 작게 연주해 보는 경험을 할 수 있다. 큰 북과 작은 북소리를 통해 큰 소리와 작은 소리의 셈여림을 이해할 수 있으며, '달팽이 집을 지읍시다' 노래 가사 중 '점점 작게 점점 크게' 부분에서 목소리나 악기연주 소리를 점점 작게 점점 크게 변화를 주며 연주함을 통해 셈여림 요소를 경험할 수 있다. 인형이나 사물을 교사의 등에 숨기고 유아들과 노래하다가 교사가 갑자기 인형을 앞으로 꺼낼 때 노래를 크게 부르는 악센트와 스포르찬도 개념으로 놀이할 수 있다.

| 표 2-2 | 셈여림 활동 예

<table>
<tr><td>활동명</td><td colspan="2">크고 작은 소리를 만들어요</td><td>주제</td><td>소리</td><td>대상</td><td>만 4~5세</td></tr>
<tr><td>활동목표</td><td colspan="6">• 점점 커지는 소리와 점점 작아지는 소리를 만들어 본다.
• f(포르테)와 p(피아노)의 셈여림에 관한 개념을 경험해 본다.</td></tr>
<tr><td>음악요소</td><td>셈여림</td><td colspan="2">음악활동유형</td><td colspan="3">악기연주>노래 부르기</td></tr>
<tr><td>활동자료</td><td colspan="6">소리음원 자료, [그림 자료 2-1], 북, 트라이앵글, 말리듬 '소리 노래', 말리듬 '손뼉치기', 말리듬 '멋진 북소리'</td></tr>
<tr><td>활동방법</td><td colspan="6">■ 도입
1) 다양한 소리를 들으며 소리의 특징에 대해 이야기 나눈다.
예 교사의 발문
- 눈을 감고 무슨 소리가 나는지 들어볼까?
- 소리에도 여러 종류가 있구나! (예: 자동차, 사람들의 말소리, 동물 소리 등)
- 큰 소리/작은 소리가 나는 것은 어떤 것이 있을까?

■ 전개
❖ 활동 1(그림을 보며 소리를 크고 작게 내기)
2) [그림 2-1]의 ①을 보면서 큰 동물이 큰 북을 치는 것과 아주 작은 동물이 트라이앵글을 치는 것을 그림에 따라 해 본다.
3) [그림 2-1]의 ②를 보면서 북 또는 손뼉으로 나뭇잎의 크기와 색의 강도에 따라 소리를 점점 크고, 점점 작게 만들어본다.
4) [그림 2-1]의 ③을 보면서 곰 발자국의 크기에 따라 강약약을 만들어본다.
5) 다양한 악기로 큰소리(f: 포르테)와 작은 소리(p: 피아노)들을 만들어본다.</td></tr>
</table>

활동방법

① ② ③

그림 2-1 큰소리 작은 소리/ 점점 작아지는 소리 / 강약약 소리

❖ **활동 2(소리소리 재미있는 소리)**

1) 소리 노래(아래 노래)를 부르며 가사의 '큰소리' f(세게)와 '작은 소리' p(여리게)를 크고 작은 소리로 표현해 본다.
2) 기호들을 카드로 만들어 유아들이 노래 부를 때 교사가 카드를 보여주어 자연스럽게 음악기호들을 익히도록 한다.
   - 말리듬: 소리

❖ **활동 3(신체로 강약 만들기)**

1) 교사의 리듬 손뼉치기와 무릎치기를 모방하며 신체로 크고 작은 소리를 만들어 본다.

예 말리듬과 신체소리 탐색 활동

활동방법	2) 교사가 북으로 연주하는 기본박의 셈여림을 들어본다. - 교사는 기본박과 셈여림을 느낄 수 있도록 ♩(1박씩) 연주한다. 3) 말리듬의 가사를 바꾸어 '크게 걷기'와 '작게 걷기'로 강약 표현을 한다. **▪ 마무리** 4) 점점 크고 / 점점 작아지는 소리를 신체로 만들어본 활동 중 흥미 있었던 점을 이야기 나눈다.

출처: 이숙희(2010). 아동음악의 내용을 참고하여 재구성함.

❙ 표 2-3 ❙ 점점 커지고 작아지는 소리 활동 예

활동명	소리의 크기가 달라요	주제	소리	대상	만 4~5세
활동목표	• 크고 작은 소리의 차이를 말리듬으로 탐색해 본다. • 말리듬의 점점 커지고 작아지는 소리를 식별해 본다. • 소리크기의 다양한 변화를 신체와 그림으로 표현해 본다.				
음악요소	셈여림	음악활동유형	악기연주>소리 창작		
활동자료	말리듬 '멋진 북소리', 피아노, 북, 악보, 동물그림, 색연필, 도화지				
활동방법	**▪ 도입** 1) 주변 사물 중 길고 짧은 소리가 나는 것에 대해 알아본다. 2) 동물의 울음소리를 긴 소리와 짧은 소리로 다양하게 표현해 본다. **▪ 전개** 3) 말리듬의 첫 4마디 중 각 마디의 첫 박 가사인 '멋', '소', '들', '요'에 악센트를 주며 불러본다. - 악센트를 넣은 가사(첫 박자)와 넣지 않은 가사(둘째 박과 셋째 박)의 소리의 변화를 느끼며 표현하도록 한다. - 말리듬 〈멋진 북소리〉  4) 말리듬을 부르며 5마디부터 8마디까지 첫 박에 북을 연주한다. 이때 북소리의 셈여림(다이내믹스)을 크고 작게 변화를 주며 북 소리의 크기가 다름을 들려준다.				

<table>
<tr>
<td>활동방법</td>
<td>
5) 말리듬의 가사를 바꾸어 가사에 맞는 셈여림으로 소리의 변화를 표현하도록 한다.
예 말리듬의 바뀐 가사 예
작은북 / 소리를 / 들어봐 / 요 (작은소리로) 동 / 동 / 동 / 동
탬버린 / 큰소리를 / 들어봐 / 요 (큰소리로) 찰 / 찰 / 찰 / 찰
탬버린 / 작은소리를 / 들어봐요 (작은소리로) 찰 / 찰 / 찰 / 찰

6) 여러 가지 크기의 소리를 창작해 본다.
- 교사의 동작을 보며 손뼉치기, 발 구르기의 소리를 다양한 크기로 표현해 본다.
- 교사의 역할을 유아도 해 볼 기회를 갖게 한다.
7) 소리의 크기를 신체와 악기로 표현한다.
- 교사가 연주하는 북소리나 다양한 셈여림의 피아노 음악을 들으며 크고 작게 걷기, 크고 작게 팔 흔들기 동작을 통하여 다양한 소리의 크기를 신체로 표현한다.
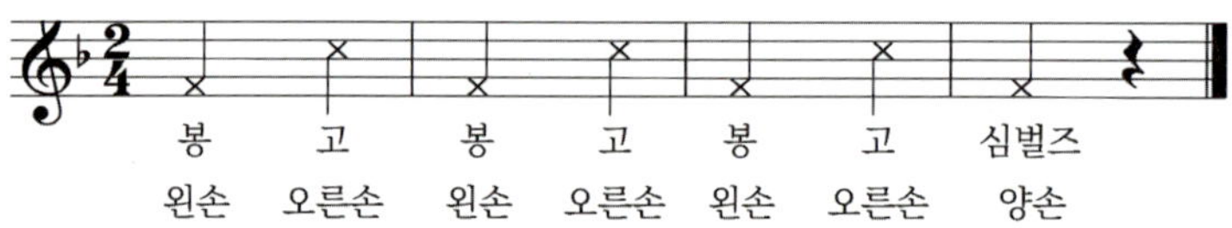

8) 소리를 그림으로 표현한다.
- 여러 가지 다른 크기의 소리를 들으며 색연필과 도화지로 소리의 크기를 자유롭게 그림으로 표현한다.
점점 크게(크레센도) 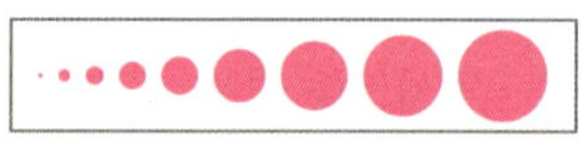
점점 작게(디크레센도) 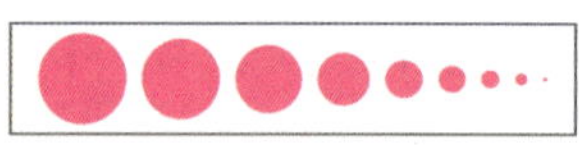

■ 마무리
9) 악기 또는 신체동작으로 소리의 종류(큰소리, 중간 소리, 작은 소리)를 만들어 본 느낌에 대해 이야기 나누며 마무리한다.
</td>
</tr>
<tr>
<td>유의점</td>
<td>음악개념인 '크고 / 작게'를 한 악기로도 악기를 치는 힘, 거리, 사용하는 채 등을 달리하여 소리의 강도를 조절하며 셈여림의 크기를 다르게 표현할 수 있다.</td>
</tr>
</table>

출처: 이숙희(2010). 아동음악을 참고하여 재구성함.

(2) 리듬

① 개념

리듬(Rhythm)은 음악의 기초를 이루는 가장 중요한 요소로서 음의 길이와 셈여림이 시간적으로 결합된 것이다. 리듬은 일정한 시간 내의 규칙적인 분할로 생기는 것으로 소리와 시간의 물리적 특성을 갖는 시간을 분할하는 개념이며 박, 박자, 장단, 리듬 패턴과 같은 하위개념을 포함한다. 박(beat)이란 일정한 간격으로 음악에서 이관되게 나타나는 규칙성이 반복되어 흐르는 맥박이다. 박자(meter)는 박에서 일정한 간격으로(2박은 2번마다 강세, 3박은 3번마다 강세) 강세를 주어 나타나는 것이며, 기본박이 그룹 지어지는 방법에 의해 정해진다. 박에 일정한 간격으로 강세를 주면 박자(meter)가 된다. 박은 음악의 시간을 일정한 파동으로 심장의 박동과 같다. 리듬 패턴이란 음악의 길고 짧은 음이 집단으로 묶어져 규칙성을 보이는 것이다. 우리는 음악에서 4분음표(♩), 8분음표(♪)를 하나씩 듣는 것이 아니고 '♩. ♪ ♩ ♩(대~한민국)'처럼 리듬 패턴으로 그룹핑된 리듬을 듣게 된다.

② 리듬 활동의 예

표 2-4 반복되는 리듬패턴 활동 예

활동명	똑같은 리듬패턴을 찾아봐요	주제	소리	대상	만 4~5세
활동목표	• 반복되는 리듬패턴을 인식하고 악기로 연주하여 본다. • 자신의 리듬패턴을 창작해 본다.				
음악요소	리듬	음악활동유형	악기연주>소리창작		
활동자료	리듬막대(Claves)				
활동방법	■ 도입 1) 유아들은 교사가 리듬막대로 연주하는 간단한 리듬에 맞춰 손뼉치기와 무릎치기 등의 리듬을 반복하여 익힌다. ■ 전개 2) 네모로 4칸을 만들고 그중 한 칸이나 두 칸에 그림을 그려 넣고 그 부분은 쉼으로 하거나 8분음표로 하여 타악기나 신체로 표현할 수 있다. 색종이(또는 A4 용지)에 손과 발을 그린 후 4장이나 8장을 순서대로 놓고 '손발발손' 또는 '손손손발' 등의 리듬패턴을 만들어 본다.				

<table>
<tr><td>활동방법</td><td>3) 4 / 4박자, 3 / 4박자, 6 / 8박자 등의 다양한 음악을 들으며 발 구르기와 손뼉치기로 4 / 4박자는 쿵짝짝짝(발손손손), 3 / 4박자는 쿵짝짝(발손손)으로 음악에 맞춰 신체표현하며 리듬감을 기를 수 있다. 리듬 메아리 놀이를 통해 또래 리듬 모방하기를 해 볼 수 있다.
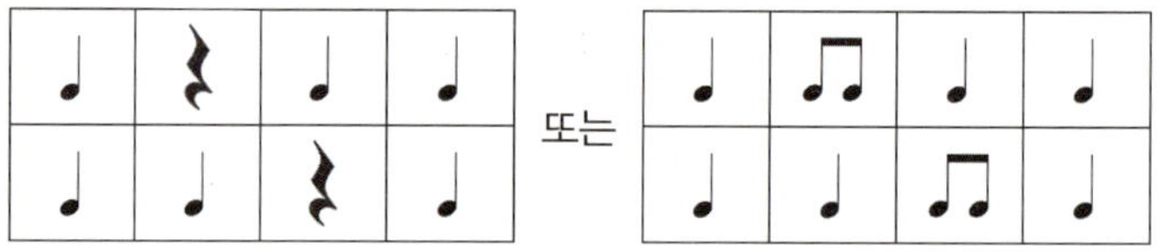

▎그림 2-2 ▎리듬놀이의 예

■ 마무리
4) 다양한 리듬패턴을 들어보고 창작연주해본 경험을 이야기 나누며 표현한 것에 대해 유아들의 생각을 들어본다.</td></tr>
</table>

출처: 이숙희(2010). 아동음악을 참고하여 재구성함.

▎표 2-5 ▎소리 탐색 활동 예

<table>
<tr><td>활동명</td><td colspan="2">음에도 길고 짧은 것이 있어요</td><td>주제</td><td>소리</td><td>대상</td><td>만 4~5세</td></tr>
<tr><td>활동목표</td><td colspan="6">• 길고 짧은 음을 노랫말에 따라 몸으로 움직여 본다.
• 긴소리와 짧은소리를 그림으로 표현해 본다.</td></tr>
<tr><td>음악요소</td><td>리듬</td><td>음악활동유형</td><td colspan="4">소리 탐색</td></tr>
<tr><td>활동자료</td><td colspan="6">풍선껌, 긴소리, 짧은소리 악보, 길고 짧은 사물들(예: 긴 막대, 자, 클립, 긴 색연필과 짧은 색연필, 풍선껌)</td></tr>
<tr><td>활동방법</td><td colspan="6">■ 도입
1) 주변의 사물 중 긴 것과 짧은 것은 무엇이 있는지 알아본다.
- 유아들에게 풍선껌을 씹어 보게 한다. 씹을 때 소리가 난다.
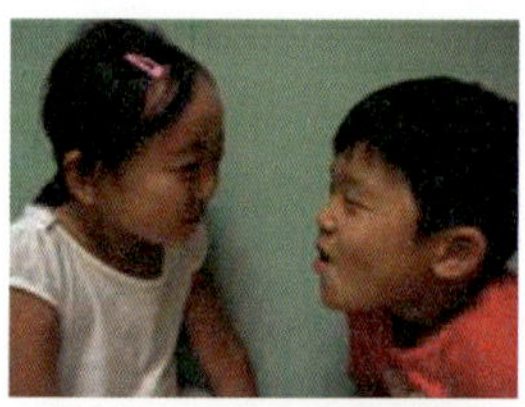
“짝짝짝짝”, “딱딱딱딱”, “쩝쩝쩝쩝”, “쭉쭉쭉쭉”, “질겅질겅”, “말랑말랑”, “조물조물” 등

“껌을 씹는 모습은 이렇게 표현하고 싶어요.”</td></tr>
</table>

활동방법

- 풍선을 불 때

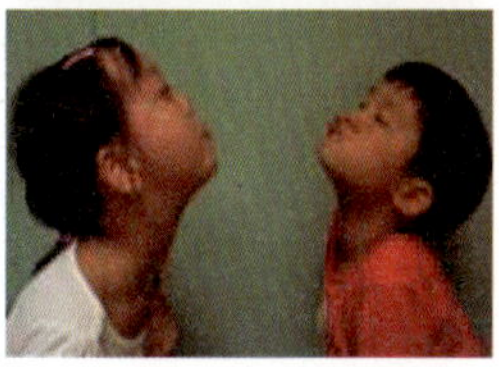

"우와~ 풍선이 불어지고 있다!"
"후~"
"그런데 어렵다."
"선생님은 잘 분다."
"선생님 어떻게 하면 잘 불어져요?"
"혀로 풍선껌을 넓게 펴봐."
"바람을 불어 봐~"
"앗 터졌다!"

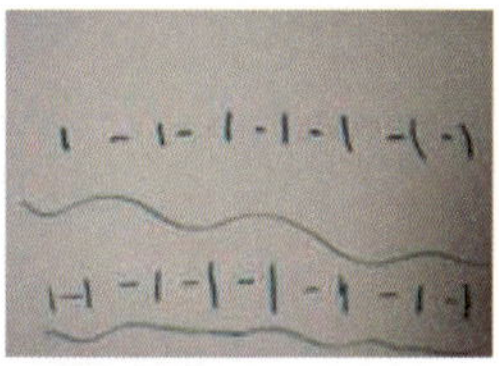

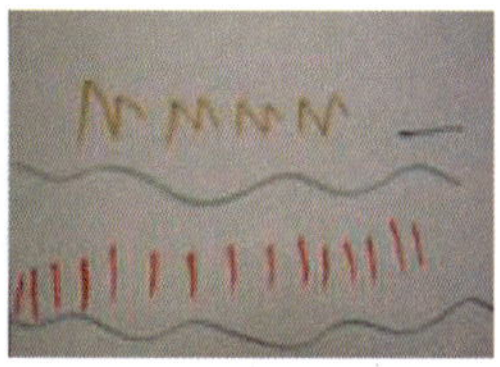

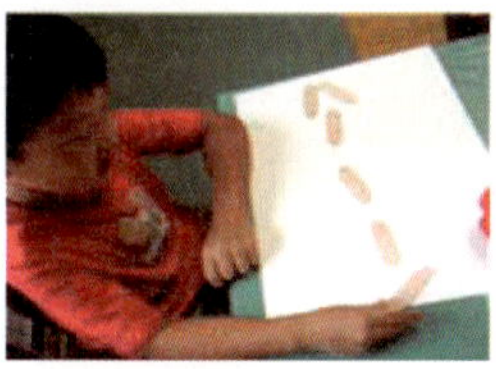

"풍선을 부는 모습은 이렇게 표현하고 싶어요."

2) 껌을 '짝짝' 씹을 때와 풍선으로 만들기 위해 '후' 불었을 때 어느 쪽이 더 길고 짧았는가에 대해 이야기를 나눈다.

■ **전개**

3) 교사는 유아들에게 아래의 악보에 따라 노래를 부르면서 긴소리 부분에서는 왼쪽 팔을 길게 편 상태에서 오른손의 검지와 중지를 이용하여 쭉 미끄러지는 동작을 하고 짧은 음은 병아리가 모이를 콕콕콕콕 쪼는 듯한 동작을 왼팔에서 반복한다.
4) 노래 부르기가 익숙해지면 일어서서 걷기를 긴소리에는 미끄러지는 듯한 동작을 하고 짧은소리에는 살짝 콩콩 뛰는 동작을 한다.
5) 교사가 목소리로 들려주는 긴소리와 짧은소리를 도화지와 색연필을 이용하여 긴소리와 짧은소리를 그림으로 표현해 본다.
6) 여러 가지 준비된 악기들을 유아들에게 탐색하게 한 후에 그림을 제시하면서 긴소리와 짧은소리에 어울리는 악기를 선택하여 연주하거나 반주하게 하여 서로의 느낌을 비교하여 본다.

■ **마무리**

7) 유아가 그린 그림을 교사와 유아가 함께 짧고 긴소리를 내어본다.

출처: 이숙희(2010). 아동음악을 참고하여 재구성함.

(3) 선율 / 소리의 높낮이 / 음고

① 개념

선율(melody)은 소리의 높고 낮음을 말하며[2], 높이가 다른 음들의 시간적 배열이다. 음의 높음과 낮음, 음 흐름의 반복과 정지, 생략 등이 하위요소로 포함된다. 음의 진행이 상행하거나 하행, 그리고 반복되면서 리듬과 함께 흐르는 것이다. 음의 높고 낮음, 음의 방향, 음의 올라가기와 내려가기, 음 반복하기, 음의 도약 진행과 차례로 순차 진행하기 등으로 표현되는 요소이다.

② 선율 활동의 예

노래에서 선율의 움직임을 찾아본다. 도약이 많은 선율인지, 차례대로 진행되는 선율인지를 살펴보고 선이나 점으로 표현해 본다. 동시의 부분들을 높은 소리와 낮은 소리로 표현하는 손이나 팔의 상하움직임 놀이도 할 수 있다. 음높이에 맞춰 낮은음에서는 앉고 높은음에서는 점프하거나 계단이나 블록, 높이가 다른 의자들, 크기가 다른 북을 놓고 음의 높낮이에 따라 올라가고 내려오는 놀이를 할 수 있다.

다음의 [그림 2-3]은 유아들에게 '시소'를 이용하여 '솔', '미' 두 음으로 이루어진 노래의 높낮이의 차이를 인지하고 표현하도록 돕기 위한 활동이다. '시소, 시소 올라가고 내려가고 시소 재밌다'와 같이 시각과 청각, 노래와 동작을 동시에 경험하면 더 효과적이다. [그림 2-4]는 음이 순차적으로 상행하거나, 하행으로 진행하는 것을 시각적인 효과로 나타낸 그림자료이다.

2) 미국 표준협회(American national Standards Institute, 1960)는 음고를 '소리의 높낮이 척도 속에서 어떤 높이에 해당하는지 구분하는 청각적 감각적 특성'이라고 정의한다. 두 음을 들었을 때 어떤 음이 높은지 낮은지 하는 '상대적인 음고'를 판별할 수 있다(이석원, 2014).

❙ 그림 2-3 ❙ 음의 높고 낮음

❙ 그림 2-4 ❙ 음의 순차진행

❙ 표 2-6 ❙ 음의 고저(선율) 개념 활동 예

<table>
<tr><th>활동명</th><td>음의 높낮이를 그림으로 표현해요</td><th>주제</th><td>소리</td><th>대상</th><td>만 5세</td></tr>
<tr><th>활동목표</th><td colspan="5">• 음악을 듣고 그림악보에 나타난 곡의 높고 낮음을 구별할 수 있다.
• 음악의 다양한 높낮이와 장단이 있음을 알고 그림으로 그려본다.</td></tr>
<tr><th>음악요소</th><td>선율(음의 고저)</td><th colspan="2">음악활동유형</th><td colspan="2">노래 부르기>신체표현</td></tr>
<tr><th>활동자료</th><td colspan="5">활동곡 〈베토벤 피아노 소나타 '비창' 중 2악장〉 CD, 감상활동지(그림악보), 색연필</td></tr>
<tr><th>활동방법</th><td colspan="5">■ 도입
1) 음악을 듣고 느낌에 대하여 이야기를 나눈다.
예 교사의 발문
이 음악을 들어 본 적이 있니?
음악을 들으면서 무슨 생각이 들었니?
높게 들리는 음악과 낮게 들리는 음악도 있었니?
2) 베토벤의 삶과 음악감상곡 〈비창〉 곡에 관하여 들려준다.
■ 전개
3) 유아들은 한 손을 가슴높이에서 수평으로 펴서 음악에 따라 위아래로 움직이며 표현해 본다.
4) 주제선율에 따라 활동자료에 그려진 그림(주제 그림악보)을 색연필을 이용하여 색칠하여 본다.</td></tr>
</table>

활동방법

예 음의 높낮이 이해를 위한 악보와 그림악보(감상활동지)

■ **마무리**

5) 감상활동을 하면서 어려운 점은 없었는지, 감상활동지를 사용하여 감상활동을 한 느낌에 대해 이야기 나눈다.

출처: 이숙희(2010). 아동음악을 참고하여 재구성함.

(4) 화성

① 개념

화성(harmony)이란 둘 또는 그 이상의 음이 동시에 울려 소리 나는 어울림인 화음이 일정한 법칙에 따라 연속적으로 연결된 흐름을 특징으로 하는 요소이다. 영유아는 두 명이 부르는 듀엣곡이나 많은 사람들이 함께 부르는 합창에서 경험할 수 있으며, 피아노 반주에 맞춰 영유아들이 노래 부를 때, 피아노와 바이올린, 피아노와 오케스트라가 연주하는 곡 등을 감상할 때 이 요소를 경험할 수 있다.

② 화성 활동의 예

교사가 반주하고 영유아들이 노래하면서 화음과 화성을 경험할 수 있다. 선율타악기(음이 있지만 쳐서 소리 내는 악기[예: 자일로폰, 메탈로폰])를 활용하여 각 유아가 '도', '솔' 등의 한 음씩 맡아서 함께 연주하면 Ⅰ도(도미솔 으뜸화음) 화음을 쉽게 연주할 수 있다. 오르프 악기를 활용하여 '도와 솔(Ⅰ도 화음)', '레와 솔(Ⅴ도 화음)', 그리고 '도와 파(Ⅳ도 화음)' 등의 두 음(Bar)만 남기고 다른 음들은 모두 빼면 유아가 채로 타악기처럼 연주하지만 쉽게 화음이 연주되고 이것이 이어지면서 화성을 경험하게 된다.

악보 2-1

빗방울

이숙희 작곡

표 2-7 화음 활동 예

<table>
<tr><td>활동명</td><td>화음들의 이야기</td></tr>
<tr><td>활동목표</td><td>• 장조와 단조의 차이를 경험한다.
• 화음이 포함된 음악을 듣고 느낌을 자유롭게 상상하여 신체로 표현한다.</td></tr>
<tr><td>활동자료</td><td>활동곡 전곡 악보(악보 2-1)와 전체 음악CD(빗방울-이숙희 곡), 활동을 위한 이야기 그림자료([그림 2-5의 ①~⑩])와 부분 악보</td></tr>
<tr><td>활동방법</td><td>■ 도입
1) 비의 순환과정에 대해 아동과 함께 이야기 나누기
예 교사의 발문
비는 어떻게 오는 것일까?
내린 비는 또 어떻게 될까?

2) 비를 본 경험에 대해 서로 이야기해 본다.
예 교사의 발문
비가 어떻게 내리는 모습을 보았니?
소낙비(이슬비)는 어떤 모습으로 내릴까?
소낙비(이슬비)가 내릴 때는 어떤 소리를 내며 내릴까?
소낙비(이슬비)가 내리는 모습을 몸으로 표현해 볼까?

■ 전개
3) 활동곡 '빗방울(이숙희 곡)-악보 2-1' 전곡을 들려주며 유아들에게 음악을 듣고 느낌을 그림으로 표현하도록 한다. 그림을 보고 함께 이야기 나눈다.
4) 그림 자료를 OHP를 활용하여 큰 벽에 화면을 만들고 빗방울의 움직임을 살펴보도록 한다.
- 음악과 함께 '빗방울의 이야기'를 들려주면 유아들은 빗방울이 되어 움직여 본다.

〈활동을 위한 이야기와 그림, 부분 악보〉
• 이야기 ①: 하늘에서 동그란 빗방울이 한 방울씩 한 방울씩 내려왔어요.

그림 2-5-① 동그란 빗방울이 내려와요</td></tr>
</table>

활동방법

악보 2-2-①

• 이야기 ②: 잠시 후 또 다른 빗방울들이 떨어졌어요. 빗방울들은 멀리 하늘에서 내려오면서 친구들과 손을 꼭 잡고 마치 춤을 추듯이 내려왔어요.

| 그림 2-5-② | 빗방울 친구들과 춤추며

악보 2-2-②

• 이야기 ③: 빗방울들은 친구들과 만나 더욱 큰 빗방울을 만들었어요. 빗방울은 내려오면서 서로 웃고 껴안기도 하고 소곤소곤 이야기도 나누면서 미끄러지듯이 내려오기도 했어요.

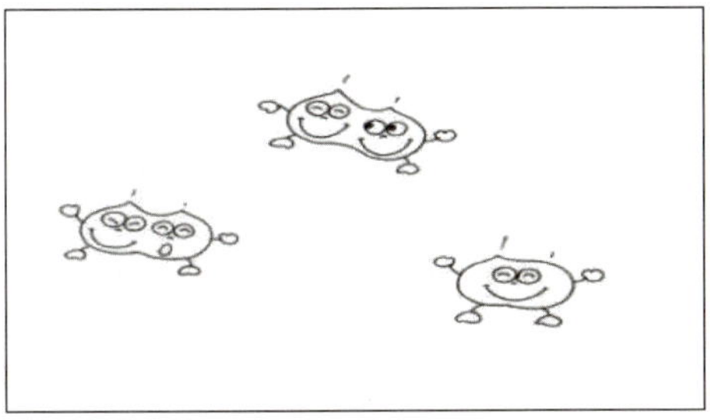

그림 2-5-③ 큰 빗방울이 되었어요

악보 2-2-③

활동방법

• 이야기 ④: 빗방울들은 굴러보기도 하고 엉덩이로 미끄럼을 타듯 내려오면서 야! 신난다 하고 소리쳤어요.

그림 2-5-④ 빗방울들이 신나서

악보 2-2-④

활동방법

• 이야기 ⑤: 빗방울은 바람에 날려 빙글빙글 돌기도 하고 이쪽저쪽으로 왔다 갔다 하기도 하고 엉덩이를 실룩실룩 흔들면서 내려왔어요.

❙ 그림 2-5-⑤ ❙ 빗방울이 빙글빙글 실룩실룩

악보 2-2-⑤

• 이야기 ⑥: 빗방울들은 점점 땅 위에 가까이 오게 되어 바람에 떨어진 낙엽 위에 덥석 앉았어요. 떨어진 낙엽은 바스락, 바스락 소리를 내기 시작했고 빗방울은 낙엽과 함께 모여서 즐겁게 노래를 불렀어요. 그랬더니 멋진 화음이 만들어졌어요.

❙ 그림 2-5-⑥ ❙ 빗방울들이 낙엽과 함께 화음을

활동방법

악보 2-2-⑥

• 이야기 ⑦: 빗방울은 노래를 부르고 신이 나서 낙엽 위에서 폴짝폴짝, 콩콩 뛰었어요.

그림 2-5-⑦ 빗방울 위 낙엽 위에서 콩콩

악보 2-2-⑦

• 이야기 ⑧: 빗방울들은 한참 동안 재미있게 춤을 추다 그만 나뭇잎에서 떨어졌어요.

❙ 그림 2-5-⑧ ❙ 빗방울들이 나뭇잎에서 떨어져

악보 2-2-⑧

활동방법

• 이야기 ⑨: 땅 위에 떨어진 빗방울은 이리저리 돌아다니면서 땅 위의 이것저것을 구경했어요.

❙ 그림 2-5-⑨ ❙ 땅 위에 떨어진 빗방울

악보 2-2-⑨

활동방법

• 이야기 ⑩: 빗방울은 너무 많이 돌아다녔기 때문에 이제 힘이 없어져 땅속으로 스며들어 가게 되었어요. 빗방울의 몸은 산산이 흩어져 흙 속에 스며들고 말았어요.

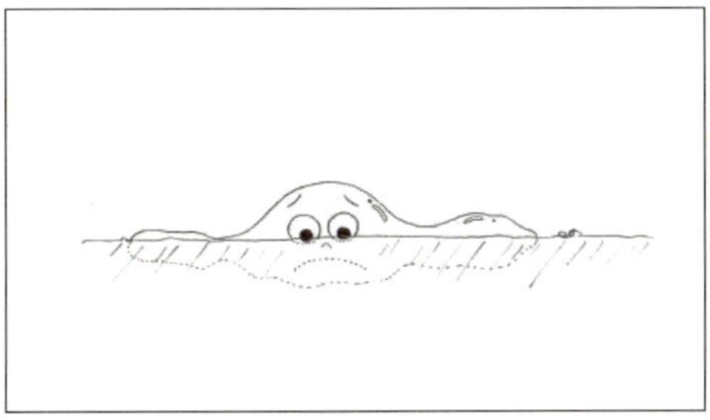

| 그림 2-5-⑩ | 빗방울이 흙 속에 스며들어요

악보 2-2-⑩

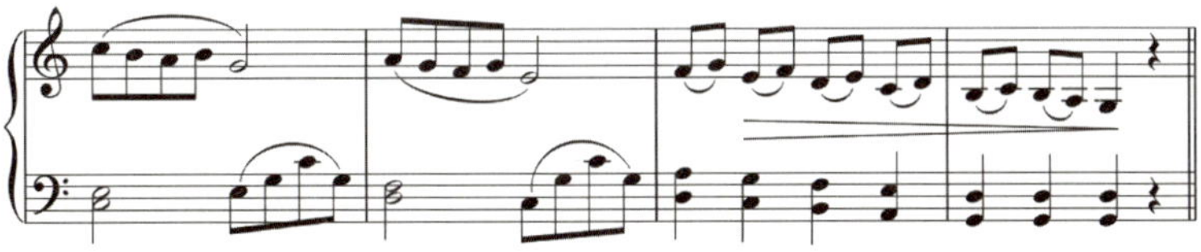

• 이야기 ⑪: 빗방울은 땅속 깊이 들어가면서 "나는 땅속에서 나무들과 꽃들이 더 잘 자랄 수 있도록 땅을 촉촉하게 만들거야"라고 말했어요.

악보 2-2-⑪

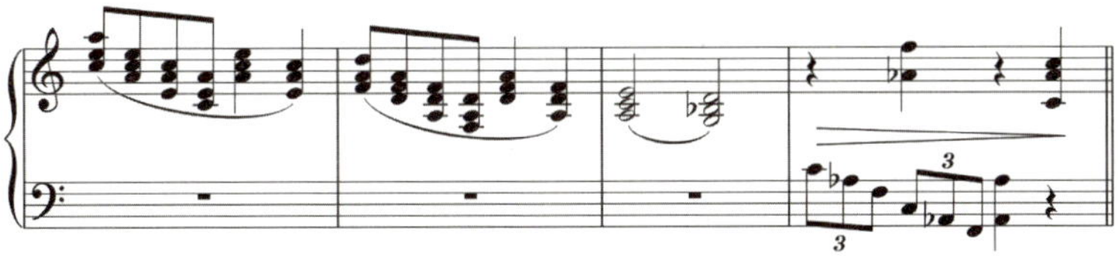

5) CD와 CD 플레이어를 이용하여 빗방울 음악을 들려주고 빗방울이 떨어지는 모습을 신체로 표현해 보도록 한다.

예 교사의 발문

우리도 빗방울이 되어 음악에 맞춰 표현해 볼까?

<table>
<tr><td>활동방법</td><td>6) 빗방울이 되어 본 느낌에 대해 이야기 나눈다.
예 교사의 발문
빗방울이 어떻게 움직일 때 재미있었니?
빗방울이 흙 속에 몸이 스며들어 갈 때에는 어떤 느낌이었을까?
빗방울이 흙 속에 스며들면서 노래를 부른다면 어떤 노래를 불렀을까?
빗방울의 놀이를 하고 난 후 비를 보면 생각이 달라질 것 같니?

■ 마무리
7) 유아들과 어떤 음악이 슬펐는지 신났는지, 어떤 부분의 음이 높은 것 같은지, 낮은 것 같은지에 대해 이야기를 나누고 마무리한다.</td></tr>
<tr><td>유의점</td><td>스타카토, 레가토, 하행하는 음계 등의 변화되는 음악표현 시 교사의 시범을 유아들이 모방하거나 창의적인 표현을 할 수 있도록 한다.</td></tr>
</table>

출처: 이숙희(2010). 아동음악을 참고하여 재구성함.

(5) 음색

① 개념

음색(timbre)이란 물체의 독특한 재료, 구조, 크기에 따라 구별되는 소리의 차이를 말한다(Campbell & Scott-Kassner, 1995). 영유아가 각기 다른 주변 환경과 자연 소리를 변별하는 경험, 각기 다른 사람의 목소리를 변별하는 것, 서로 다른 악기 소리를 변별하는 것, 사람의 목소리, 악기, 주위환경의 소리를 전자화한 전자음을 변별하는 경험을 할 수 있다. 이런 경험을 통해 영유아들이 엄마의 목소리와 다른 사람의 목소리 또는 남자와 여자의 목소리, 기타와 피아노와 같은 악기의 소리, 현악기와 관악기, 현악기 중 높은 음역의 바이올린과 낮은 음역 소리를 내는 첼로, 집단으로 연주하는 오케스트라와 독주 악기의 소리를 지각할 수 있게 된다.

② 음색 활동의 예

서로 다른 동물의 소리를 탐색하거나 나무 소재와 메탈 소재 악기의 서로 다른 음색을 탐색한다. 같은 악기를 다른 방법으로 연주하면서 산출되는 다른 소리를 창의적으로 경험할 수 있다. 같은 곡을 피아노나 바이올린, 마림바 등 서로 다른 악기로 연주하는 것을 들으며 음색에 대한 변별을 한다. 사람의 목소리 중 할아버지 목소리, 엄마 목소리, 아기 목소리처럼 노래 부르는 활동을 통해 음색 요소 경험할 수 있다.

| 표 2-8 | 음색의 신체타악기 소리 창작활동 예

<table>
<tr><th>활동명</th><td colspan="2">내 몸으로 소리를 만들어요</td><th>주제</th><td>소리</td><th>대상</th><td>만 4~5세</td></tr>
<tr><th>활동목표</th><td colspan="6">• 신체를 이용하여 여러 가지 소리를 만들어 볼 수 있다.
• 음에도 다양한 종류의 소리가 있다는 것을 알 수 있다.</td></tr>
<tr><th>음악요소</th><td>음색</td><th colspan="2">음악활동유형</th><td colspan="3">노래 부르기 > 소리창작</td></tr>
<tr><th>활동자료</th><td colspan="6">활동곡 악보, 선율악기, 타악기</td></tr>
<tr><th>활동방법</th><td colspan="6">

■ **도입**

1) 우리 몸에서 날 수 있는 소리에는 어떤 것이 있는지 알아보고, 다양한 소리를 내어본다.

■ **전개**

2) 노래를 반복하여 부르며, '내 몸이 만드는 소리'를 창작해 본다.
3) 손뼉치기, 무릎치기, 발 구르기, 가슴 두드리기, 엉덩이 두드리기 등 신체의 여러 부위를 두드려서 나는 소리로 연주해 본다.
4) 유아들이 각자 자유롭게 소리를 내어보도록 한다.
 - 유아가 자신의 신체로 연주하고 친구들의 소리도 탐색해 본다.
5) 유아들을 3~4그룹으로 나누어 각 그룹별로 손뼉치기, 발 구르기, 무릎치기, 가슴 두드리기 등의 신체타악기 역할을 정한다.
6) 다음에 제시한 여러 가지 리듬패턴을 각 그룹마다 신체 오스티나토로 반복하며 연주한다.

예 각 신체별 리듬패턴

<table>
<tr><th>신체타악기</th><th>리듬패턴</th></tr>
<tr><td>무릎치기</td><td></td></tr>
<tr><td>손뼉치기</td><td></td></tr>
<tr><td>발 구르기</td><td>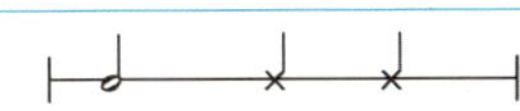</td></tr>
<tr><td>가슴 두드리기</td><td>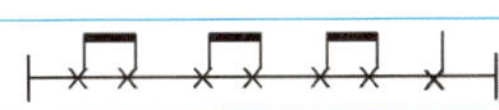</td></tr>
<tr><td>손가락 튕기기</td><td>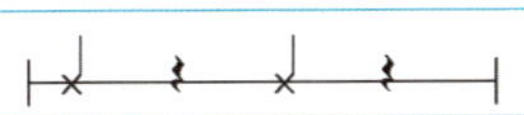</td></tr>
</table>

■ **마무리**

7) 다양한 신체에서 나는 소리를 탐색해 본 후의 느낌을 이야기 나눈다.

</td></tr>
</table>

출처: 이숙희(2010). 아동음악을 참고하여 재구성함.

| 표 2-9 | 음색이 다른 악기 활동 예

<table>
<tr><td>활동명</td><td colspan="2">악기마다 소리가 달라요</td><td>주제</td><td>소리</td><td>대상</td><td>만 4~5세</td></tr>
<tr><td>활동목표</td><td colspan="6">• 소리가 멈추고 시작하는 것(Stop & Start)을 감지하며 동작한다.
• 악기로 연주되는 다양한 리듬의 변화에 신체로 다양하게 반응한다.
• 여러 가지 악기로 음악을 표현하고 악기의 음색을 구별한다.</td></tr>
<tr><td>음악요소</td><td>음색</td><td>음악활동유형</td><td colspan="4">악기연주>신체표현</td></tr>
<tr><td>활동자료</td><td colspan="6">콩가, 실로폰, 핸드드럼, 심벌즈, 우드블록, 비브라슬랩</td></tr>
<tr><td>활동방법</td><td colspan="6">■ 도입
1) 교사가 콩가와 실로폰으로 연주하는 간단한 음악에 맞춰 무릎치기와 손뼉치기를 해 본다.

■ 전개
2) 유아들은 교사가 연주하는 빠르고 느린 속도의 핸드드럼 소리에 맞추어 걷다가 심벌즈 소리가 들릴 때 제자리에 멈춘다. 실로폰 소리가 들릴 때는 부드럽게(나비처럼, 꽃이 피는 것처럼, 하늘에서 내려오는 눈처럼 등) 움직인다.
위의 활동을 여러 번 반복한 후 유아들도 교사의 역할을 해 보도록 한다.
3) 악기의 종류를 바꿔서(예: 우드블록, 비브라슬랩, 콩가 등) 들려주어 유아들이 다양한 소리를 경험하고 음색에 따라 다양한 신체표현을 하도록 한다.
예 악기소리와 동작 표현
우드블록 소리가 들릴 때는 몸을 로봇처럼 움직이고,
비브라슬랩 소리가 들릴 때는 멈추기
4) 다양한 리듬악기 소리에 맞춰 Stop & Start 활동을 해 본다.

■ 마무리
5) 각 악기의 특징에 따라 느껴진 점에 대해 이야기 나누며 마무리한다.</td></tr>
<tr><td>활용악기 예</td><td colspan="6">
[우드블록 - 로봇동작 움직임]

[비브라슬랩 - 멈춤]</td></tr>
</table>

출처: 이숙희(2010). 아동음악을 참고하여 재구성함.

(6) 형식

① 개념

형식은 음악의 여러 개념 요소들이 반복되거나 대조되며 조직된 결과로 나타나는 것으로, 영유아의 음악 형식 개념은 비교적 늦게 발달한다. 형식에 관한 개념의 발달은 앞서 배운 리듬, 선율, 화성, 음색의 개념발달에 의존하기 때문이다. 그러나 아주 어린 영아도 음악의 형식에 관하여 다음과 같은 이해를 발달시킬 수 있다. 음악 형식의 구성 요소는 동기(motive), 악구(phrase), 악절(period), 한도막 형식(8마디), 두도막 형식(16마디), 작은 세도막 형식(12마디), 세도막 형식(24마디)이 있다. 형식 개념 요소의 하위요소로는 반복, 변형, 대조가 있다.

② 형식 활동의 예

음악을 감상하면서 '드보르작의 유모레스크'처럼 A-B-A 형식으로 같은 부분이 시작 부분과 끝부분에서 나오고 중간 부분을 리본 테이프로 두 부분을 다르게 표현하며 'A'와 'B' 부분의 다름을 인식할 수 있다. 예를 들어, 'A' 부분에서는 리본을 빙글빙글 원을 그리듯이 돌리고 'B' 부분에서는 리본을 수평으로 천천히 돌리는 표현을 하며 형식요소를 경험할 수 있다.

| 표 2-10 | 형식 창작 활동 예

<table>
<tr><td>활동명</td><td colspan="2">같은 음악 다른 음악을 소리로 만들어요</td><td>주제</td><td>소리</td><td>대상</td><td>만 5세</td></tr>
<tr><td>활동목표</td><td colspan="6">• 음악감상을 통해 음악의 같은 부분과 다른 부분을 변별해 본다.
• 신체표현과 그림 그리기 등을 통해 음악의 형식을 경험해 본다.</td></tr>
<tr><td>음악요소</td><td>형식</td><td colspan="2">음악활동유형</td><td colspan="3">음악감상</td></tr>
<tr><td>활동자료</td><td colspan="6">활동곡 〈모차르트의 미뉴에트(Divertimento No.17 in D Major K.334 Menuetto)〉
음원, 감상활동지 A & B(A4 size), 색연필</td></tr>
<tr><td>활동방법</td><td colspan="6">■ 도입
1) 교사가 목소리로 들려주는 감상곡의 주요 선율(A-B-A)에 맞춰 유아들은 두 팔과 엉덩이를 흔드는 동작과 같은 두 가지 정도의 동작으로 움직여 본다.
■ 전개
2) 2개의 감상활동지를 탐색하고 교사의 실러불에 맞춰 손가락으로 그려보도록 한다.</td></tr>
</table>

활동방법	-교사는 감상활동지 A를 유아들에게 제시하고 활동지에 그려진 삼각형(3/4 박을 의미함)을 유아의 손가락으로 따라 그리도록 모델링한다. -간단한 실러블, 얍빠빠, 야라라, 쿵빠빠 등 3박에 맞춰 노래 불러주며 유아들이 따라 하도록 이끈다. -감상활동지 B도 '2)'와 같은 방법으로 실러블을 활용해 지휘하듯 움직이며 노래불러준다(예: 야라라라라라, 야미야미야미) 3) 음악감상 활동곡 '모차르트의 '미뉴에트'를 유아들에게 들려주며 감상활동지의 밑그림을 색연필로 따라 그리도록 한다. -교사는 유아들에게 감상곡을 들려주며 유아들이 감상곡의 가장 특징적이고 반복적인 주제가락 A와 B를 인식하며 감상하도록 한다. 4) 감상곡의 가장 중요한 형식인 A-A-B-A를 유아들이 이해하기 쉽도록 동물 또는 과일(포도-포도-귤-포도) 등의 이름으로 명명하며 그림 그리도록 한다. ※ 모차르트 미뉴에트(K. 334)는 복합3부 형식(겹세도막 형식)이므로, A-A-B-A 형식이므로 동물이름을 활용하여 '사자-사자-토끼-사자'로 형식을 이해하도록 돕거나 과일이름을 활용하여 '포도-포도-귤-포도' 등의 이름으로 명명하며 그림 그리도록 한다. 5) 다른 종류의 악기로(예: 핸드드럼, 비브라슬랩 등) 바꾸어 들려주어 유아들이 다양한 소리를 경험하고 음색에 따라 다양한 신체표현을 하도록 한다. -핸드드럼 소리가 들릴 때는 걷는 동작을 하다가 비브라슬랩 소리가 들릴 때 멈추는 동작을 한다. **▪ 마무리** 6) 음악 형식에 맞추어 신체표현 하면서 유아들이 정한 동물, 또는 과일 이름 등의 특징을 살려 신체표현해 보면서 활동을 마무리한다.
감상 활동지	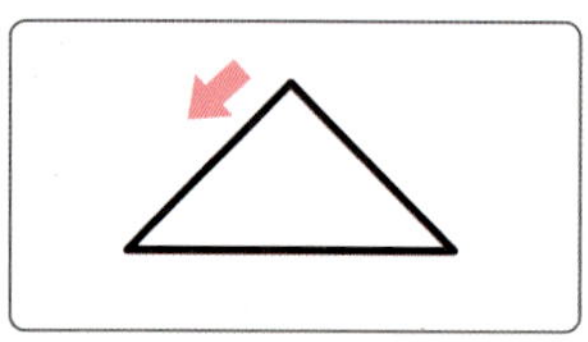 [감상활동지 A] 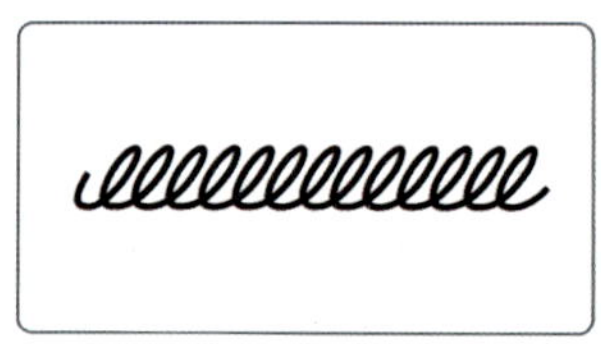 [감상활동지 B]

출처: 이숙희(2010). 아동음악을 참고하여 재구성함.

| 표 2-11 | 생일노래의 주제와 변주를 통한 다양한 음악개념 형성 활동 예

<table>
<tr><th>활동명</th><td colspan="2">쿵 작작, 쿵작쿵작 박자가 달라요</td><th>주제</th><td>소리</td><th>대상</th><td>만 5세</td></tr>
<tr><th>활동목표</th><td colspan="6">• 변주된 곡을 노래와 신체 또는 악기를 이용하여 다양한 음악요소의 변화를 경험한다.
• 2박과 3박의 박자에서 강박과 약박의 위치를 알고, 박자의 특징에 맞춰 박자 젓기 활동을 통해 박자의 인식 능력을 기른다.</td></tr>
<tr><th>음악요소</th><td colspan="2">리듬</td><th colspan="2">음악활동유형</th><td colspan="2">노래 부르기</td></tr>
<tr><th>활동자료</th><td colspan="6">활동곡 〈생일 축하 노래 변주곡(이숙희 편곡) 1, 2, 3, 4, 5곡〉, 음악 CD, 악보, 생일 케이크 모형 또는 케이크 그림</td></tr>
<tr><th>활동방법</th><td colspan="6">

▪ 도입

1) 주변의 사물 중 긴 것과 짧은 것들에 대해 알아본다.

▪ 전개

2) 교사가 들려주는 생일축하 노래를 듣는다.

악보 2-3

생일 1

이숙희 편곡

</td></tr>
</table>

활동방법

악보 2-4

생일 2

이숙희 편곡

악보 2-5

생일 3

이숙희 편곡

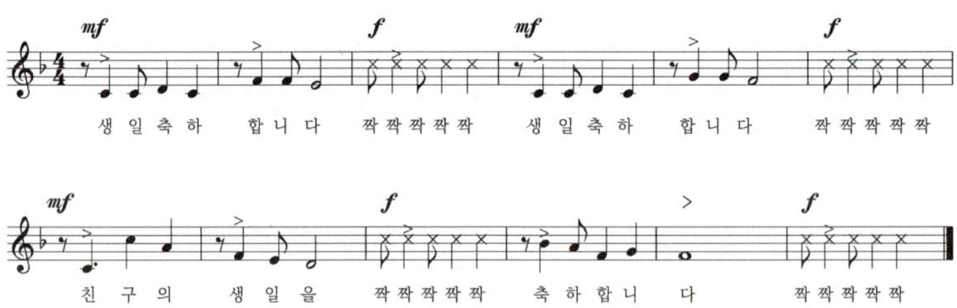

악보 2-6

생일 4

이숙희 편곡

활동방법

악보 2-7

생일 5

이숙희 편곡

3) 음원을 들으며 노래를 불러본다.
   - 처음에는 조금 느린 빠르기로 부르고, 점차 노래가 익숙해지면 빠르게 부른다.
4) 노래 부르기가 익숙해지면 각 변주곡의 박자에 맞게 강박마다 무릎치기하고 약박에는 손뼉을 치며 신체타악기로 표현한다.
5) 준비된 다양한 악기들을 유아들에게 나눠준 후 노래(생일 1~5)를 부르며 박자에 맞게 연주해 보고 각 곡의 특징을 비교해 본다.

▪ 마무리

6) 생일노래와 변주된 곡 중 제일 재미있었거나 부르기 힘들었던 노래가 있었는지에 대해 이야기 나누며 활동을 마무리한다.

교사를 위한 Tip!

- 본 활동들은 음악요소들의 개념형성을 통합한 수업내용으로 유아가 한 활동에서 한 개념에 대한 고정된 사고를 갖지 않게 돕는 활동이다.
- 악보 2-2(3/4박자)는 원곡이며, 다른 변주곡(Variation)에서는 원곡의 주제를 여러 가지 음악요소로 변주한 곡들이다. 이를 통해 한 곡의 박자, 선율 등이 다양하게 변화할 수 있다는 것을 경험할 기회를 제공할 수 있다.
- 악보 2-3(2/4박자)은 원곡의 3박자를 2박자로 바꾸어 단순하고 리드미컬하게 변주하였다. 강, 약이 뚜렷하여 박자의 개념을 쉽게 익힐 수 있으며 손뼉을 쳐보는 과정을 통해 4분음표와 8분음표의 차이와 감각도 익힐 수 있다.
- 악보 2-4(4/4박자)는 라틴(Latin) 계통의 리듬인 비긴(Beguine) 리듬으로 변주되어 4박자의 개념을 획득할 수 있다. 더불어 당김음(싱코페이션)이 구성되어 리듬의 강, 약이 이동하는 것을 유아들이 알도록 돕는다. 예로 루돌프 사슴코, 창밖을 보라 등의 노래에도 우리가 2002 월드컵 때 손뼉으로 연주했던 '대~한민국 짝짝~짝 짝짝' 리듬이 나오며, 이것이 비긴 리듬이다.
- 악보 2-5(2/4박자)는 2박자이면서도 점8분음표(♪)와 셋잇단음표를 사용하여 마치 말 달리는 느낌을 준다. 부점리듬인 ♪ ♬(점8분음표와 16분음표로 된 1박자)에서 점8분음표가 악센트(>)로 더 강조되어 16분음표가 점8분음표에 종속되어 보조적으로 받쳐주는 느낌을 경험할 수 있다. 또한 셋잇단음표가 한 박자(♩)의 분할되는 것을 경험할 수 있다.

교사를 위한 Tip!	• 악보 2-6(3/4박자)은 원곡과 같이 3박자의 곡이지만 1옥타브 위로 되어 있어 같은 선율(가락)이어도 소리의 높고 낮음의 차이를 느낄 수 있다. 또한 4마디와 8마디에서 반음(내림 사 / G♭)이 구성되어 섬세한 음정의 감각을 느끼게 할 뿐만 아니라 부드럽게 진행되는 순차진행의 개념도 익힐 수 있게 구성되었다.

출처: 이숙희(2010). 아동음악을 참고하여 재구성함.

한편 그레타(Greata, 2006)는 박(beat)과 빠르기(tempo)를 리듬의 하위, 음높이(pitch)와 화성(harmony)을 선율의 하위요소로 보았다. 리듬, 선율, 셈여림(dynamics), 형식(form), 스타일(style) 등 음악적 요소의 관계를 도표로 나타내기도 했다.

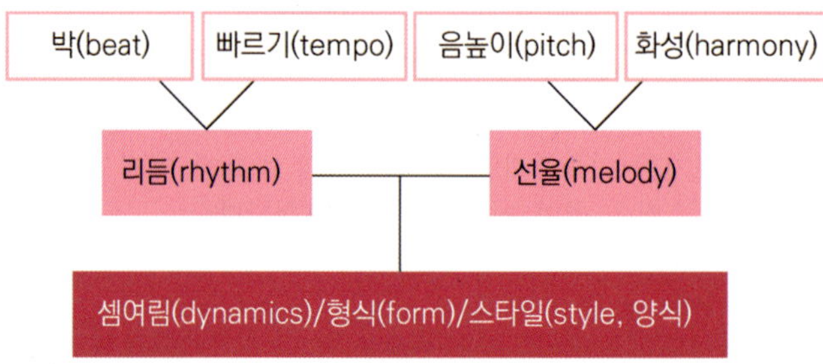

출처: Greata, J. (2006). An introduction to Music in early childhood education. New York: Thomson Delmar Learning.

| 그림 2-6 | 음악 개념 요소의 관계 도표

2. 영유아의 연령별 음악 개념 발달

1) 영아기 음악 개념 발달

인간은 누구나 음악성을 가지고 태어나며, 음악의 주요소인 선율(음높이)과 리듬에 반응하는 내재된 성향을 지니고 있다. 이렇게 내재된 음악성은 인간이 음악적으로 반응하고 표현하며 만들어 낼 수 있는 기본적인 소양이다(정현주, 2015)[3]. 영아는 본능적으로 어머니의 자장가나 돌봐주는 사람의 리듬 있는 소리와 함께 생활

3) 헝가리의 음악교육학자인 코다이도 '진정한 음악교육은 영유아가 태어나기 9개월 전부터 시작한다'고 주장하여, 음악능력의 발달이 태아기부터 시작됨을 강조하였다.

하면서 음악에 반응하기 시작한다.

영유아의 발달단계는 개인차가 있으며, 영유아의 발달단계의 순서는 동일하지만, 영유아가 각 단계에 도달하거나 각 단계마다 나타내는 음악적 반응이나 행동은 연령에 따라 다르게 나타날 수 있다. 따라서 영유아음악교육은 음악 개념 요소인 리듬, 선율, 셈여림, 화음, 음색 등에 대한 영유아의 반응과 음악적 행동 발달단계에 기반하여 이루어져야 한다.

(1) 태아기

태아는 모체에서부터 아주 능동적으로 음악 반응을 보이는 존재이며, 모체의 규칙적이며 안정적인 심장박동 소리를 통해 음악을 경험한다. 이것은 음악에서 일정한 간격을 두고 규칙적인 소리가 나는 '고정박'을 엄마의 심장박동 소리로 경험하게 되고 엄마의 목소리를 듣는다. 이는 태아가 리듬과 선율 요소를 생득적으로 가지고 태어나고, 소리와 음악에 반응할 수 있는 능력을 가지게 하는 원천이 된다(정현주, 2013).

(2) 출생~만 1세

출생~3개월에는 사람의 목소리에 관심을 보이며 특히 엄마의 목소리에 반응을 보인다. 영아는 낮은 소리보다는 부드럽고 높은음을 지닌 악기나 여성의 목소리에 더 반응을 보이며, 엄마의 심장박동 소리와 같은 규칙적인 소리를 좋아하고 안정을 얻는다. 의사표현의 수단을 울음으로 나타내다가 차츰 울음소리가 분화되면서 자신의 욕구를 다르게 나타낸다. 청지각 발달로 출생 후 자신을 돌보아 주는 사람의 목소리 음색을 구별하게 되고 이에 따른 선택적 반응과 선호를 나타낸다(DeCasper & Fifer, 1980).

2~4개월에 목젖을 울리는 소리인 쿠잉(Cooing)과 옹알이(bubbling)가 시작되고[4], 3개월부터 목을 가누는 신체적 발달과 시각과 청각의 협응을 통해, 소리를 듣고

4) 영아는 처음에 옹알이를 하는 그 자체의 기쁨을 위해 옹알이를 하고, 그 후에는 자신의 옹알이가 주위환경에 미치는 영향을 보고 옹알이를 한다.

소리 나는 쪽을 바라본다.

6개월이 되면 주변 소리, 특히 사람들 소리에 관심을 많이 갖게 되고, 소리를 따라내고 싶어 한다[5]. 옹알이가 분명해져서 다른 사람의 소리를 모방하거나 자신의 옹알이 높낮이, 음길이 등을 변화시키며 새로운 발성을 시도하는 음악적 옹알이(musical bubbling)가 시작된다(Campbell & Scott-Kassner, 2014).

9~12개월에는 소리를 계속 반복하려고 하고, 영아에 따라 독특한 억양이 생기며, 이 시기의 영아들은 동물 소리를 모방하기도 하고 책 읽는 시늉을 하기도 한다. 악기에 관심을 보이고, 음악에 대해 선호가 생기기 때문에 싫어하는 음악에 불쾌감을 표현하기도 한다. 만 1세 미만까지 리듬에 따라 몸을 흔들거나 움직이는 수준의 음악적 행동을 주로 나타낸다.

(3) 만 1~2세 영아

이 시기의 영아는 부모나 교사의 노래를 따라 부르는 데에 만족하지 않고 스스로 음을 만들어내고, 소리에 대한 호기심을 통해 외부세계를 인식하려고 한다. 또한 새로운 소리에 대해 흥미를 느끼며, 자발적으로 노래 부르기를 좋아하며 즐긴다. 신체적으로 보행 능력을 발달시키게 되어 주변환경 탐색을 즐기며 다양한 음악적 환경과 접촉한다. 음악적으로는 '발동적 리듬기'라 하여 음악의 가장 기초적인 리듬반응이 활발하게 이루어진다. 규칙적인 리듬이나 간단한 유형으로 구성된 노래의 리듬에 맞추어 노래를 부른다.

8~24개월의 걸음마기 영아(toddler)는 음악에 보다 활동적으로 반응하며 선율을 따라 하는 능력이 생기기 시작하며(Scott-Kasnner, 1993), 음악을 단순히 듣기만 하는 청취자가 아닌 적극적인 참여자가 된다(Gordon, 1997). 언어가 빠르게 발달하여[6] 놀이를 하면서 노래하고 흥얼거리는 경우가 많아진다.

18개월이 지나면 목소리의 음악적 특성인 음색, 강도, 억양 등을 인식하는 능력과 성악곡(노래)과 기악곡의 음색 차이를 구별하는 능력이 발달한다(Davis et al., 2008)[7]. 어느 정도 노래에 맞는 음높이와 리듬으로 부르는 능력이 생기며, 반복적

5) 오츠왈드(Ostwald, 1973)는 이 시기를 목소리 접촉(vocal contagion) 시기라고 하였다.
6) 한 문장을 3~4단어로 구성하는 능력이 생기게 된다.

인 음과 리듬에 반응한다.

24개월이 지나면서 영아는 대근육과 소근육이 발달되기 시작하여 자조능력이 향상된다. 따라서 능동적이고 정교한 신체 움직임을 유발하는 노래를 좋아한다. 점차 가정에서 벗어나 유아교육기관 등에 소속되기 시작하는 경우가 많기 때문에 사회성이 급속도로 발달한다. 또한 언어의 발달도 빠르게 발달하며 점차 발음이 선명해진다.

31~35개월에는 소근육과 대근육이 보다 발달하여 균형감이 발달하고, 눈과 손의 협응 능력이 발달된다. 옷 입기, 식사하기 등 자조능력이 발달하면서, 보다 독립적이고 주도적인 행동을 하게 된다[8]. 노래를 중얼거리거나 찬트를 하는 즐거움을 알게 되고, 지적 호기심이나 신체적 기능의 발달로 인하여 다양한 소리를 탐색하고 악기에도 관심을 갖게 된다.

좀 더 소리를 적극적으로 탐색하고 음악에 반응하며 들리는 노래의 간단한 리듬과 선율을 비슷하게 따라 한다. 불규칙한 리듬유형을 재잘거리고, 춤과 비슷한 리듬적 움직임을 할 수 있다. 선율의 음정(음높이)는 아직 불안정하다. 반복적인 가사와 운율을 지닌 노래 부르기와 음악듣기를 즐기고, 리듬타악기인 북종류, 탬버린, 리듬막대, 에그셰이크, 징글, 귀로 등을 탐색해보고 연주해보는 시도를 한다[9].

더불어 실로폰이나 터치벨과 같은 선율 타악기 등도 교사의 구조화된 계획이 지원된다면 한 음씩 또는 곡의 부분에 참여하며 적극적 음악활동을 시작할 수 있다.

7) 소리에 민감성을 갖기 때문에 다른 소리를 구별해내고, '크다', '작다', '빠르다', '느리다' 등의 단어를 사용하여 음과 리듬을 표현한다.
8) 언어적으로는 4~5단어를 사용하여 문장을 구성하고, 정서 발달로 인하여 풍부한 감정 표현이 가능하여 친구를 사귀고, 상황에 맞게 존댓말을 쓸 줄 알게 되는 등 사회성도 발달한다.
9) 음악을 통한 성취감을 표현하기도 하고, 또래 간 다양한 놀이에서 음악적 표현을 잘 하며 타인 앞에서 음악 연주하기를 즐기고 칭찬을 받으면 더욱 잘 하려는 성향을 보인다.

2) 유아기 음악 개념 발달

유아기는 지적 발달 속도가 매우 빠르고 인격의 기초가 확립되는 매우 중요한 시기이며 음악성 발달이 가장 활발히 이루어지는 시기이다.

(1) 만 3~4세 유아

만 3세는 음악성이 현저히 발달하는 시기로 보다 음악적 능력을 발휘하고 음악을 적극적으로 즐기는 성향을 나타내는 시기이다. 이 시기부터는 유아가 음악적인 성향이 있는지 그렇지 않은지 드러나며, 음악을 통해 자기표현이 증가하는 시기이다. 쉬운 수준의 음악 개념, 즉 음의 높고 낮음, 길고 짧음, 세고 여림 등을 분별할 수 있는 능력을 형성하고 쉬운 리듬 악기를 연주할 수 있으며, 타악기나 구변의 물건을 이용하여 리듬, 강약, 속도를 표현할 수 있다.

음높이가 정확하지는 않지만, 익숙한 음의 노래를 구별하기도 하고, 단순한 음정의 간단한 노래를 부를 수 있다. 반복되는 리듬, 선율을 이용하여 자발적으로 노래나 찬트를 만들기도 한다[10]. 간단한 노래 게임의 규칙들과 동작들을 따라 할 수 있다. 짧은 음악을 조용히 들을 수 있으나 자신이 들었던 음악에 대해 언어로 표현하거나 반응하는 것은 어려워한다. 느린 박보다는 빠른 박을 즐기며, 음악에 맞춰 걷고 달리고 점프하는 신체적 활동을 즐기고 자유로운 신체표현을 할 수 있다. 음악의 박자에 맞춰 율동 할 수 있는 능력이 향상된다.

감각능력의 발달에 의해 크다, 작다, 빠르다, 느리다 등의 음악적 요소들을 개념화하기 시작한다(Greata, 2006). 리듬에 맞춰 걷기, 손뼉치기, 춤추는 이동 동작 등을 음악의 변화에 따라 적절하게 신체로 표현할 수 있다. 리듬이나 멜로디악기를 이용한 창의적인 표현 활동을 활발히 하게 된다.

10) 자신의 목소리나 악기를 사용하여 자신의 음악을 창조해 내는 데 큰 흥미를 보이기도 하고, 자신의 목소리를 더욱 잘 통제할 수 있으며, 말이 많아지고, 주변 사람의 노래와 리듬을 쉽게 모방하기도 한다.

(2) 만 4~5세 유아

사회성이 현저히 발달하는 시기로 또래들과 어울려 함께하는 음악활동에 적극적으로 참여하기는 것을 좋아한다. 특히 함께 연주하는 것을 통하여 음악적 성취감을 느끼고 듣고 난 후 자신의 느낌을 언어로 표현할 수 있다. 여러 음악 개념 요소(리듬, 선율, 화성, 셈여림, 형식 등)에 민감하게 반응하고 음악적 인지능력과 함께 기억과 재생 능력도 발달하여 노래를 처음부터 끝까지 부를 수 있고 음역도 한 옥타브 안에서 편안하게 노래 부를 수 있다. 속도, 음량, 음조와 같은 음악적 개념을 이해할 수 있고, 새로운 가사를 붙이게 되고, 보다 복잡하고 익살스러운 노래를 즐긴다(김은심, 2009). 짧은 문장을 기억할 수 있고 짧은 선율을 모방할 수 있으며, 음역과 리듬능력이 향상되어 다양한 목소리로 노래를 부르는 것이 가능하다. 여러 가지 리듬 악기나 간단한 타악기를 연주할 수 있다. 또래와 노래 부르기를 즐기고 여러 가지 음악 개념에 대한 이해가 신체적 표현을 통해 나타나 율동을 자유롭게 할 수 있으며 율동의 순서를 기억할 수 있다

만 4~5세는 규칙적인 진동에 맞추어 리듬치기를 할 수 있으며, 리듬에 따라 손뼉치기, 발 구르기를 시작한다. 짧은 리듬유형을 따라 할 수 있다. 대근육과 소근육의 사용도 점차 정교해져 악기연주의 기술 습득도 가능해진다[11]. 사고의 확장으로 음악 창작능력이 발달하게 되고, 음악에 집중하는 시간도 좀 더 길어져 음악감상에 대한 흥미도 증가한다.

이후 만 5~6세가 되면 유아들은 소리를 기억하고 배운 것을 반복할 수 있으며 성역이 확대되어 발성기능도 갖추게 된다. 음의 판별능력도 최상의 상태가 되며 음악활동을 통해서 음악적 능력도 확실하게 그 특징이 나타난다. 또한 음악에 맞춰 몸을 움직이는 것을 좋아하고 손동작도 유연해진다. 학습적응 능력이 향상되는 시기로 음악적 능력의 발달에 있어서 매우 중요한 시기이다. 악기를 통한 놀이 활동은 유아기 전인발달의 촉진제 역할을 하며, 음감과 리듬감, 선율감, 선

11) 신체표현 영역과 관련하여, 4세 정도가 되면 노래를 부르며 리듬에 따라 손으로 바닥을 두드리거나 발로 장단을 맞추기도 한다. 또한 리듬에 맞추어 고개를 끄덕이는 등 갖가지 신체동작을 할 수 있다. 유아의 악기연주 능력은 신체발달과 관련성이 높다. 리듬에 대한 감각을 먼저 습득하고, 눈과 손의 협응능력이 발달하면서 악기를 연주할 수 있게 된다.

율(가락)의 흐름을 이해하며, 화음에 대한 관심을 갖고, 조화로운 소리를 내기 위해 협력적인 태도도 기르게 된다. 따라서 유아의 발달에 맞는 악기를 제공해 주고 자유롭게 악기를 탐색해 볼 수 있는 기회를 제공하는 것이 유아의 악기 연주하기 능력의 발달을 도울 수 있다[12].

이렇게 유아기는 음악 능력의 기초가 되는 음의 높낮이(선율), 음의 장단(리듬), 음의 셈여림, 음색 등의 음악 개념 요소에 대한 발달이 빠르게 이루어지고 점차 분할된 리듬패턴이나 조성 등의 구별 능력이 발달함을 알 수 있다. 따라서 유아의 음악 개념 발달은 신체적 · 사회적 · 지적 발달 등의 발달 영역과도 상호 관련되어 유아의 전인발달에 긍정적이고 중요한 영향을 미치는 것을 알 수 있다.

3. 영유아의 음악 발달 요인

1) 생물학적 요인

음악은 인간의 선천적인 능력이며, 유전적 요인에 의해 영향을 받으므로 그 능력이 개인마다 다르다. 모든 인간은 음악적으로 의사소통을 할 수 있는 가능성을 지니고 있으며 음악적 반응 행동을 통해 의사소통이나 자기표현을 해왔다. 음악적 행동은 문화적 · 지리적 · 인종적 경계선을 초월하여 인류에게 공통적이며 보편적으로 나타남을 알 수 있다. 이는 아기가 음악적으로 반응하고 행동할 수 있는 강한 생물학적 경향을 가지고 태어나기 때문이다.

음악성이 유전되는 것인가에 대해서 많은 논란이 계속되어왔다. 머셀(Mursell)의 음악성 연구결과는 음악성이 인간의 보편적인 능력이며, 음악성은 전문화된 특수한 것이라기보다 유전된 전반적인 능력 수준의 표상으로 환경에 지배되는 경우가 많다고 보았다. 하지만 부모가 모두 비음악적인 가정의 자녀들이 양친이 모두 음

12) 유아의 악기연주 능력은 신체발달 단계와 관계성이 크며, 악기를 제대로 연주할 수 있을 정도의 눈과 손의 협응능력은 약 7세가 되어야 발달한다. 그러므로 유아의 발달단계에 적합한 악기가 제공되어야 하며, 유아 교사는 유아의 음악적 발달을 잘 이해하고 그에 적합한 악기교육을 하여야 한다.

악적인 가정의 자녀들보다 더 음악성을 가지고 있는 경우도 있기 때문에 음악성의 유전에 관한 특정 결론으로 보기 어렵다.

2) 환경적인 요인

모든 영유아가 가지고 태어나는 음악적 능력인 음악성은 환경과 교육에 의해 큰 영향을 받는다. 고든(Gordon, 1997)은 음악성이 영유아의 고유한 특성이지만 반드시 유전적인 것은 아니며 유동적 음악 발달 시기인 9세까지를 '음악성 발달의 민감기'라고 하였다. 이 시기에 어떤 환경과 교육이 영유아에게 제공되는가에 따라 영유아의 음악적 능력 발달을 촉진시킬 수 있다고 주장하였다. 따라서 음악적으로 반응하는 영유아의 선천적 잠재 능력은 좋은 음악적 환경에 의해 개발되어야 한다. 그러므로 영유아에게 음악적 경험을 많이 가질 수 있도록 도와주며, 음악적 소질을 향상시킬 수 있는 좋은 음악적 환경을 조성해 주어 음악적 능력을 발휘할 수 있도록 해야 한다.

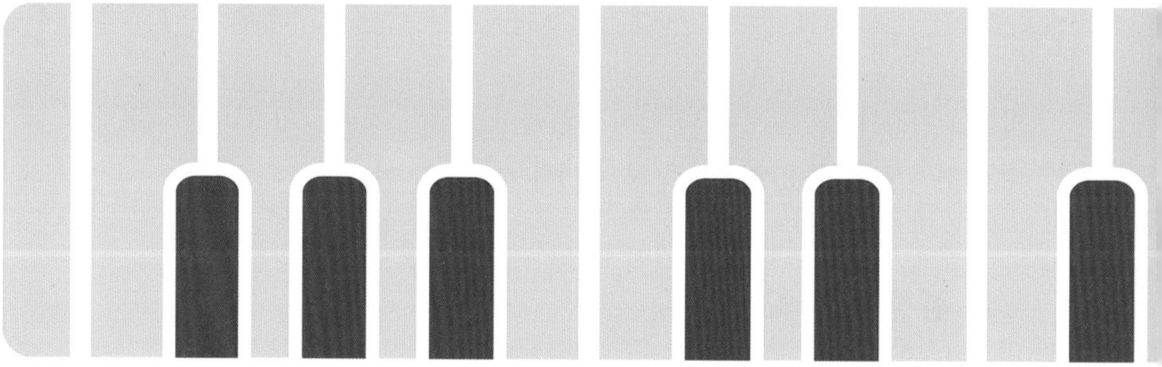

CHAPTER 03

영유아음악교수법

1. 코다이의 영유아음악교수법
2. 달크로즈의 영유아음악교수법
3. 오르프의 영유아음악교수법
4. 고든의 영유아음악교수법
5. 영유아음악교수법의 비교

1. 코다이의 영유아음악교수법

코다이(Zoltan Kodály, 1882~1967)는 헝가리의 작곡자이자 음악교육자로서 헝가리 음악교육의 질적 향상을 위한 교수방법과 교재를 사용하였다. 특히, 영유아가 모국어를 배우는 원리와 과정을 접목시켜 모국어인 민요를 초기 음악교육에 적용하였다. 코다이 음악교육의 목표는 국민 전체가 음악적으로 읽고 쓸 수 있는 기술을 획득하는 것으로, 영유아기부터 음악교육을 시작해야 한다고 주장하였다. 코다이 음악교수법은 리듬 훈련, 귀 훈련, 음악 듣기 훈련으로 구분되며, 지도 곡 대부분은 영유아가 즐겨 부르는 민요조의 놀이 노래이다. 노래 부르기는 누구에게나 주어진 목소리를 자유롭게 사용할 수 있으므로 음악학습의 기본이 되며 독창보다는 합창이 더 효과적이라고 하였다[1].

1) 코다이 음악교육 철학

- 음악은 모든 영유아의 것이어야 한다(음악교육의 보편성).
- 음악은 적극적인 참여를 통해 즐겁게 경험되어야 한다(음악교육의 당위성).
- 음악교육은 어릴 때부터 시작되어야 한다(조기교육의 필요성).
- 음악은 모국어를 배우듯이 매일의 일상에서 자연스럽게 익혀야 한다(모국어와 민요의 관련성).
- 목소리는 모든 사람들에게 주어진 자연적인 악기이며, 조기 음악교육에서 '함께 노래 부르기'는 독창이나 악기연주보다 더 우선되어야 한다(가창지도 → 악기연주 → 그룹가창 → 음악창작 순서로 교육, 성악교육의 우선성).
- 민족 음악 문화의 유산인 민요와 민족 예술가곡을 주된 교재로 사용하여야 한다(민요의 가치성).
- 음악은 어린이들의 매일의 일과로서 경험되어야 한다(음악 경험의 일상성).

1) 코다이의 음악교육은 'musical literacy(음악적 문해능력)'를 통한 체계적인 음악학습을 지향한다. 이를 위해 음악 개념과 기능을 체계적으로 조직하고 그것을 영유아의 음악성장 단계에 맞춰 적절한 시기에 즐겁게 체험하도록 제공하는 것이다. 독보하기 전 악기사용 배제 및 인간 누구에게나 주어진 목소리의 활용을 통한 노래 부르기를 강조하였다.

• 예술적으로 가장 가치 있는 악곡만이 음악학습의 교재가 되어야 한다(음악교재의 선별성).

• 훌륭한 음악 교사는 어릴 때부터 바르게 교육받은 사람이어야 한다(영유아 교사의 음악적 자질 및 사명감).

2) 코다이 음악교육의 주요내용

(1) 리듬지도

수리적인 분할 방식의 음표 이름을 사용하지 않고, 실제로 박과 리듬을 느낄 수 있도록 각 음표에 음가를 표시하는 방법으로 음표의 리듬기둥만으로 표시한 리듬기호를 사용한다. 코다이의 리듬지도를 통해 할 수 있는 리듬 활동으로는 리듬응답 놀이, 빈 마디 채우기, 리듬 카논(canon), 반주에 맞추어 리듬 이어가기 등의 다양한 방법이 있다.

그림 3-1 코다이식 리듬읽기

(2) 이동도법에 의한 계명창(Movable Do System of Solmization)

코다이의 이동도법은 계명창으로 조가 바뀌더라도 각 계명 사이의 음정은 일정하기 때문에 정확한 음정으로 노래 부를 수 있으므로 음악교육에 효과적이라고 보았다. 바장조(F Major)에서는 도가 'F(파)'로 이동하고 사장조(G Major)에서는 도가 'G(솔)'로 이동하는 개념으로 이해할 수 있다. 달크로즈의 고정도법과 비교된다.

(3) 초보자의 악보 읽기를 위한 손기호(Hand Sign)

서로 다른 음정을 표시하기 위해 각각의 위치나 모양이 다른 손의 기호를 사용하는 것이다. 손기호는 각 음의 높낮이나 선율의 윤곽 및 흐름을 표현하면서 시각적 이미지에 의해 음감을 더욱 강화시키는 역할을 한다. 즉 선율의 상행, 하행의 진행에 따라 손기호의 위치변화를 위해 팔을 상하로 움직이는 동안 음의 흐름과 고저를 정확히 이해할 수 있고 음정에 대한 감각도 손기호 간의 폭에 의해 효율적으로 개발되었다.

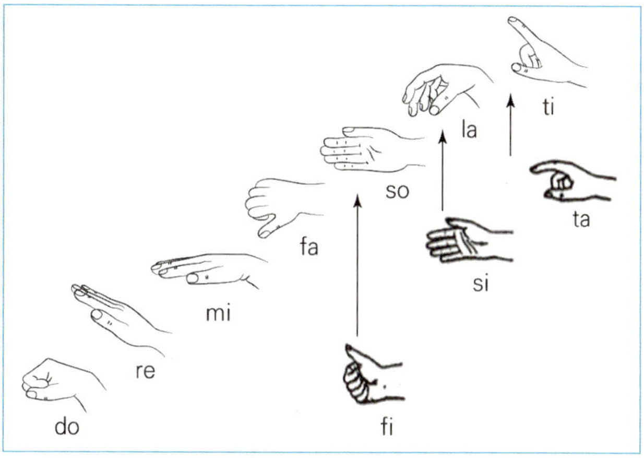

❙ 그림 3-2 ❙ 코다이 손기호 그림

(4) 학습 순서의 계열화

코다이는 음악의 개념과 기능을 체계적으로 조직하되 영유아의 신체적 음악적 발달단계에 비추어 적절한 시기에 체험하도록 하여야 한다고 주장하였다. 즉 학문 내용상의 논리적 체계보다 성장단계에 따른 내용체계(sequence)가 우선해야 한다는 것이다. 예를 들어 리듬에 있어서, 음악 논리적으로는 온음표, 2분음표, 4분음표 등의 차례로 음표가 도입되어야 하지만 영유아의 성장단계에 비추어 볼 때 4분음표 → 8분음표 → 2분음표의 리듬꼴 순서로 이해되어야 한다고 보았다. 선율에 있어서도 음악논리상으로는 5음 음계에서 첫 음 도(do)부터 차례로 레(re), 미(mi), 솔(sol), 라(la)의 순서로 도입되어야 하지만 영유아음악에서는 하행 단 3도의 두 음(솔-미)으로 된 선율 → 세 음(솔-미-라)으로 된 선율 → 네 음(라-솔-미-도)으로 된 선율을 노래하는 순서로 접근해야 한다고 주장하였다.

5음 음계 지도 후 7음 음계 지도(장음계), 이어서 임시표(#, ♭) 순서로 지도하여야 한다. 계이름의 표시는 그 머리글자인 자음만으로 나타낸다.

참고하세요

코다이	d	r	m	f	s	l	t	d
영미	C	D	E	F	G	A	B	C
계이름	도	레	미	파	솔	라	시	도

단계적 지도: 단선율-돌림노래-2성부-3, 4 성부

① s-m(G-E / 솔-미)
② l-s-m(A-G-E / 라-솔-미)
③ s-m-d(G-E-C / 솔-미-도)
④ l-s-m-d(A-G-E-D / 라-솔-미-도)
⑤ m-r-d(E-D-C / 미-레-도)
⑥ s-m-r-d(G-E-D-C / 솔-미-레-도)
⑦ l-s-m-r-d(A-G-E-D-C / 라-솔-미-레-도)
⑧ m-r-d-l,(E-D-C-A, / 미-레-도-낮은 라)
⑨ l-s-m-r-d-l,(A-G-E-D-C-A, / 라-솔-미-레-도-낮은 라)
⑩ l-s-m-r-d-l,(A-G-E-D-C-A, / 라-솔-미-레-도-낮은 라)
⑪ d'-l-s-m-r-d(C'-A-G-E-D-C / 높은 도-라-솔-미-레-도)

* 'd'는 C5(가운데 '도'보다 8도 위의 높은 도)
* 'l'는 A3(가운데 '라'보다 8도 낮은 라)

출처: 이숙희(2010). 아동음악.

3) 코다이 음악교수법의 적용

(1) 노래 부르기 중심의 음악교육에 손기호의 활용한다. '비야 비야 오너라'의 노래는 솔 미, 솔솔 미, 솔솔미라솔솔 미(♩♩♫♩/♫♫♫♪)로 구성되어 쉽고 흥미롭기 때문에 음높이의 감각을 쉽게 기를 수 있다.

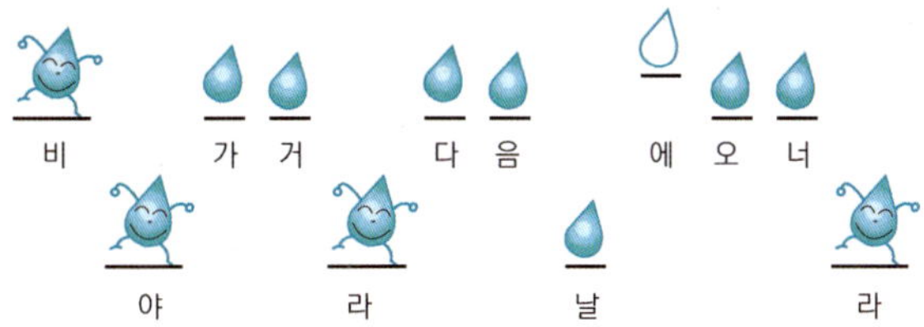

| 그림 3-3 | 코다이 손기호 활용을 위한 음높이 그림 예(비야 비야 오너라)

(2) 이동도법에 의한 계명창 방법을 활용하되 두 줄 악보의 사용으로 조성과 음정의 개념 및 악보에 대한 이해를 촉진하면서 독보력을 신장시킨다. 즉 두 줄 악보의 사용으로 선과 칸의 개념 및 3도 음정을 유아에게 인지시킨다.

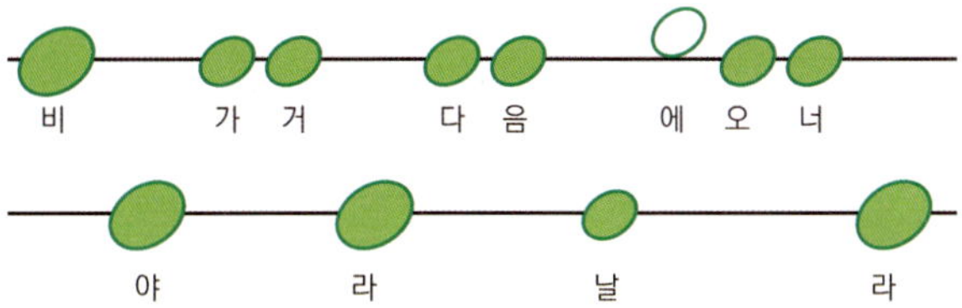

| 그림 3-4 | 이동도법 계명창을 위한 코다이 두 줄 악보 그림 예

(3) 시창법(sight-singing)에만 국한하지 말고 모국어 학습 원리에 근거한 청창법(rote-singing)으로 노래 부르기를 지도한다. 즉 피아노 반주 없이 우선 악보를 보지 않고 교사의 노래를 귀로만 듣고 따라 부르게 하는 청창지도에 의해 청감각을 개발시킨다.

(4) 노래를 배울 때 [그림 3-4]에 제시된 방법으로 놀이한다. 토끼가 컵 위로 올라와 보일 때는 소리 내어 노래를 부르다가, 갑자기 토끼가 컵 속에 숨으면 노래를 마음으로만 부른다. 음과 리듬을 생각하면서 노래 부르도록 하여 내청(inner hearing) 훈련의 기회를 제공하여 음감을 개발시킨다.

| 그림 3-5 | 내청훈련을 위한 컵 활용 놀이

• 활동방법 ①: 계이름을 손기호를 이용하여 노래하며 내청훈련한다.

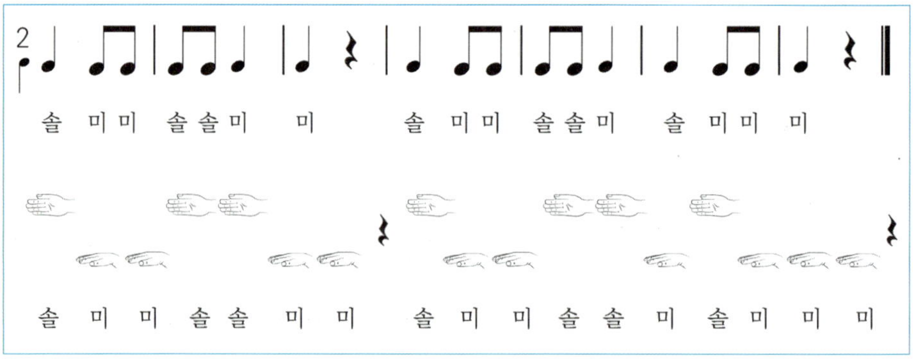

| 그림 3-6 | 악보에 따른 손기호와 내청훈련

• 활동방법 ②: 교사는 손기호로 리듬에 맞추어 노래하고, 유아들은 손기호를 보면서 속으로 노래하도록 한다. 교사는 손기호를 바꾸어가며 제시하는 것을 통해 유아들이 손기호를 이해하고 안정된 음감으로 노래 부르도록 한다.

(5) 프레이즈나 짤막한 노래의 리듬카드를 이용하여 한 카드씩 감추면서 리듬을 익힌 후 나중에는 전체를 모두 외우도록 하여 음악에 대한 기억력을 증진시킨다.

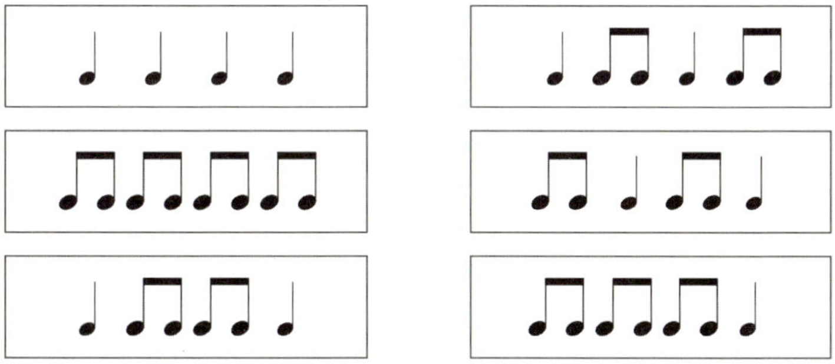

(6) 리듬지도를 할 때 '딴', '따'의 2음절만으로는 기준이 없어 음가의 구별이 합리적이지 못하므로 어릴 때부터 리듬 음가를 코다이식의 리듬 이름 부르기 방법으로 지도하여 유아가 쉽게 리듬 학습을 하도록 한다.

참고하세요

기존의 리듬지도 방식

딴 따 | 따 따 | 딴 따 따 따 | 따

코다이식 리듬지도

ta i ti | ta ta | ti ti ti ti | ta

타이 티 | 타 타 | 티 티 티 티 | 타

리듬인식과 표현의 예

출처: 이숙희(2010). 아동음악.

(7) 노래 부르기 지도에서 노랫말에 따른 신체표현이나 동작표현 위주의 활동, 손뼉 치기, 발 구르기, 무릎치기 등의 신체표현을 노래 리듬형태에 맞춰 창조적으로 지도한다.

(8) 리듬 모방, 리듬 카논(canon)과 문답식의 리듬 창작 활동으로 리듬감을 증진시키고, 민요 고유의 특징적인 리듬형을 타악기로 변주하게 하여 민속적 리듬과 친숙하게 한다.

- 활동방법: 유아들을 두 그룹으로 나누어 [그림 3-7]을 보면서 바다에서 노를 젓는 동작과 고기 잡는 흉내를 낸다. 〈악보 3-1〉의 민요식 응답노래를 불러본다.

| 그림 3-7 | 고기잡이 응답노래 그림자료(배를 타고 고기 잡으러 가는 모습)

악보 3-1

고기잡이

이숙희

민요풍으로

4) 코다이 교수법을 적용한 활동의 예

(1) 리듬카드를 이용한 리듬이름 익히기

• 리듬 이름과 사물 대입하기의 예

4분음표(♩)	타	나, 귤, 밤, 달
8분음표(♫)	티티	엄마, 토끼, 사과, 딸기
16분음표(♬♬)	티리티리	할아버지, 이구아나, 파인애플, 우드블록
싱코페이션음표(♪ ♩ ♪)	싱코파	할머니, 고구마, 코끼리, 피아노
셋잇단음표(♩♩♩ 3)	트리올라	다람쥐, 장난감, 사랑해, 지하철

(2) 리듬카드 읽기, 리듬청음에 의한 카드 맞추기와 암기놀이

• 4박으로 이루어진 다양한 패턴의 리듬카드를 읽어보고 리듬이름을 익힌다.
• 여러 가지 리듬카드를 이용해 교사의 리듬치기를 들어본 후 유아들이 리듬 패턴을 만들어 본다.

• 위에 제시된 여러 가지 리듬패턴들을 배열해 놓은 후 리듬읽기 한 후 한 리듬패턴 카드를 빼면서 암기 놀이를 해 본다.

※ 리듬패턴 카드 읽기 예

귤	귤	귤	귤
타	타	타	타

딸기	딸기	딸기	딸기
티티	티티	티티	티티

귤	딸기	귤	딸기
타	티티	타	티티

배	배	포도	배
타	타	티티	타

5) 전래동요를 활용한 코다이 교수법의 실제

▌표 3-1 ▌활동 1

활동명	문지기 문지기 문 열어라
활동방법	1) 노래의 리듬을 손뼉으로 쳐본다. 12/8 ♫ ♫ ♫ ♩ ♪ / ♩ ♪ ♩ ♪ ♫ ♩ 2) 리듬에 노랫말을 붙여본다. (아래 표 참조) 3) 노래의 리듬을 악기로 연주한다. 12/8박의 클라베(♫) 리듬을 소리막대로 3회씩 친다.

12/8	질문				대답			
	♫	♫	♫	♩ ♪	♩ ♪	♩ ♪	♫	♩.
	콩쥐야!	콩쥐야!	문열어	라~	무 서	워 서	못열겠	네...

| 표 3-2 | 활동 2

활동명	참새야 참새야
활동방법	■ **도입** 1) 융판에 노래의 주요 리듬(♩. ♩♪♩♪ ♩.)을 붙이고 리듬막대를 이용하여 응답놀이를 한다. - 원곡리듬인 4/점4분음표(♩. ♩♪ ♩♪ ♩. / ♩. ♩♪ ♩♪ ♩.)의 박자를 4/4박자(| ♫ ♫ | / | ♫ ♫ |)로 변형하여 연주한다. - 가사변형을 통한 질문대답 놀이 예 질문: ○○야 ○○야 너 어디 가니~ 대답: 졸려서 침대에 자러 간다. - 오스티나토 활동(4/4박 예)

오스티나토	리듬	가사
오스티나토 1	♪♪♪(3) ♪♪♪(3) ♩♪(3) ♩♪(3)	참새가 참새가 짹~짹 짹~짹
오스티나토 2	♩ ♩ ♫ 𝄽	아이 졸려 쉼
오스티나토 3	♬♬ ♬♬ ♪♪♪(3) ♪♪♪(3)	짹짹짹짹 짹짹짹짹 이리로 저리로
오스티나토 4	♪♪♪(3) 𝄽 ♪♪♪(3) 𝄽	푸드득 쉼 푸드득 쉼

■ **전개**

2) 악기연주로 질문과 대답 놀이한다.
- 질문그룹의 악기연주: ○○야 ○○야 부분에 리듬막대를 이용해 리듬치기 한다.
  대답그룹의 악기연주: 질문그룹의 특징적인 리듬을 그대로 모방하면서 리듬연주를 한다.

3) 유아들은 역할(또는 그룹)을 바꾸어 응답놀이를 한다.
- 가사변형을 통한 응답놀이를 해 본다.

예 ○○야 ○○야 너 무얼 먹니? / 맛있는 곶감을 친구랑 먹는다
○○야 ○○야 너 누구랑 사니? / 엄마랑 아빠랑 누나랑 산다
○○야 ○○야 너 지금 뭐해? / 친구랑 재밌게 공놀이한다

악보 3-2

참새야 참새야

전래가사
이성천 작곡 / 김미정 편곡

| 표 3-3 | 활동 3

<table>
<tr><td>활동명</td><td>강강수월래</td></tr>
<tr><td>활동방법</td><td>

■ **도입**

1) 강강수월래의 역사적 유래와 놀이의 방법을 알려준다.

예 교사의 발문

아주 먼 옛날(고대 부족사회) 사람들은 좋은 일(축제)이 있을 때 서로 손을 잡고 흥겹게 춤을 추며 놀았대, 너희들도 친구들과 손을 잡고 빙글빙글 돌아본 적이 있니? 그때 어떤 기분이 들었니?

그런데 싸움에서 이기기 위해 손을 잡고 빙빙 돌았던 옛날이야기가 있단다. 함께 들어보겠니? (동화 자료를 이용하여 아래의 이야기를 들려준다)

■ **전개**

2) 강강수월래의 음악을 감상한다.

3) 음악을 감상하면서 '강강수월래' 부분에서는 유아들도 함께 노래 부른다(12/8박 예).

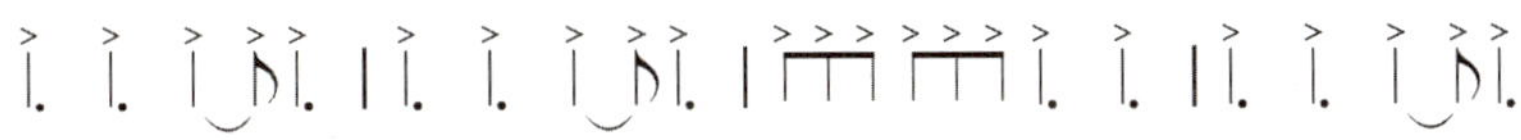

4) 교사 대 유아, 교사 대 전체 유아들이 가사를 만들어 질문-대답 놀이를 한다.

<table>
<tr><th></th><th colspan="2">교사</th><th>유아</th></tr>
<tr><td>예 1</td><td rowspan="2">강강수월래~ 강강수월래~</td><td>OO반 친구들~OO반 친구들~</td><td>강강수월래~</td></tr>
<tr><td>예 2</td><td>멋진 친구 어딨나
멋진 친구 어딨나</td><td>강강수월래</td></tr>
</table>

5) 교사와 유아들은 큰 원형으로 손을 잡고 오른쪽으로 돌면서 교사의 선창에 따라 '강강수월래' 노래를 느리게 → 빠르게 또는 빠르기에 변화를 자주 움직인다.

6) CD플레이어에서 들려오는 노래를 들으면서 둥글게 서서 서로 손을 잡고 3박자(♪♪♪)에 한 걸음씩 오른쪽으로 왼쪽으로 이동해 보면서 마무리한다.

</td></tr>
</table>

2. 달크로즈의 영유아음악교수법

달크로즈(Emile Jaques Dalcroze, 1865~1950)는 스위스의 작곡가 겸 피아니스트이자 음악교육자이다. 음악의 가장 근본적 요소를 리듬이라고 보았으며 청음 훈련을 통한 리듬과 신체의 신속한 연결을 음악교육의 기초 방법으로 적용하였다. 즉, 음악적 개념과 느낌을 신체움직임을 통해서 지각하고, 내면화해야 한다고 보았다. 인간은 태어날 때부터 음악적 재능을 갖고 있으며 신체적으로 음악적 리듬을 지니고 태어난다고 보았다. 따라서 어린 시기에 음악능력을 최대로 계발하고 발달시키기 위해서 음악과 신체표현이 결합되어야 한다고 주장하였다.

1) 달크로즈의 음악교육 철학

- 음악은 지적으로 받아들이기 이전에 감각적으로 받아들여져야 한다.
- 음악적인 듣기 훈련은 모든 음악학습에서 우선 되어야 한다.
- 영유아의 음악적 느낌이나 생각, 반응은 신체움직임을 통해 표현되어야 한다.
- 영유아의 음악적 경험은 단계적으로 이루어져야 하며, 그 발달 정도는 개인마다 차이가 있다.
- 영유아 개개인의 음악 성향과 창조성은 절대적으로 존중되어야 한다.
- 영유아로 하여금 음악의 본질에 대한 감각적 체득과 음악적 개념에 대한 이해와 표현, 경험은 중시되어야 한다.

2) 달크로즈 음악교육의 주요내용

(1) 유리드믹스

유리드믹스(eurhythmics)는 'Eu(good)'와 'rhythm'을 결합한 것으로 리듬이 음악을 구성하는 가장 근본적인 요소이며 음악적 리듬은 인간의 신체적 리듬에서 기인한다는 것이다. 유리드믹스는 음악을 들으면서 음악의 리듬에서 느껴지는 이미지나 아이디어를 신체로 표현하는 것으로 신체동작을 통해 음악을 표현함으로써 여러 가지 음악적 개념을 형성하도록 도울 수 있다. 즉, 음악의 기초학습을 신체적 운동과 결합하여 제시한 유리드믹스 과정을 통해 '보이지 않는 소리를 움직임을 통하여 보이는 소리'로 바꾸게 된다.

① 음의 속도(tempo)에 관한 이해

점점 빠르게 또는 느리게, 갑자기 또는 부드럽게 등으로 동물의 동작을 연상시키면서 그 모양을 모방하게 한다. 코끼리의 걸음은 크고 둔하게 걷는 모습으로, 다람쥐나 참새 등이 움직이는 모습은 발걸음을 좁게 자주 움직이거나 발끝을 사용하여 귀엽고 빠르게 움직이는 모습으로 표현한다. 빠르기를 걸음 속도와 비교해 보면 다음과 같다.

- 아주 느린 걸음 ································ Lento/Adagio
- 느린 걸음 ·· Andante
- 조금 느린 걸음 ······································ Andantino
- 보통 걸음 ··· Moderato
- 조금 빠른 걸음 ····································· Allegretto
- 달리기 ·· Allegro
- 아주 빠른 달리기 ···························· Presto/Vivace

그림 출처: 최예린(2017).

| 그림 3-8 | 빠르기와 걸음 속도

② 음의 강약(dynamics)에 관한 이해

유아들에게 셈여림을 흥미 있게 지도하려면 폭풍이 시작되어 소멸하기까지의 과정을 표현해 보도록 한다. 폭풍이 점점 세어지다가 절정에 이르면 천둥이 치는 장면을 묘사해 보고, 폭풍우가 사라져 가는 것은 점점 여리게(diminuendo)의 예시가 된다. 음악적으로 이것을 다음과 같이 나타낼 수 있다.

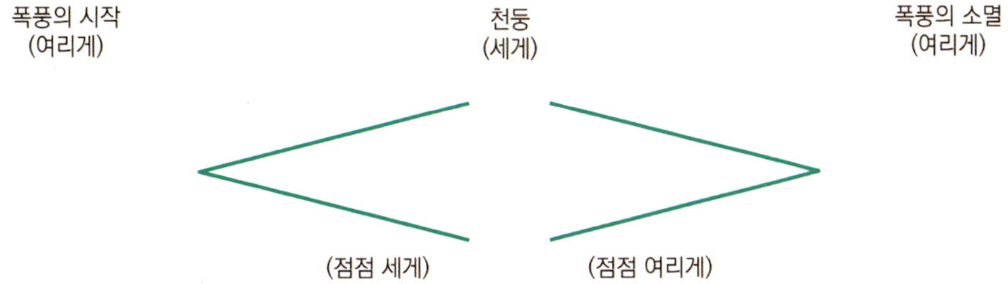

| 그림 3-9 | 셈여림의 변화

◎ 셈여림 신체표현 예

이런 자연현상의 변화 표현 과정에서, 교사는 극적인 표현이 가미되고 음악적 함축성이 있는 적당한 반주를 제시해야 한다. 이러한 상황을 움직임으로 표현할 수 있다. 한 집단의 아동들은 작은 폭으로 걸음을 걷기 시작하여, 폭풍이 진전됨에 따라 걸음 폭을 크게, 또 세게 확장한다. 팔의 동작도 첨가시켜서 절정에 이르면, 손뼉 또는 악기를 이용하여 아주 세게 천둥을 표현한다. 폭풍이 가라앉으면, 유아들은 천천히 그리고 빨리 원래의 자리로 돌아간다.

다른 방법은 유아들이 바닥에 누워 있다가 반주음악이 강해짐에 따라 천천히 일어나 무릎을 세우고 점차적으로 일어서는 동작을 한다. 점점 세게 음악이 들리면 자발적으로 일어나서 움직임을 크게 하고 음악이 활기를 잃어감에 따라 그들의 몸을 낮추고 움직임도 작게 한다. 일어나고 엎드리는 동작, 움직임을 크게 하고 작게 하는 모습은 긴장과 이완의 기본적인 유형이다. 숨을 들이쉬는 것은 점점 세게를 나타내고 숨을 내쉬는 것은 점점 여리게를 나타낸다.

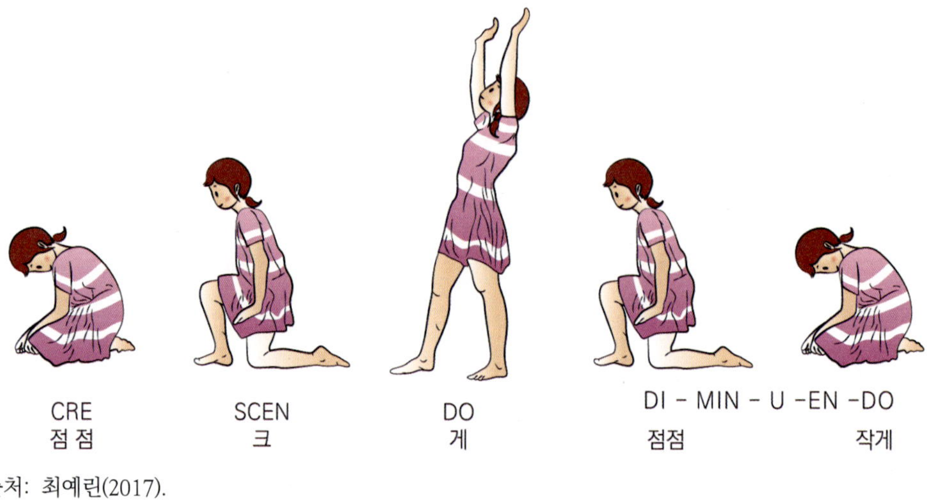

출처: 최예린(2017).

그림 3-10 몸으로 음의 강약을 표현하는 예

③ 음의 고저(pitch)에 대한 이해

높은음은 발끝으로 서서 키가 커 보이게 동작을 하고, 낮은음은 허리를 낮춘 동작을 한다. 음계가 상행할 때는 전진하고, 음계가 하행할 때는 후진한다. 음에 계이름도 붙여보고 리듬을 바꾸어 교사가 지시하는 음을 손으로 가리키게 함으로써 솔페이지의 연습도 할 수 있다.

[그림 3-11]은 각 음의 높이 척도를 공간에서 팔의 위치로 나타내는 방법이다. 처음 시작할 때는 팔을 몸에 붙이고 있다가 첫 단계부터 8번째 단계음높이를 높이 척도만큼 위, 아래로 움직여서 나타낸다. 8음계를 나타내는 신체공간은 정확하게 분할되어야 하는데 어깨높이까지 5척도로 분할한다.

유아들이 이 선율을 나타내는 것에 익숙해지면, 그다음에는 교사의 지시에 따라 1 2 3 2 1 또는 1 2 3 4 5 8 등으로 팔의 위치를 자유롭게 나타낸다. 이를 좀 더 복잡하게 하면 작은 별과 같이 간단한 노래를 나타낼 수 있다. 유아들은 노래를 부르면서 팔을 위·아래로 움직인다. 1 3 5 8음의 높이 척도는 특히 중요하다.

그림 3-11 팔로 음의 높낮이 표현하기와 몸 전체로 음의 높낮이 표현하기

④ 악센트(accent)에 관한 이해

손뼉을 치다가 지시가 있으면 한 번만 책상(또는 발 구르기 등)을 세게 치거나 손뼉을 세게 친다. 또 걷다가 발을 세게 구르거나 손뼉을 세게 치게 한다. 이때 계속 걸으면서 동작을 한다.

⑤ 리듬 패턴(rhythm pattern)에 관한 이해

팔로 박자를 저으면서 리듬형태로 걷거나 리듬형을 손뼉으로 치며 한 박자씩 걷다가 지시에 따라 그 동작을 바꾼다.

달크로즈는 유리드믹스에서 음악표현을 위한 동작유형을 비이동 동작(non-locomotor movement)과 이동 동작(locomotor movement)으로 나누었다.

표 3-4 유리드믹스의 동작 유형

비이동 동작	이동 동작
손뼉치기(clap)	걷기(walking)
팔 휘두르기(swing)	뛰기(running)
지휘하기(conduct)	기어 다니기(creeping)
돌기(turning)	뛰어넘기(jumping)
구부리기(bending)	미끄러지기(sliding)
이야기하기(telling)	빨리 뛰기(running fast)
노래하기(singing)	스키핑하기(skipping)

출처: 문연경(2001). 유리드믹스.

또한, 달크로즈는 유리드믹스를 통해 '좋은 리듬(eurhythmy)'을 경험하기 위해 학습해야 할 리듬의 요소를 단계적 34항목으로 제시하였다[2].

2) 시간, 공간, 힘, 무게, 균형, 유동성 / 중력, 규칙적인 박, 빠르기, 변화하는 빠르기, 강약, 변화하는 강약, 악상, 악센트에서 나타나는 리듬, 마디에서 오는 리듬, 쉼, 지속, 세분, 패턴, 고유의 박, 악절, 단선율 형식, 축소, 확장, 리듬적 대위법, 싱코페이션, 반주가 있는 단선율, 대위적 형식, 카논, 푸가, 부가 리듬, 혼합 박자, 혼합 박, 혼합 마디의 혼합 박, 복합 박자, 복합 리듬, 해미올라, 리듬적 변화, 12음 나누기, 루바토

⑥ 당김음(syncopation)에 관한 이해

같은 음높이의 여린 부분과 센 부분이 결합되어 여린 부분이 센 부분으로 되고, 센 부분이 여린 부분으로 되어 셈여림의 위치가 바뀌는 것이다. 이것은 같은 마디 안에서 일어나기도 하고 두 마디에 걸치기도 한다. 두 마디에 걸쳐 있는 것은 호선(tie)으로 나타낸다.

⑦ 리듬 카논(rhythm canon)에 관한 이해

교사는 리듬악기나 음반 악기, 피아노, 오르간 등 선율악기를 사용하고 유아는 동요 또는 유아가 친숙한 노래로 발, 손뼉 등의 신체표현을 같이하게 한다. 또는 새, 나무, 허수아비 등의 사물 흉내를 내면서 언어화시켜 본다.

카논형식의 노래는 유아가 음조에 맞추는 법을 배우도록 도와주며 유아가 노래를 부를 수 있는 좋은 방법이다. 카논형식의 노래는 반복되는 짧은 단편들로 구성하는 것이 좋고 노래를 한 팀이 되어 부르기 때문에 자신의 노래소리를 조절하는 것과 협력하는 방법도 배우게 된다.

(2) 솔페이지

청음 능력을 기르기 위한 솔페이지(silfage)는 악보를 보고 계이름으로 노래를 부르는 계명창을 말하며, 달크로즈는 솔페이지 방법 중 고정도법에 의한 보고 부르며 익히는 방법을 강조하였다. 계이름으로 노래 부르기에서 고정도법(fixes Do)에 의한 노래 부를 때 고정도법은 조성에 관계없이 C음을 항상 '도'로 읽는 방법으로, 이는 절대음감을 습득하는 데 도움을 준다고 하였다.

계이름으로 노래 부르면서 음의 높낮이를 구별하고 각 음 간의 관계를 파악하는 능력이 생긴다고 보았으며, 솔페이지를 통하여 내청(inner hearing)과 음형의 기억

능력이 발달되므로 기법을 배우기 전에 솔페이지 활동이 먼저 이루어져야 한다고 보았다. 영유아를 대상으로 한 음악교육은 영유아가 음악을 듣고 그것을 신체로 표현해 보거나 소리 내는 과정을 먼저 경험한 후 악보 읽기와 쓰기가 적용되어야 한다고 보았다. 솔페이지 활동방법은 한 줄 악보 읽기, 리듬을 다양하게 변화시켜 시창하기, 악보를 거꾸로 읽기, 한 음씩 안보를 읽어보기, 점차 5선으로 확장하여 읽기 등이 있다[3].

(3) 즉흥연주

즉흥연주는 목소리와 동작, 악기 등을 사용하여 음악적 표현을 하는 창의적 표현과정이다. 영유아가 즉흥연주를 하면서 음의 장단, 빠르기 또는 음높이, 화음 등 음악적 개념 요소들을 창의적으로 결합하여 표현하는 능력을 기를 수 있다고 보았다. 피아노가 즉흥연주를 위한 가장 유용한 악기라고 보았는데 이는 피아노의 넓은 음역으로 인해 다양한 표현이 가능하고 비교적 소리 내기 용이한 악기이기 때문이다. 즉흥연주 시 교사의 역할은 매우 중요하다.

참고하세요

유리드믹스	신체운동에 의한 리듬학습
솔페이지	리듬과 음높이의 통합
즉흥연주	음악적인 요소를 개성 있게 결합하여 표현

3) 먼저 한 줄, 두 줄 악보에서 다섯 줄 악보로 단계적으로 지도하여야 한다고 보았다.

3) 달크로즈 교수법을 적용한 활동의 예

(1) 음높이를 신체로 표현하며 노래하는 활동

- 〈악보 3-3〉 '아기 참새' 노래 중 1마디의 '도레미', 3마디의 '레미파', 5마디의 '미파솔', 7마디의 '라시도' 부분의 순차진행 선율을 신체로 표현한다. [그림 3-11] '팔로 음의 높낮이 표현하기와 몸 전체로 음의 높낮이 표현하기'를 참고한다.
- 노래의 9마디와 10마디인 '도시라솔파미레도' 부분의 하행 순차 연속 진행 선율을 높은 도 음에서 시작하여 점차 아래로 내리는 신체동작으로 표현한다.

악보 3-3

(2) 당김음을 노래로 표현하는 활동

• 〈악보 3-4〉 '비행기' 노래를 활용하여 활동한다.

| 표 3-5 | 비행기는 어디 가나요

활동명	비행기는 어디 가나요
활동방법	■ **도입** 1) 유아들과 함께 신체표현을 통해 하늘을 나는 비행기를 표현하여 본다.
활동방법	예 교사의 발문 우리 몸을 이용하여 하늘을 나는 멋진 비행기를 표현해 볼까? ■ **전개** 2) 교사의 선창에 따라 '비행기' 노래를 다 같이 불러본다. 3) 노래(악보 3-4)의 4마디, 8마디, 12마디, 16마디에서 반복되는 부분인 '그럼요' 부분이 당김음 리듬으로 반복되므로 유아가 쉽게 표현하도록 한다. 4) 두 그룹으로 나누어 한 그룹의 유아들이 3마디를 노래 부르고 다른 그룹의 유아들이 '그럼요' 부분을 노래한다. 유아들에게 작은 리듬악기들(예: 리듬막대, 캐스터네츠, 탬버린 등)을 연주해 본다.

(3) 악센트를 음악으로 표현하는 활동

• 〈악보 3-5〉 '파리 잡기'를 활용하여 활동한다.

• 교사는 유아에게 '파리 잡기 놀이'를 제안한다.

• 피아노, 실로폰으로 연주하거나 CD를 활용하여 곡의 한 마디의 끝음에서 유아가 손뼉을 쳐서 파리 잡는 흉내를 내도록 한다. 〈악보 3-5〉의 8~10마디에서는 파리가 날아다니는 것을 표현한 것이고 나머지 마디는 음악에 따라 유아가 파리를 잡으러 쫓아가다 각 마디의 마지막 음에서 파리를 잡는 흉내를 낸다.

악보 3-4

비행기

이숙희 작곡

악보 3-5

파리 잡기

이숙희 작곡

4) 리듬 카논을 표현하는 놀이 활동

- 〈악보 3-6〉 '릿자로 끝나는 말'을 활용한다.
- 교사는 유아들에게 리듬 카논에 대해 간단히 소개한다. '앞의 노래를 따라 하기'라고 설명한다.
- 카논(canon)의 형식에 따라 노래를 동시에 따라 하기와 함께 노래 부르는 방법을 경험해 본다.
- 전체 유아가 동그랗게 모여 앉은 상태에서 교사가 준비한 세 가지 색깔 공을 이용한 소리전달 게임을 하여본다. 서로 다른 세 가지 색의 작은 공은 선율의 변화를 암시하는 상징체계를 의미한다.
- 교사는 선택한 첫 번째 빨간색 공을 옆의 유아에게 전달할 때 다음과 같은 말리듬을 넣어가며 옆으로 전달한다.
  - 말리듬 예: 4/4 빨간 공이 지나간다. 옆에 옆에 옆으로...
- 다른 색깔 공을 전달하며 위의 방법과 동일하게 진행한다.
  - 말리듬 예: 4/4 파란 공(노란공)이 지나간다. 옆에 옆에 옆으로...
- 활동곡인 '리 리 릿자로 끝나는 말은~' 노래를 처음부터 불러본다.

- 유아들이 노래가 익숙해지면 3파트 카논 활동을 한다.
- 다 같이 하나의 카논곡을 만들기 위해서는 일정한 부분에서 따라 하기를 시작해야 하므로 각 파트에서 자신들이 들어갈 부분에 대한 교사의 큐(지시)에 집중하는 것이 필요하다고 이야기한다.

- 〈악보 3-6〉은 3 파트로 이루어진 카논으로 그룹 1이 1마디에서 시작하여 계속 노래를 부를 때, 그룹 2가 3마디에서 노래를 시작하여 그룹 2의 노래를 따라가며 계속 노래를 한다. 5마디에서 그룹 3이 노래를 시작하여 3그룹의 화성이 이루어지게 된다. 이를 통해 유아들이 카논의 아름다움을 경험할 수 있다.
- 활동곡 '릿자로 끝나는 말' 노래를 가사가 있는 노래이지만, 처음 카논 활동을 할 때는 편한 실러블(예를 들어 라라 라라라 또는 루루 루루루 등)로 음을 맞춰 불러보고 이후에 가사를 추가하여 불러보는 방법이 좋다.

악보 3-6

3. 오르프의 영유아음악교수법

오르프(Carl Orff, 1895~1982)는 독일 작곡가이며 음악교육가이다. 그는 리듬을 음악, 춤, 언어에 내재하는 기본 요소로 보고 이를 통합하여 하나의 언어로 재조직하는 것으로 음악교육을 시작하였다. '기초 음악 개념'에 근거한 음악, 언어, 동작의 통합적 음악경험을 통해 음악성을 계발하는 것을 강조하였다[4].

코다이(Kodály)와 달리 오르프는 음악의 기능을 배우기 전에 즉흥적인 음악을 만들 수 있는 기회를 부여하고 음악적 실험을 하게 함으로써 영유아의 본능을 자극하여 자연스럽게 스스로를 표현하고자 하는 욕구를 개발시켜 주어야 한다고 보았다. 오르프는 음악을 지도하는 데 있어서 주목적은, '음악을 인격형성에 있어서 중요한 종합적 경험으로 이용하는 것'으로 전인교육에 두었다.

1) 오르프의 음악교육 철학

- 음악은 모든 영유아를 위한 것이다.
- 음악은 직접적인 경험이어야 한다. 음악에 관해 배우는 것이 아니라 음악에 대한 경험을 표현하는 것이 중요하다.
- 음악 체험은 어릴 때 시작해야 하며 놀이를 하듯 시작하여 점차 복잡한 과정으로 이끌어야 한다.
- 음악은 기초적인 음악을 통해서 이루어진다. 기초적인 음악이란 음악과 신체활동이 밀접하게 연결된 것으로 누구나 배우고 즐길 수 있는 음악을 말한다.
- 음악은 놀이와 대화, 노래, 신체동작, 악기 연주 등이 통합되어 이루어지는 하나의 총체적 경험이어야 한다[5].
- 음악의 가장 중요한 요소는 리듬이다. 이 리듬은 음악뿐 아니라 자연의 모든 것에 존재한다.

4) 음악은 그 자체로써 존재하는 것이 아니고, 동작, 춤, 그리고 언어와 상호연결 되어 있다. 또한 음악은 단지 듣기 위한 것이 아니라 적극적인 참여를 통해서만 그 의미를 획득할 수 있다.
5) 음악경험은 말, 노래, 동작, 악기연주 등이 총체적으로 일어나는 놀이활동이어야 한다.

2) 오르프 음악교육의 주요내용

(1) 언어 / 말하기

영유아들이 사용하는 언어에 내재되어 있는 리듬은 오르프 음악교육에서 매우 중요한 교육매체이다. 운율, 말놀이 게임, 속담, 시 등에 담겨 있는 음악적 요소를 여러 가지 방법으로 다양하게 활용할 수 있다. 예를 들어, 언어에 내재해 있는 운율을 손뼉치기 또는 타악기로 표현해 보는 활동을 할 수 있다. 이러한 활동은 문해의 발달과 즉흥연주 기술의 발달에도 도움이 된다. 악보의 내용을 목소리로 옮겨보거나 또는 시나 이야기의 내용에 적합한 소리를 만들어내도록 할 수도 있다. 말하기와 노래하기는 매우 밀접한 관련이 있기 때문에 말하기를 음악교육에 도입하는 것은 유용하다. 말하기와 노래하기에서의 음색과 음역의 차이에 대한 변별은 초기 발성의 발달을 돕는다.

가장 자연스러운 음악 체험의 과정이 말하기라고 보았으며, 음악적 경험의 하나로 시와 언어를 사용하였다. 언어의 패턴에 내재되어 있는 리듬 요소를 중심으로 '말의 형태로, 노래로 점차 발전하는 것'이 영유아에게 가장 자연스러운 음악 체험이라고 주장하였다.

(2) 노래 부르기

오르프의 음악교육에서는 목소리가 선율을 표현하는 기본적인 도구라고 본다. 자신의 목소리에 대한 존중이 나중에 바이올린, 레코더 또는 다른 악기를 연주할 때 그 악기를 존중하는 마음가짐으로 이어지기 때문이다. 목소리는 항상 사용할 수 있기 때문에 다른 악기에 비해 별다른 주의를 기울이지 않을 수도 있다 하지만, 아주 어린 시기부터 음정과 발성법에 대한 관심을 가져야 한다고 보았다.

노래하기는 음의 높낮이 관계를 탐색하는 데 가장 직접적인 매체가 된다. 노래하기는 멜로디 학습뿐만 아니라 다른 음악적 요소를 학습하는 데 있어서도 매우 중요한 역할을 한다. 즉흥적으로 노래하기는 음정에 대한 경험에 효과적이며 독특한 상황에 맞는 음악을 창작할 수 있는 기회를 제공한다고 강조하였다.

(3) 동작 / 신체움직임

동작은 음악적 기술과 개념을 발달시키는 데 있어서 필수적인 도움을 줄 수 있다. 박자, 패턴, 그리도 템포와 같은 리듬의 여러 가지 면에 대한 발달에 기여할 수 있을 뿐만 아니라 동작을 통해 멜로디의 흐름, 음악의 다이내믹스와 음색을 표현할 수 있다.

오르프의 철학을 따르는 교사들에게 있어서 동작은 그 자체가 목적이 아니고 음악과 정서적 발달을 위한 수단으로써 기능한다. 동작과 음악은 서로 밀접한 연관을 가지고 있기 때문에, 동작활동의 표상은 나중에 오르프 음악교육방법에서 설명할 모방, 탐색, 악보 읽기, 즉흥 창작 등의 과정과 밀접한 관련을 맺고 있다.

(4) 악기연주

오르프 악기는 여러 가지 다양한 색을 구성되어 있으며, 이 악기를 연주하는 동안 유아들은 음악을 듣고 감상하는 법, 그리고 앙상블을 하면서 서로를 돕는 방법을 배우게 된다. 시나 이야기를 오르프 악기로 표현하는 활동은 오르프 악기로 할 수 있는 다양한 활동의 한 예에 불과하다.

선율악기가 아닌 리듬 악기 연주를 통해서 리듬의 패턴이나 악절을 연주할 수 있다. 또한 A 구간을 나무로 연주하는 A 구간과, 이와 대조적인 금속으로 연주하는 B 구간의 음색 차이를 통해서 형식적인 구성을 강조할 수 있다. 이렇게 오르프 악기로 음악적 요소의 다양한 탐색 활동이 가능하다. 목소리의 경우, 높낮이와 리듬의 정확성을 확보하기 어려운 점이 있지만, 악기는 쉽게 즉흥연주 할 수 있는 이상적인 매체이다. 오르프 악기 연주를 통하여 원래의 리듬 악절을 앙상블 연주로 바꿀 수도 있으며, 이야기를 멜로디로 표현할 수도 있으며, 이야기나 시의 배경음악을 연주할 수도 있다. 아동의 연주활동을 수용해주고 바람직한 음악적 환경을 마련해 주어야 한다.

참고하세요

오르프는 음악학습과정이 모방, 탐색, 음악언어 이해, 즉흥연주의 순으로 이루어져야 한다고 주장하였다.

3) 오르프 교수법을 적용한 활동의 예

(1) 활동 1: 활동명 – 코끼리와 개미

① '코끼리와 개미'에 관한 시를 읽어주며 그 안에서 운율과 음의 크기를 이해한다.

쿵쿵쿵쿵 코가 긴 코끼리 졸려서 아하~
띡띡띡띡 부지런한 개미 졸려서 아하~
우리 모두 다 같이 졸려서 아하~
크게 크게 더 크게
작게 작게 더 작게
우리 모두 다 같이 졸려서 아하~

악보 3-7

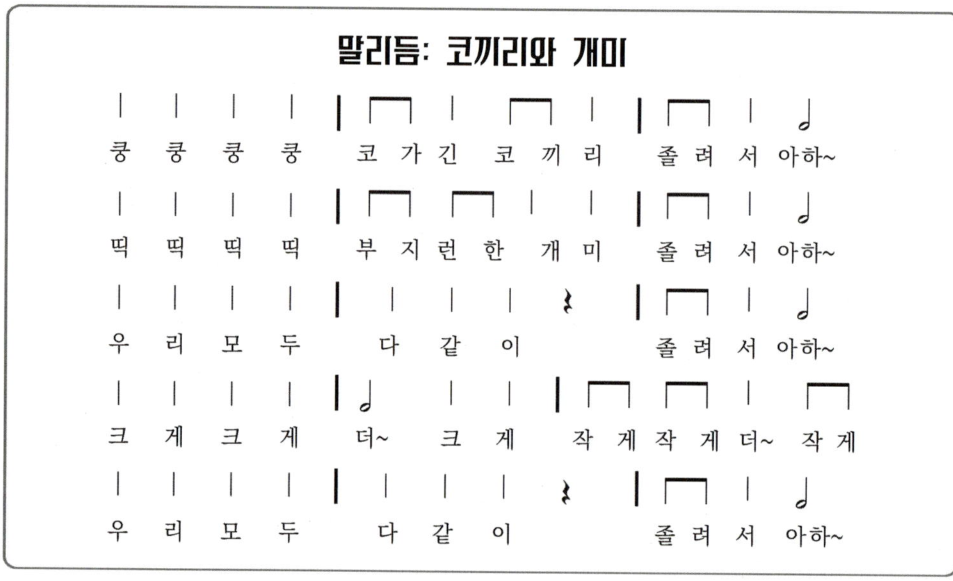

- 유아들은 눈을 감고 교사는 가사를 읽어준다. 시를 듣는 그림으로 표현할 때 다시 한번 시를 읽어준다. 유아가 그린 그림을 모아 다 같이 목소리로 표현한다.
- 코끼리와 개미 동작하기: 유아들에게 코끼리와 개미를 연상시킬 수 있는 음악과 그에 맞는 동작을 보여준다.

❙ 그림 3-12 ❙ 음악에 맞춰 코끼리 동작 표현과 개미 동작 표현하기

여기서 동작을 위한 음악은 코끼리 부분에서는 낮은 베이스음이 규칙적으로 나오는 부분이고 개미는 높은 소프라노 부분에서 빠른 부분이 나오는 것으로 유아가 듣고 코끼리와 개미를 정확히 구분할 수 있는 것으로 선정한다. 그 안에 동작은 한 부분은 같은 동작으로 유아들이 잘 기억할 수 있는 동작과 다른 부분은 여러 동작으로 바뀌어 가며 동작을 유연하게 배울 수 있도록 한다. 여기서 주의해야 할 부분은 동작이 너무 어려워서 음악을 잊게 해선 안 된다.

② 코끼리와 개미의 노래를 부른다.

악보 3-8

코끼리와 개미의 노래

이숙희 작사
이숙희 작곡

③ 코끼리와 개미 노래에 맞춰 악기를 연주한다.

목소리로 표현한 것을 코끼리는 베이스 목금이나 핸드 드럼으로 표현해 보고, 개미는 메탈로폰(또는 실로폰), 트라이앵글, 마라카스를 이용하여 표현한다. 유아들을 코끼리와 개미 그룹으로 나누어 각 그룹마다 악기를 정하여 두 악기군으로 연주하도록 한다.

(2) 활동 2: 활동명 - 오스티나토 활동 '두 작은 소시지'

〈악보 3-9〉와 [그림 3-13] 뜨거운 소시지 그림악보를 활용하여 활동한다.

- 〈악보 3-8〉 '뜨거운 소시지' 노래를 그림악보 [그림 3-13]으로 나타내어 유아들이 쉽게 말리듬을 이해하도록 제시하였다. 말리듬이 익숙해지면 유아들은 소시지가 되고 교실바닥은 후라이팬이 되어 신체표현을 해 본다.
- 그림악보는 멜로디와 오스티나토 1, 오스티나토 2로 구성되어 있다. 유아들이 먼저 멜로디 부분을 익히고, 이어서 오스티나토 1을 불러보고, 다음으로 오스티나토 2를 불러본다.
- 이어서 멜로디 파트와 오스티나토 1, 오스티나토 2를 동시에 부르는 활동을 할 수 있다.
- 오스티나토(ostinato)

  영유아들은 반복활동을 통해 안정감을 느끼므로, 오스티나토와 같은 반복적인 패턴을 영유아 음악교육에서 사용하면 영유아들이 쉽고 즐겁게 음악에 참여할 수 있다. 오스티나토는 어떤 일정한 음형을 악곡 전체를 통하여, 또 악절 전체를 통하여 동일 성부로, 동일 음높이로, 끊임없이 되풀이하는 것을 말한다. 즉 단순하고도 반복적인 리듬(멜로디 하모니)의 흐름이다. 오스티나토를 활용하면 영유아에게도 앙상블 연주와 노래를 할 수 있도록 할 수 있다. 오스티나토의 각 부분 리듬이 독립적이면서 균형을 이루기 때문에 영유아들은 어릴 때부터 작곡의 기본적인 원리에 친숙해지는 기회를 가질 수 있다[6].

6) 앙상블 각 부분 간의 관계를 발견하는 계기를 통해서 청각적 인식 능력을 기를 수 있으며 음악적 기억, 리듬의 독립성과 조화에 대한 인식을 신장시킬 수 있다.

- 동작 오스티나토: 구조화된 형식, 또는 자유로운 형식으로, 그리고 혼자서 또는 집단적으로 할 수 있다. 예를 들어 집단 내의 한 부류는 리듬에 맞추어 걷기를 하면서 가사를 말하는 동안 다른 부류는 동작 오스티나토를 할 수 있다.
- 말하기 오스티나토: 언어를 사용하여 오스티나토를 하면 리듬적인 안정감을 발달시킬 수 있다. 텍스트뿐만 아니라 서로를 보완해주는 패턴을 통해서, 리듬의 독립성에 대해 학습할 수 있으며, 만족할만한 음악적 결과물을 산출할 수도 있다. 말하기 활동은, 집단 앙상블 과정에서 리듬과 음색을 탐색할 수 있는 다양한 기회를 제공해준다.

악보 3-9

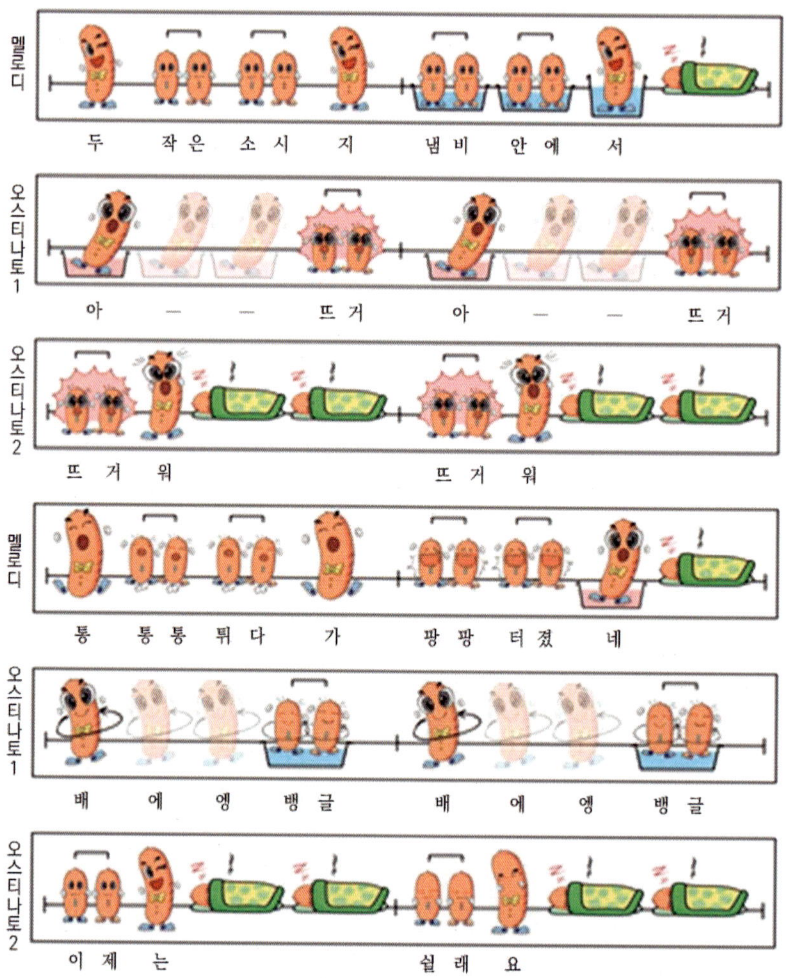

그림 3-13 뜨거운 소시지 그림악보

(3) 활동 3: 활동명 – 요술빵 악기연주

〈악보 3-10〉 악기 오스티나토곡 '요술빵'을 활용한다.

- 악보를 활용하기 전에 신체 오스티나토를 도입하는 것이 좋다. 손뼉치기, 두드리기, 발 구르기 등 신체를 이용하여 오스티나토를 하면서, 여러 가지 악기를 활용한 악기 오스티나토에 대한 준비를 할 수 있다. 유아들은 신체 악기 연주에 익숙해진 후에 다른 타악기 연주를 잘 하게 된다. 또 유아들은 이와 같이 다양한 연주를 통하여 풍부한 음악적 경험을 가질 수 있다.

악보 3-10

요술빵

Orff 작곡
이숙희 편곡

*V: 목소리 / SX: 소프라노 자일로폰 / AX: 알토 자일로폰 / BX: 베이스 자일로폰

(4) 활동 4: 활동명 – 보르둔 악기연주

〈악보 3-11〉 악기 보르둔 곡 'C pentatonic'을 활용한다.

- 보르둔(Bordun)

지속되는 저음으로 완전 5도(Do-Sol) 등의 음정이 계속 연주되면서 화성에 리듬변화를 주는 움직임으로, 오스티나토 형식 중의 하나로써 반주에 쓰인다. Bordun 형식에는 Chord Bordun(다음 악보에서 AM-알토 메탈로폰-파트 예), Broken Bordun(다음 악보에서 AX-알토 자일로폰-파트 예), Level Bordun(BX-베이스 자일로폰), Arpeggiated Bordun(기타 파트 예)의 네 가지 종류가 있다.

악보 3-11

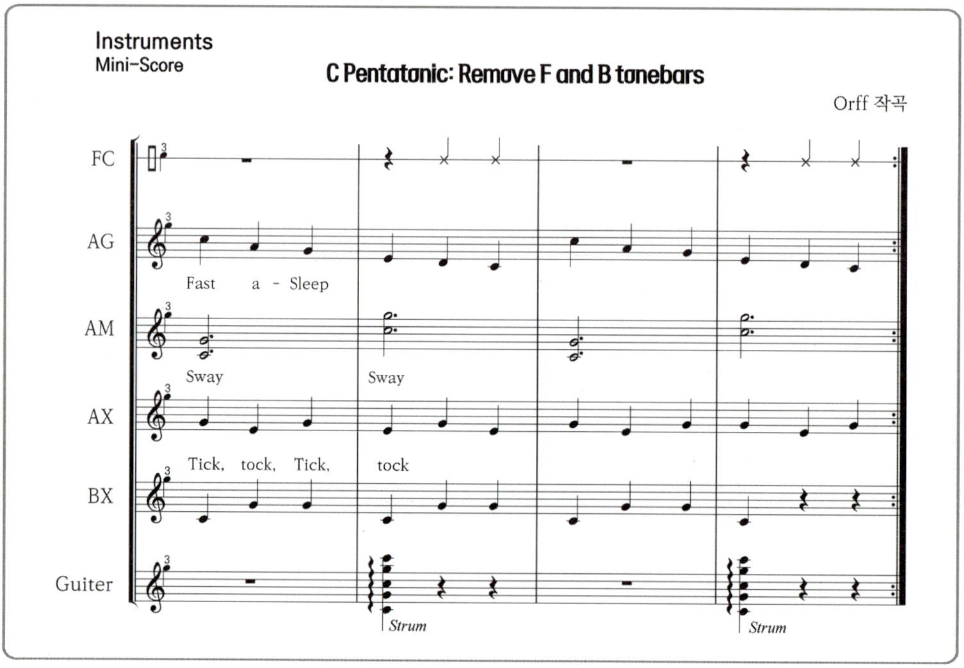

- 오르프 악기를 활용하여 보르둔으로 연주한다.

AG: 알토 글로켄슈필 / AM: 알토 메탈로폰 / AX: 알토 자일로폰 / BX: 베이스 자일로폰

오스티나토와 보르둔을 활용한 음악교육 활동은 오음 음계의 선율과 잘 어울리며, 영유아들이 그룹으로 연주할 때 동시에 들을 수 있는 리듬형태가 각각의 선율로 다른 소리에 조화적으로 연관되어 있어 다성 감각을 느낄 수 있게 해 주며, 화음감도 경험할 수 있다.

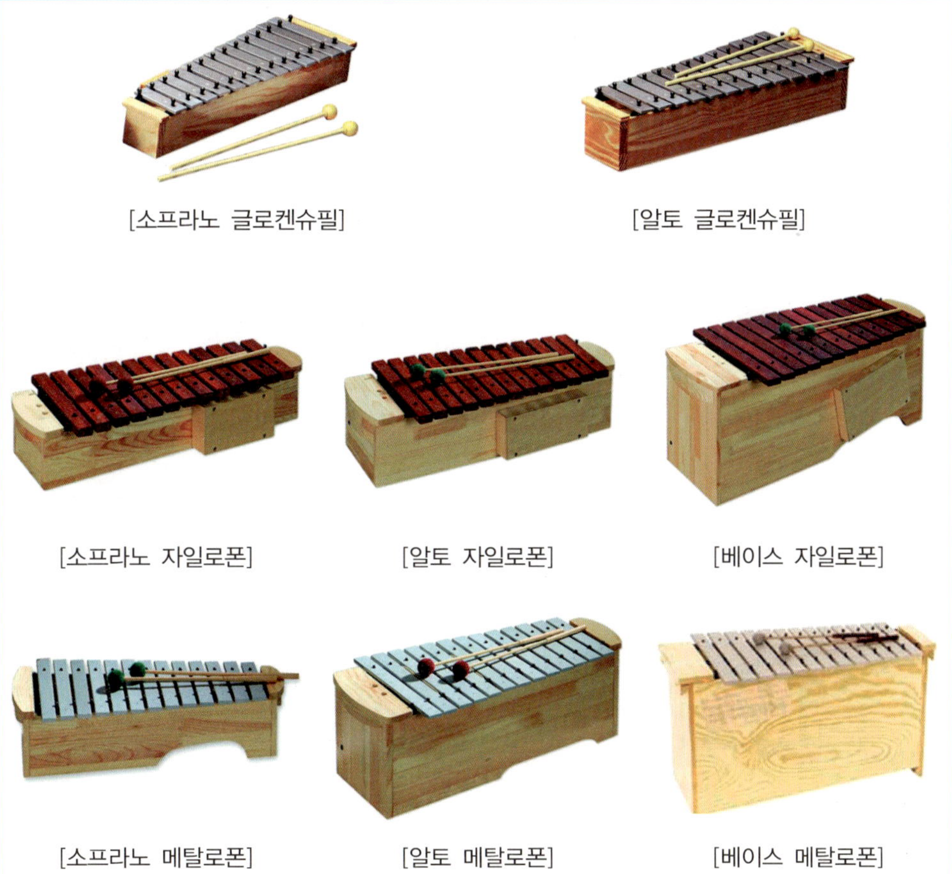

[소프라노 글로켄슈필] [알토 글로켄슈필]

[소프라노 자일로폰] [알토 자일로폰] [베이스 자일로폰]

[소프라노 메탈로폰] [알토 메탈로폰] [베이스 메탈로폰]

| 그림 3-14 | 오르프 선율타악기

[핸드드럼]

[탬버린]

[봉고]

[콩가]

[패들드럼]

[롤리팝드럼]

[큰북]

[젬버]

[팀파니]

| 그림 3-15 | 오르프 가죽울림 타악기

[템플블록]

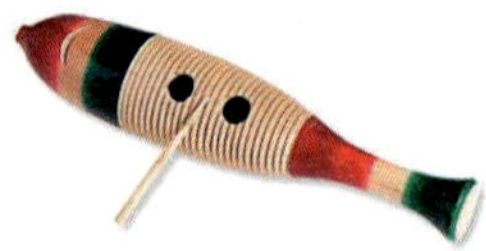

[귀로]

[우드블록]

[마라카스]

[클라베스]

[비브라슬랩]

[레인스틱]

[손목방울/징글]

[붐웨커]

▌그림 3-16▌ 오르프 나무 소재 타악기와 기타 소재 악기

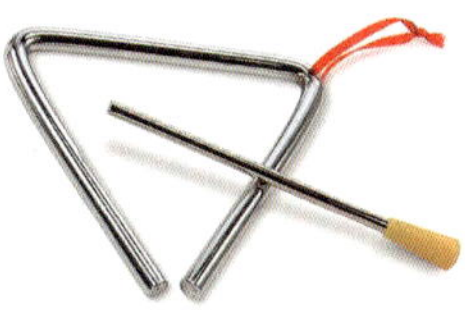
[트라이앵글]

[카바사]

[핑거심벌즈]

[공명벨]

[카우벨]

[비브라슬랩]

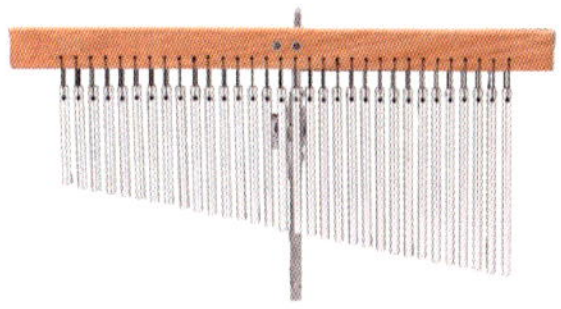
[윈드챠임]

[핸드벨]

[터치벨]

▌그림 3-17▌ 오르프 금속 소재 타악기

4. 고든의 영유아음악교수법

고든(Edwin E. Gordon)은 미국의 음악교육과 음악심리학자로 음악적성, 오디에이션(audiation)의 단계와 형태, 음악학습이론(Music Learning Theory), 음악에서의 감수성을 위한 리듬과 음감형성을 위한 연구에 업적을 이루었다. 영유아들이 음악을 이해하고 즐길 수 있도록 청취력을 길러야 하며, 소리를 듣고 모방과 즉흥연주를 통해 창의력을 강화할 것을 주장하였다. 오디에이션은 음악을 듣지 않고도 들어본 적이 없는 음악을 마음속으로 듣고, 이해하여 음악을 그릴 수 있는 능력이다. 영유아의 오디에이션을 신장시키기 위해, 언제 어떻게 무엇을 어떤 순서로 가르쳐야 하는지에 관한 것이 고든 음악학습이론의 핵심 내용이다[7]. 음악교육의 목표는 영유아가 음악을 즐기고 이해하는 오디에이션(audiation) 능력을 증진시키는 것이다.

고든은 오디에이션을 길러 주기 위하여 음악적 옹알이와 모방, 음악적 동화, 음악적 문화화로 이어지는 음악학습 단계를 체계적이며 연속적인 나선형 음악계열학습과정으로 구성하여 음악이론이 점차적으로 실제 음악 활동과 통합되도록 하였다.

1) 고든의 음악교육 철학

- 음악교육은 영유아가 음악을 이해하고 즐기는 능력을 기르는 것이며, 이를 위해서는 반드시 오디에이션이 필요하다.
- 영유아는 음악적성을 가지고 태어나며, 좋은 환경에서 음악적 소질이 향상된다. 이를 위해 음악교육의 시기는 빠르면 빠를수록 좋다.
- 음악교육의 기본 목표는 영유아가 음악을 이해하고 즐기는 것이다. 이를 위하여 음악을 이해하고 감상하는 능력을 기르는 것이 중요하다.

7) 고든의 음악교육은 음악을 사랑하고 즐기면서 자신의 생각과 느낌을 자유로이 표현할 수 있도록 돕는데 그 목적을 두고 있다. 고든의 '신생아와 아동의 음악학습이론'(A music learning theory for newborn and young children, 1990)은 어린 영유아의 음악교육이 어떻게 이루어지며, 어떤 순서로 가르쳐야 하는지에 관한 주요 내용을 담은 것으로 오디에이션의 발달을 이해할 수 있는 지침서라 할 수 있다.

- 리듬노래와 선율노래를 사용하며 가사를 노래에서 분리하여 언어적 관심으로부터 음악 내적 체험으로 음악적 흥미를 집중시켜야 한다.
- 감각을 바탕으로 개인적인 창조성을 개발시키고, 앙상블 활동을 통하여 능동적인 참여 능력을 개발시켜야 한다.
- 장조와 단조, 2박과 3박 이외에도 다양한 조성 및 박자의 음악에 대한 경험을 쌓아야 한다.

2) 고든 음악교육의 주요내용

(1) 음악적성

유아가 음악을 배울 수 있는 내적 잠재력의 가능성을 말한다. 누구든지 어느 정도의 음악적성을 가지고 태어나지만 환경에 의해 달라질 수 있다고 보았다. 특히 고든은 9세를 기점으로 유동적 음악잠재시기(9세 이전)와 고정적 음악잠재시기로 나누어 9세 이전의 음악경험의 중요성을 주장하였다.

고든의 주요개념은 음악적성(음 상상력, 리듬 상상력, 음악적 감수성 / 표현력)으로 구성되는 음악적 잠재력과 오디에이션(음악을 들으며 음요소, 요소들의 관계 등)을 이해하는 능력이다.

(2) 오디에이션

오디에이션(Audiation)이란 음악이 실제로 들리지 않을 때도 우리의 머릿속에서 음악을 듣고 이해할 수 있게 하는 인지 과정이다. 즉, 음악을 듣고 이해하여 소리가 물리적으로 존재하지 않을 때에도 마음속으로 음악을 듣고 이해하는 것이다(Gordon, 1990). 오디에이션은 청각 지각력(aural perception)과는 다르다[8]. 즉, 오디에이션이란 상상 속에서 그림을 그리듯이 음악을 마음속으로 그리는 것을 뜻한다. 고

8) 청각 지각력은 음악이 실제로 연주되는 것과 음악을 듣는 것이 동시에 일어날 때 발휘되는 것이다. "오디에이션은 음악성의 기초이다."라는 말은 음악가들은 음악의 모든 면에서 오디에이트(audiate) 할 수 있어야 한다는 뜻이다. 음악을 듣거나, 악보를 읽을 때, 이전에 들었던 음악을 기억해 내거나 악보로 옮겨 담을 때, 즉흥연주를 하거나 작곡을 할 때 음악을 만들어 낼 수 있는 능력을 의미한다.

든의 음악교육철학은 '영유아들이 음악을 마음으로부터 들을 수 있는 능력을 갖도록 도와주어야 한다'는 것이다. 유아의 오디에이션 능력을 신장시키기 위한 음악학습이론의 원리는 다음과 같다.

① 목소리 사용

교사나 부모가 목소리를 사용하는 것은 유아에게 친숙하게 느껴지게 되어 좋은 모델링이 될 수 있다. 유아에게 목소리를 사용하여 노래를 가르칠 때는 유아의 반응에 순발력 있게 대처하는 것은 유아와 상호작용에 좋은 기회가 된다.

악보 3-12

② 리듬과 선율이 있는 노래

유아기는 음악의 기본개념인 리듬과 선율이 발달하는 시기이다. 하지만 일반적으로 유아교육기관에서 가르치는 노래는 멜로디가 강조된 선율노래로 리듬에 대한 경험이 부족한 실정이다. 노래를 가르칠 때 선율 노래보다는 리듬이 강조된 노래를 선곡하여 리듬의 감수성을 자극할 수 있어야 하며, 리듬과 선율노래를 사용하여 유아의 일상생활에서 기본생활습관 형성도 도울 수 있다.

악보 3-13

양치해요

노주희

③ 가사가 없는 노래와 찬트

유아에게 가사는 음악에 대한 흥미를 유발시키기도 하지만, 때로는 가사 익히기에만 치중될 수 있다. 가사가 없을 때 유아들은 노랫말의 내용보다 음조와 박자를 이해하기 쉽다. 유아는 가사가 없는 다양한 음조와 박자에서 음조, 박자, 속도, 스타일, 분절법과 강약의 기본 개념을 더 쉽게 이해하게 된다. 교사는 가사로부터 동작을 벗어날 수 있어 선율과 리듬을 즐길 수 있다. 가사를 동작으로 표현하는 것은 자칫 미리 짜여진 틀에 따라 움직이므로 매번 같은 동작이 되지만 가사가 없는 노래는 음악의 느낌을 표현하기 때문에 음악을 내면화할 수 있는 기회를 제공할 수 있다. 아래 찬트는 가사 없이 '바, 루, 빰' 등으로 해 볼 수 있다.

악보 3-14

바나나

노주희

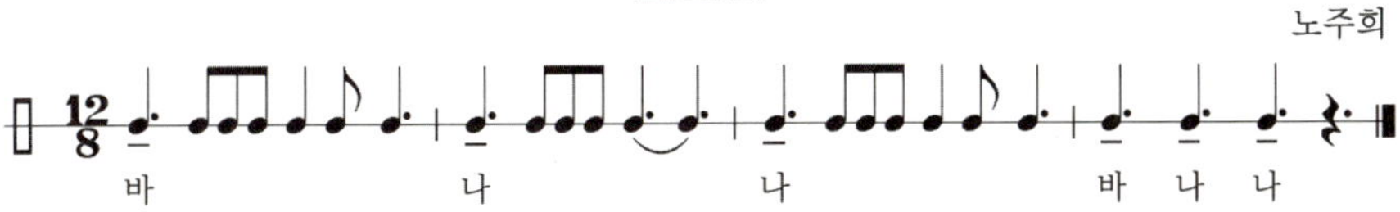

④ 가사가 있는 노래와 찬트

유아들의 청각(Aural)을 자극하는 음조와 박자의 다양성을 도울 수 있다. 가사가 있을 때는 유아가 음악에 반응하여, 성인과 유아가 음악적인 상호작용을 하기 위한 기회를 가질 수 있다.

악보 3-15

응가해요

노주희, 이동희

⑤ 음악적 내용 경험

고든은 음악 내용을 크게 조성, 박자, 표현으로 나누고, 유아가 다양한 경험을 하도록 하는 것이 중요하다고 하였다. 조성에는 장조, 단조, 선법(도리안, 프리지안, 리디안, 미솔리디안, 에올리안, 록크리안 등)이 있으며, 박자에는 2박, 3박, 4박의 혼합박 등이 있다.

동요 중 '아기염소'는 2박의 노래이며, 장조→단조→장조로 바뀌는 전조 특징을 가진 노래이다. 표현으로는 스타일, 강약, 빠르기, 프레이즈, 아티큘레이션(articulation)이 포함된다. 아래의 〈악보 3-16〉은 유아가 음악의 대조적 분위기를 경험할 수 있는 곡으로 다양한 음악적 내용을 경험할 수 있을 뿐 아니라 활동에 적용할 때 음악적 요소가 자주 바뀌므로 유아의 활동에 대한 집중력도 기를 수 있다. 음색이 어느 부분에서 바뀌거나 다이나믹의 변화가 있거나, 조성 또는 박자가 달라지거나 속도가 변화하는 음악적 구성요소는 유아들의 듣기경험에 좋은 활동의 예이다.

악보 3-16

단조와 장조

이숙희 작곡

⑥ 음악과 놀이

음악은 놀이를 통해 가장 자연스럽게 학습되기 때문에 음악을 이용한 활동을 놀이로 구성할 수 있어야 한다. 놀이를 통해 유아는 음악을 어렵지 않고 친근하게 느낄 수 있을 것이다. 교사가 음악적 내용을 잘 이해하고 있을 때, 음악과 일치하는 놀이를 고안할 수 있다.

악보 3-17

반대말 놀이

이숙희 작곡

⑦ 마음속 노래

마음속으로 노래 부르기는 오디에이션 능력을 기르는 방법 중 하나이다. 노래와 함께 동작이나 놀이활동을 충분히 하여 유아들이 노래에 익숙해지면 동작이나 놀이활동을 진행한다. 이렇게 할 때 유아들은 음악을 내면화할 수 있으며, 물리적인 소리가 없어도 듣고 싶은 음악을 자유로이 상상하며 들을 수 있게 될 것이다.

⑧ 음정과 패턴

고든은 유아의 오디에이션을 개발하려면 음악의 기본단어라 할 수 있는 '패턴'을 가르쳐야 한다고 주장하였다. 또한 패턴을 가르칠 때 음정(tonal)과 리듬(rhythm)을 분리하여 가르쳐야 효과적이라고 한다. 즉 리듬의 요소가 없는 음정패턴과 음정의 요소가 없는 리듬패턴을 가르쳐야 한다는 것이다.

악보 3-18

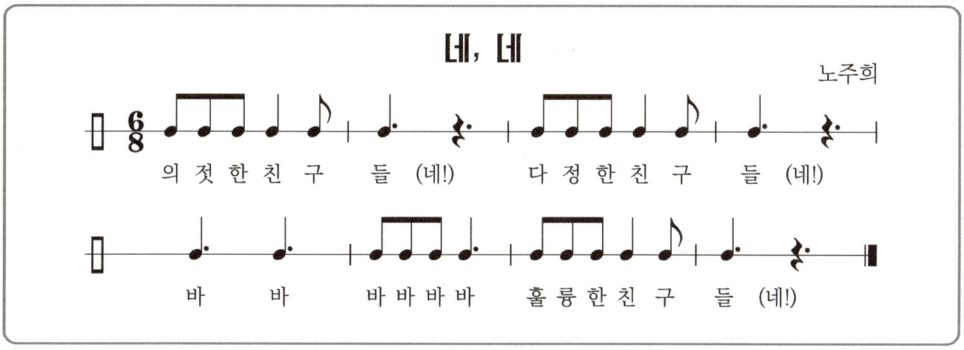

(3) 음악학습과정

고든은 음악을 가르치는 데 순서가 중요하며, 먼저 악보가 아닌 '소리'를 배워야 하며 소리를 들을 수 있는 정도 수준까지 가르친 후 악보를 가르치기 시작해야 한다고 하였다. 음악학습을 기능과 내용으로 나누어 계열화하였다.

① 내용 위계

- 가락 위계(tonal hierarchy): 쉬운 음정부터 점차 넓히는 것을 권장하였다.
- 리듬 위계(Rhythm hierarchy): 2박자 계통의 쉬운 박으로 시작하여 3박자 계열, 다음으로 혼합 박이나 불규칙 박자 순으로 교육하도록 하였다.

② 기능학습 위계

- 변별학습(Discrimination learning): 기초단계

  변별학습은 기계적인 반복과 모방 등의 암기를 통해서 이루어지는 단계이다. 듣고 반응하기, 음절(언어) 연합, 부분 종합, 기호(상징) 연합, 종합의 단계가 포함된다. 하지만 변별학습이 선행되지 않으면 변별학습보다 높은 수준의 음악학습인 추론학습을 하기 어렵다는 점을 고려한다면 매우 중요한 학습이라고 볼 수 있다.

• 추론학습(Inference Learning): 이해단계

변별학습은 개념의 이해와 적용 등으로 학습하는 단계이다. 일반화 창작/즉흥연주, 개념(이론적)과 원리를 소리와 연계하여 이해하는 단계가 포함된다. 영유아가 무엇을, 어떻게 배워야 하는지에 대해서 교사가 직접 가르쳐야 한다. 그러나 추론학습에서는 배워야 할 내용에 대해서 영유아 스스로가 자신을 가르쳐야 하며 교사는 어떻게 학습할 것인가를 가르치면 되는 단계이다.

3) 고든 교수법을 적용한 활동의 예

다음의 〈악보 3-19〉는 고든의 교수법을 기초로 '작은별'의 주제를 다양한 변주로 구성한 활동이다.

악보 3-19

작은별을 주제로 한 리듬의 변화

이숙희 작곡

* 기본형태

1) 리듬의 축소

2) 리듬의 확대

3) 당김음으로 변화

4) 동일한 리듬에서 화성변화

5) 동일한 리듬에서 옥타브로 음정이동

6) 리듬의 확대와 축소를 병용

7) 보조음을 추가한 리듬변화

8) 동일한 리듬에서 화음의 형태변화

9) 박자를 바꾸고 강박자만 확대한 리듬변화

10) 박자를 3등분한 리듬변화

11) 박자의변화

12) 박자의변화

13) 박자의변화

| 그림 3-18 | 작은별 그림악보

주제 부분을 중심으로 활동을 구성해 보면 다음과 같다.

- 가사 없이 허밍으로 노래를 불러본다.
- 신체(발, 무릎, 손뼉치기 등)를 이용하여 가사 없이 허밍으로 불러본다.
- 그림 악보를 보며 가사를 알아본 후 피아노로 시작 음(도)을 찾고 함께 가사를 넣어 부른다.

이때, 그림 악보의 별 그림을 4분음표 기준으로 손가락으로 짚으며 노래 부른다. 이어서 [그림 3-18]의 오른쪽 그림을 활용하여 왼팔과 오른팔을 움직이며 프레이즈도 표현해 본다.

작은별 노래를 부르면서 [그림 3-18]의 그림박자를 4분음표를 기준으로 손가락으로 짚어보고 프레이즈 부분은 왼팔과 오른팔로 움직여 표현한다.

5. 영유아음악교수법의 비교

표 3-6 음악교수법의 비교

	음악교수법의 비교
코다이	• 이동도법의 훈련(다장조, 사장조, 바장조의 조성 등)을 통해 독보력을 기르도록 함 • 초보자가 악보를 읽도록 하기 위해 손기호를 사용함 • 음표 이름(4분음표, 8분음표 등)을 사용하는 것보다 실제로 박과 리듬을 느낄 수 있도록 각 음표에 음가를 표시함 • 영유아의 성장단계에 따라 음악내용을 체계화하고 학습순서를 계열화함
달크로즈	• 유리드믹스: 들리는 소리를 보이는 소리로 바꾸는 과정 • 솔페이지: 내청능력을 길러 주기 위해 악전, 시창, 청음교육을 통합 • 즉흥연주: 다양한 악기, 목소리, 신체로 즉흥적으로 표현
오르프	• 오르프의 음악교육방법의 기본은 모방과 탐색을 통하여 영유아가 즉흥적으로 그 느낌을 창작해 나가는 데 있음 • 모방 단계: 들려준 소리나 음악을 그대로 흉내 내는 단계 → 탐색 단계(이미 배운 리듬을 다르게 변형시켜 새롭게, 더 빠르거나 느리게, 혹은 세게, 여리게 시도해 보는 단계) → 악보 읽기 단계(악보를 읽거나 쓰는 단계) • 즉흥창작 단계: 처음에는 친숙하고 쉬운 리듬과 율동, 노래, 악기 연주부터 시작함
고든	• 변별학습: 듣기와 부르기 / 계명, 리듬음절로 부르기 / 부분적 통합 / 악보 읽고 쓰기 / 전체적 통합 • 추론학습: 일반화 / 창작 및 즉흥연주 / 이론적 이해

출처: 이숙희(2010). 아동음악을 참조하여 재구성함.

CHAPTER

04

소리 탐색 및 듣기를 통한 영유아음악

1. 소리 탐색 및 듣기 활동 내용

1) 소리 탐색 및 듣기 활동

소리 탐색이란 영유아가 소리가 어디에서 나는지, 소리가 어떻게 만들어지는지에 대한 탐색을 하는 것을 말하며, 듣기는 영유아가 소리에 대해 주의집중 및 청각적 변별을 하는 능력이다. 영유아가 활동 영역 경험을 통해 다양한 소리를 탐색하고 듣고, 음악을 정확히 듣는 경험은 사물의 인지 및 음악을 듣는 것의 기초적인 능력의 발달을 돕는다. 소리의 특성을 탐색하고 음악의 요소들을 신체와 오감각을 통해 경험하는 활동이다. 영유아의 경우 소리 탐색 및 듣기와 음악감상하기는 다르게 경험되어야 한다[1].

청각 예술인 음악은 '소리'를 소재로 한다. 듣기는 영유아의 발달 중 가장 먼저 시작되는 영역으로 소리를 듣는 것은 음악적 감각 발달에 있어 가장 중요하며 소리를 집중하여 듣는 것은 모든 음악 활동의 기초가 된다. 영유아는 성장하면서 가정에서, 쇼핑센터나 식당 등 주변 어디서나 음악을 들으며 음악적 환경에 노출된다. 그러나 주변에서 들려오는 음악을 무의식적으로 듣는 것과 주의 깊게 의식적으로 소리를 듣는 것은 다르다[2].

음악적 행동의 발달에 대한 연구에서는 영아가 음악적 소리나 다른 소리에 대해 다른 반응을 나타낸다고 보고하였다(Dowling, 1984; Fridman, 1973; Michel, 1973; Moog, 1976). 선천적으로 타고난 음악능력을 환경과의 상호작용을 통해 음악적 개념요소에 대한 지각 능력을 정교화시키며 음악적 표현 능력을 발달시키게 된다.

1) 소리 듣기는 음악감상하기보다 '소리'에 초점을 두며, '음악감상하기'는 보다 복합적인 음악 요소들을 총체적으로 경험하는 영역이다.

2) 듣기(hearing)와 청취(listening)는 다르기 때문이다. 주변에서 들리는 다양한 소리들을 그냥 듣기만 하는 것이 아니라 주의 깊게 듣는 기술을 발달시키는 것은 다른 음악 활동의 기초가 되며 영유아가 음악을 경청하도록 훈련하는 것은 중요하다(이숙희, 2010; Valorie, mitchel, Kevin, Alain & Robert, 2011).

2) 소리 탐색 및 듣기 활동의 내용

소리를 이용하여 소리 탐색을 하는 것, 엄마의 노래를 주의 깊게 듣는 것, 노래를 듣다가 한 부분을 부르려고 시도하는 것, 음악이 들리면 신체로 즉각적으로 반응하는 것, 소리 나는 물건(악기나 여러 가지 사물들)에 관심을 보이면서 소리 탐색을 하는 것 등이 모두 영유아의 소리 탐색 및 듣기와 관련된 음악적 표현이라고 할 수 있다(황인주, 2008).

소리 탐색의 과정은 소리 인식하기, 소리에 대한 생각과 느낌 이야기 나누기, 다양한 소리 탐색하기, 활동 회상하며 평가하기 등의 순으로 진행될 수 있다(남기원 · 김남연 · 김명정, 2017). 파머(Palmer, 1993)는 '소리놀이(sound play)'가 영유아의 지각적 듣기의 기초 능력을 발달시키고 이는 영유아의 주변 환경이나 음악적 경험의 반복을 통해 이루어진다고 하였다.

따라서 소리 탐색 및 듣기 활동은 영유아가 주변에서 친근하게 접할 수 있고 경험할 수 있는 여러 소리를 탐색할 기회를 제공하는 것이다. 또한 소리 탐색은 지속적으로 소리에 흥미와 관심을 갖는 것에서 출발하여 점차 서로 다른 소리를 변별하고 분류하고 느낌을 표현할 수 있는 활동으로 확장되어야 한다.

2. 소리 탐색 및 듣기 활동 방법

1) 소리 탐색 및 듣기 방법

(1) 사물의 소리를 통한 방법

다양한 재질의 종이 탐색 과정에서 들을 수 있는 소리, 나무로 된 책상이나 철로 이루어진 열쇠 등의 사물이 내는 소리, 플라스틱으로 된 서랍이나 접시 등에서 나는 소리를 활용할 수 있다.

(2) 자연의 소리를 통한 방법

동물의 소리, 빗소리, 파도 소리, 바람 소리, 부드러운 잔디나 낙엽을 밟는 소리, 다양한 물소리 등이 포함될 수 있다.

(3) 기계의 소리를 통한 방법

기계에서 나는 청소기 소리, 세탁기 소리, 도마 소리, 망치질 소리를 활용할 수 있다.

(4) 교통기관의 소리를 통한 방법

버스, 자전거, 자동차, 기차, 전철, 오토바이, 배, 헬리콥터와 같은 교통기관에서 나는 소리를 들을 수 있다.

(5) 신체에서 나는 소리를 통한 방법

손뼉 치는 소리, 발 구르는 소리, 무릎 치는 소리, 손가락 부딪치는 소리, 심장 박동 소리, 물 마시는 소리 등이 활용될 수 있다.

(6) 그림이나 사진을 활용한 소리 상상하기를 통한 방법

명화 또는 사진을 활용하여 그 그림이나 장면에서 어떤 소리가 날 것 같은지 상상하고 표현해 보는 활동을 할 수 있다.

(7) 악기소리를 통한 방법

다양한 악기소리로 연주하는 영상 또는 음원을 활용하여 소리를 탐색해 볼 수 있다. 악기마다 소리가 산출되는 방법이 다르므로 이에 대한 호기심을 가지고 악기의 소리를 탐색해 보도록 한다. 같은 악기라 하더라도 치는 채의 소재와 잡는 방법, 그리고 악기의 크기에 따라 다른 소리가 나는 것을 경험할 수 있다.

(8) 그림책에서 나는 소리를 통한 방법

그림책의 내용을 보고 들으며 스토리나 상황에 맞는 소리를 언어와 악기로 표현해 보는 활동을 통해 아이들의 창의력 발달도 도울 수 있다.

(9) 계절마다 들을 수 있는 소리를 통한 방법

봄, 여름, 가을, 겨울마다 들을 수 있는 소리를 활용할 수 있다. 봄의 경우, 꽃이 피는 아주 작은 소리, 개구리가 겨울잠에서 깨어 폴짝 뛰는 소리, 여름의 경우, 바다에서 수영하는 소리, 가을의 낙엽이 떨어지는 소리, 겨울의 눈이 내리는 소리, 눈 밟는 소리 등이 소리활동에 활용될 수 있다.

3. 소리 탐색 및 듣기 활동의 실제

표 4-1 소리 탐색 및 듣기 놀이 계획안

활동명	빗방울 친구들의 이야기	주제	여름>비	대상	만 4~5세
활동목표	• 다양한 빗소리를 탐색해 보고 악기로 표현해 본다. • 주변에서 들을 수 있는 빗방울 소리의 특징을 비교해 본다.				
누리과정 관련 요소	• 예술경험>창의적으로 표현하기>신체, 사물, 악기로 간단한 소리와 리듬을 만들어 본다. • 사회관계>더불어 생활하기>친구와 서로 도우며 사이좋게 지낸다. • 자연탐구>생활 속에서 탐구하기>주변에서 반복되는 규칙을 찾는다.				
음악요소	음색>리듬	음악활동유형	소리 탐색 및 듣기>악기연주		
활동자료	비 소재 동화, 클라베스 또는 우드블록, 레인스틱, 슬라이드휘슬, 비브라슬랩, 썬더드럼, 윈드차임				

활동방법	
활동방법	▪ **도입** 1) 동화(예: 비 오는 날의 풍경)의 한 부분을 들려준다. 또로록 또로록 이슬비가 사뿐히 꽃잎 위에 내려와요 빨간 지붕의 집 문이 열리고 귀여운 소녀가 문을 열고 나왔어요 빗물이 고인 물웅덩이엔 개구리가 폴짝 뛰어다녀요 와 이슬비다! 알록달록 우산을 쓰고 밖으로 나온 소녀는 호도록 쏟아지는 빗방울을 맞으며 기분 좋게 인사하는 꽃과 풀잎을 만날 수 있었어요 -후략- ▪ **전개** 2) 악기를 제시하고 아이들이 각 악기의 소리를 탐색해 보도록 한다. 3) 악기연주를 위한 짧은 동화를 들려준다. 빗방울은 하늘에서 땅으로 이렇게 재잘대며 내려왔대요 → (클라베스 또는 우드블록) 빗방울은 친구들과 빙글빙글 뱅글뱅글 춤을 추며 놀았어요 → (레인스틱 연주) 빗방울 하나, 빗방울 둘, 빗방울 셋 → (클라베스 또는 우드블록 연주) 함께 집의 지붕 위에서 엉덩이로 쪼르르 미끄럼도 타고 → (슬라이드 휘슬 연주) 자동차 창문에 대롱대롱 매달려 빨리 달리기도 했어요 → (비브라슬랩 2회 연주) 아주 센 바람이 불어서 친구와 헤어질 뻔했어요!!! → (썬더드럼) 휴~ 다행이에요. 모두 무사히 놀이터에 도착했답니다 → (윈드차임 또는 실로폰 '솔 미 도' 음을 부드럽게 연주) 4) 동화를 표현할 악기를 맡을 유아들을 선정한다. 5) 동화 내용과 함께 악기를 연주하도록 한다. 6) 악기를 바꾸어 표현해 보도록 한다. ▪ **마무리** 7) 유아들과 악기로 동화를 표현하면서 어떤 부분이 재미있었는지, 힘든 부분이 있었는지에 대하여 이야기 나누며 활동을 마무리한다.

| 표 4-2 | 소리 탐색 및 듣기 놀이 계획안

<table>
<tr><td>활동명</td><td colspan="2">빗방울이 톡!</td><td>주제</td><td>여름>비</td><td>대상</td><td>만 3~4세</td></tr>
<tr><td>활동목표</td><td colspan="6">• 다양한 빗소리를 탐색해 보고 악기로 표현해 본다.
• 주변에서 들을 수 있는 빗방울 소리의 특징을 비교해 본다.</td></tr>
<tr><td>누리과정 관련 요소</td><td colspan="6">• 예술경험>창의적으로 표현하기>신체, 사물, 악기로 간단한 소리와 리듬을 만들어 본다.
• 예술경험>아름다움 찾아보기>자연과 생활에서 아름다움을 느끼고 즐긴다.
• 자연탐구>생활 속에서 탐구하기>주변에서 반복되는 규칙을 찾는다.</td></tr>
<tr><td>음악요소</td><td>셈여림</td><td colspan="2">음악활동유형</td><td colspan="3">소리 탐색 및 듣기>신체표현</td></tr>
<tr><td>활동자료</td><td colspan="6">빗소리 음원, 활동곡 〈빗방울 한 개(김미정 작사 / 작곡)〉, 빗방울 모형, 다양한 빗방울 그림자료, 미끄럼틀, 긴 매트</td></tr>
<tr><td>활동방법</td><td colspan="6">▪ 도입
1) 빗방울이 떨어지는 그림을 보며, 그 소리를 목소리나 신체로 표현한다.

▪ 전개
2) 활동곡 〈빗방울 한 개〉 노래를 듣고 허밍으로 불러본다.
3) 신체로 노래의 반복되는 소리를 표현한다.
‘빗방울 한 개’ 가사 후 쉼표 부분에서 손뼉을 한 번 친다. “톡!”
‘빗방울 두 개’ 가사 후 쉼표 부분에서 손뼉을 두 번 친다. “톡!톡!”
‘빗방울 세 개’ 가사 후 쉼표 부분에서 손뼉을 세 번 친다. “톡!톡!톡!”
‘톡톡톡톡 톡 톡’ 가사와 함께 손뼉을 여섯 번 친다.
4) 가사에 따라 셈여림을 점점 크게 반주하며 노래를 들려준다.
- 가사에 따라 ‘한 개’는 작게 시작하여, ‘두 개’는 좀 더 크게, ‘세 개’는 더 크게 연주를 한다.
5) 각 유아는 빗방울이 되어(빗방울 모형을 안고) 미끄럼틀 계단을 올라가서 내려오도록 한다.
- 이때 미끄럼틀 도착지점에 바닥 매트를 깔아 유아들이 안전하게 도착할 수 있도록 한다.
6) 교사는 도착지점에서 기다렸다가 노래의 끝부분에서 빗방울이 되어 미끄럼틀 타고 내려오는 유아를 안아준다.

▪ 마무리
7) 빗방울 놀이를 하면서 어떤 부분이 재미있었는지 이야기 나누며 활동을 마무리한다.</td></tr>
</table>

악보 4-1

빗방울 한 개

김미정 작사
김미정 작곡

표 4-3 소리 탐색 및 듣기의 통합 계획안

<table>
<tr><th>활동명</th><td colspan="2">여러 가지 소리로 이야기 만들기</td><th>주제</th><td>소리</td><th>대상</th><td>만 5세</td></tr>
<tr><th>활동목표</th><td colspan="6">• 다양한 소리의 특징을 알아본다.
• 소리카드로 이야기를 만들 수 있다.</td></tr>
<tr><th>누리과정 관련 요소</th><td colspan="6">• 예술경험>아름다움 찾아보기>다양한 예술적 요소에 관심을 갖고 찾아본다.
• 자연탐구>자연과 더불어 살기>생명과 자연환경을 소중히 여긴다.</td></tr>
<tr><th>음악요소</th><td>음색</td><th colspan="2">음악활동유형</th><td colspan="3">소리 탐색 및 듣기</td></tr>
<tr><th>활동자료</th><td colspan="6">소리 CD 또는 음원(파도소리, 아기 울음소리, 빗소리, 말 달리는 소리, 비행기 소리, 자전거 소리, 낙엽 밟는 소리, 다이빙하는 소리), 소리와 관련된 그림 또는 사진 카드, 색연필</td></tr>
<tr><th>활동내용</th><td colspan="6">1) 소리 CD(또는 음원)를 이용하여 3개의 소리만 들려주고 맞혀 보도록 한다.
2) 소리 CD에 포함된 파도소리, 아기 울음소리, 빗소리, 말 달리는 소리, 비행기 소리, 자전거 소리, 낙엽 밟는 소리, 다이빙하는 소리 등(4~8개)을 차례로 들려준다.
3) 유아들에게 8절의 색지와 색연필을 나눠주고 유아들이 색지를 가로 세로로 접어 8칸을 만들도록 한다.
4) 유아에게 8개의 소리를 차례로 들려준다. 유아는 색지의 각 칸에 한 개의 소리를 간단한 그림이나 글로 표현하도록 한다.
5) 같은 소리를 각 유아가 어떻게 들었는지 표현해 보고 다른 친구의 표현도 들어보고 존중해주는 경험을 하도록 이끈다.</td></tr>
</table>

그림 4-1 유아가 소리를 그림으로 표현한 예

CHAPTER 05

노래를 통한 영유아음악

1. 노래를 통한 활동 내용
2. 노래를 통한 활동 방법
3. 노래 활동의 실제

1. 노래를 통한 활동 내용

1) 노래를 통한 활동

노래를 통한 활동이란 목소리를 사용하여 곡의 선율과 리듬을 가사로 소리 내는 것으로, 영유아들이 가장 좋아하는 음악 영역이다. 영유아는 아주 어린 시기부터 노래 부르기를 시작하고 점차 음성 발달과 멜로디 능력이 발달하면서 노래 부르기 능력도 향상된다. 영유아를 대상으로 한 노래 부르기 활동은 영유아의 정서에 적합한 노랫말로 구성된 노래를 선정하고 이들의 심미감을 키워 줄 수 있는 아름다운 선율로 이루어진 노래를 적용하여야 한다.

영유아의 생활이 반영되어 있고 영유아가 주제가 되는 노래가 동요이다. 영유아는 노래를 통하여 영유아가 가진 고유의 꿈과 정서를 예술적인 감각으로 표출한다. 노래는 영유아의 일상과 분리되어서 생각할 수 없으며, 특별한 기교 없이 자연스럽게 불리는 중요한 음악표현의 수단이다. 노래를 통한 활동은 영유아가 목소리를 사용하여 소리 내는 모든 활동으로 '노래 부르기', '노래 감상하기', 그리고 '노래 창작하기' 등으로 경험될 수 있다. 노래 부르기는 영유아가 직접 노래를 부르는 것이며, 노래 듣기는 영유아가 타인(교사나 부모)이 노래 부르는 것을 듣는 것을 말한다.

2) 노래를 통한 활동의 내용

노래 활동의 내용은 크게 노래 부르기 활동, 노래 감상하기 활동, 노래에 맞춰 신체 동작을 하기 활동, 노래 부르며 악기연주하기 활동, 노래를 음악극으로 표현하기 활동, 노래를 활용한 음악놀이나 음악게임 등의 활동 내용으로 이루어진다. 이를 위해 다음과 같은 노래의 조건을 필요로 한다.

- 노래의 소재나 주제가 영유아의 일상이나 경험과 밀접하게 관련된 내용과 영유아의 흥미를 끌 수 있는 노래
- 영유아가 새로운 것을 발견하고 그 기쁨을 체험할 수 있는 노래

- 모험적인 줄거리가 있어 상상력을 촉진하는 노래
- 영유아수준의 자연스러운 놀이를 유발할 수 있는 노래
- 영유아가 쉽게 부를 수 있는 의성어나 의태어, 단어와 문장의 반복, 같은 부분이 같은 자리에서 반복되는 노랫말을 가진 노래
- 노래의 선율이 단순하고 반복되어 쉽게 부를 수 있는 활동곡[1)]
- 영유아의 언어 발달을 고려하여 반복적인 가사가 있는 노랫말과 리듬패턴을 포함한 노래를 활용한 활동
- 문답이나 대화 구조를 가진 노래를 영유아와 교사 또는 영유아 소그룹 간 주고받으며 노래 부르는 구조의 가사를 가진 노래
- 영유아의 상상력을 자극하여 흥미를 유발시키는 노래
- 영유아의 생활지도나 습관 관련 가사의 노래
- 영유아가 노래 부르기에 적절한 음역의 선율로 구성된 곡이 영유아의 노래활동 내용에 적합함[2)]
- 노래 부르기의 주요 목표나 방법이 노래를 영유아가 부를 것인지, 영유아가 노래를 들으며 악기를 연주하거나 신체표현 활동과 함께하는 활동인지에 따라 선율의 특징이 고려된 곡
- 기존의 노래 선율을 활용하여 동화의 내용으로 개사한 곡. 이를 통해 가사 속의 주인공이 되어 상상 속 체험을 통해 표현의 폭을 넓힐 수 있는 노래
- 우리나라의 국악이나 외국 노래, 그리고 다른 문화권에 속한 노래의 선율을 다양하게 선정. 다양한 문화권의 노래 분위기와 효과를 맞출 때에는 전통문화와 국제적인 이해를 도모할 수 있는 내용의 노래
- 노래의 가사를 동작으로 표현하면서 부를 수 있는 곡
- 노래의 주 음악 개념 요소가 뚜렷한 곡을 선정하여야 한다. 예를 들어 리듬요소가 뚜렷한 곡과 셈여림 요소가 뚜렷한 곡, 음색의 요소가 특징적인 특징을

1) 영유아가 가장 가능 음역 내에서 선율의 흐름이 완만하고 순차적 진행인 노래가 적합하다. 그러나 영유아의 흥미를 끌 수 있는 의외의 도약 선율 요소를 가진 곡은 노래를 통한 듣기나 신체표현 시 영유아의 흥미와 자발적 신체표현을 이끌 수 있다.

2) 영유아의 연령별로 선율의 발달이 다르고 점차 위, 아래로 음역이 넓어지므로 연령에 따른 음역의 범위를 고려하여야 한다. 또한 영유아 목소리의 개인차를 고려하여 누구나 충분히 노래할 수 있는 선율로 구성되어야 한다.

갖는 곡을 활용한 활동

- 영유아가 노래 활동을 통해 민족적 정서와 문화를 공유하고 다음 세대에 전수할 수 있도록 도울 수 있는 노래

정리하면, 영유아의 노래를 통한 활동을 위해 음악성(적절한 음정 간격, 적절한 리듬, 영유아의 주의집중과 기억력 등 발달을 고려한 적절한 길이의 노래), 언어성(영유아의 지적 수준에 적절한 가사, 영유아의 정서에 적절한 가사), 흥미성(노래의 음악적 요소와 언어적 요소, 영유아의 일상과 밀접한 소재, 영유아의 관심과 흥미), 기관의 월간, 주간, 일일 주제와의 관련성(누리과정과 표준보육과정과 관련되어 유아교육기관에서의 활용 용이성)을 고려하여 계획 및 적용하여야 한다.

2. 노래를 통한 활동 방법

1) 새노래 배우기

- 영유아가 생활주제나 계절과 관련된 새로운 노래를 처음 배우며 노래할 때 노래 가사의 내용이나 노래의 소재나 주제 관련 창작이야기를 만들어 들려주면 영유아의 노래 활동에 대한 관심과 흥미를 유발할 수 있음
- 교사의 작고 부드러운 목소리와 간단한 반주(반드시 피아노가 아니어도 됨)로 노래 전체를 들려주기
- 교사가 손뼉이나 무릎치기 등과 함께 노래를 끝까지 한 번 불러준 후 한 번에 한 소절씩 영유아들이 따라 부르게 지도하기
- 교사의 피아노나 선율타악기(알토 메탈로폰)의 코드 반주에 맞춰 영유아들이 한 음절 가사로 노래 불러보기
- 전체 노래 지도를 한 후 특히 영유아들이 어려워하는 부분을 반복하여 불러보도록 지도하기

2) 다양한 방법으로 부르기

- 노래 전체를 불러보기
- 악기연주와 함께 연주며 노래 부르기
- 노랫말(가사)을 바꾸어 부르기
- 노래의 빠르기(빠르게 또는 느리게)나 셈여림(작게 또는 크게) 등에 변화를 주어 노래 부르기(예: 생쥐처럼, 빠르게 불러보기, 거북이처럼 느리게 불러보기, 코끼리처럼 크게 불러보기, 개미처럼 작게 불러보기 등)
- 노래 가사에 맞춰 동작하며 부르기(부분 또는 전체)
- 노래의 선율을 손기호(코다이)나 팔의 움직임(달크로즈)으로 부르며 선율의 흐름 익히기

3) 노래를 감상하며 활동하기

- 노래를 영유아가 직접 부르지 않고 감상하며 노래의 가사나 음악적 특징에 대해 느낀 것을 표현하기
- 노래의 가사나 분위기를 이야기나 그림으로 표현하기

4) 노래에 맞춰 동작하기

- 노래를 부르며 노래의 가사 또는 음악 요소(리듬, 선율, 음색, 형식 등)의 특징을 신체표현이나 율동과 함께하기

5) 노래를 통한 창작하기

- 노래의 한 부분을 새롭게 변형하여 노래 부르는 활동이다. 노래의 가사를 부분적으로 개사해서 부르거나 노래 선율이나 리듬 등 음악적 요소의 한 부분을 변형하여 부르기(예: 커다란 수박 하나 잘 익었나 통통통 → 커다란 수박 하나 잘 익었나 통통통통 통통통통 식으로 리듬분할하여 부르기)

6) 노래 활동 시 교사의 역할

- 교사는 노래의 가사나 음악적 특징을 고려한 율동을 구성하여 유아들이 노래를 부르며 음악을 더 이해할 수 있도록 이끈다. 음악의 부분부분(반복적인 마디나 악구) 영유아의 창의적인 율동 표현을 유도하여 유아가 함께 참여할 수 있도록 이끈다(예를 들어, 〈곰 세 마리〉 노래를 부르며 유아가 '뚱뚱해' 부분을 '멋져요', '바빠요', 또는 'TV 봐요' 등의 가사로 개사하여 불러보도록 한다).
- 교사는 미리 녹음해 둔 반주곡이나 MR을 이용할 경우 반주 소리가 지나치게 크지 않도록 음량을 잘 조절하여 들려주어야 한다.
- 교사는 노래가사와 선율, 반주의 화성 코드와 반주패턴을 정확하게 익혀서 연주하여야 한다.
- 교사는 유아의 호기심과 풍부한 음악적 경험을 돕기 위해 노래의 반주 악기를 다양하게 사용한다. 우쿨렐레나 메탈로폰, 자일로폰, 기타 등으로 반주한다.
- 교사는 반주 시에 유아들과 등지고 앉아 연주하는 일은 절대로 없어야 한다.
- 교사는 영유아에게 노래를 지도할 때 수업의 주제와 관련된 다양한 소재의 노래들을 선정한다.
- 교사는 노래 시작 전에 전주의 마지막 마디에서 4박 계열의 노래일 경우 '하나, 둘, 셋, 넷' 또는 '하나, 둘 시-작-', 또는 '4, 3, 2, 1'이라는 언어나 숫자를 통한 단서를 주고, 3박 계열의 노래일 경우 '하나 둘 시작' 또는 '시-이-작-' 또는 '3, 2, 1'이라는 노래 선행큐를 주어 영유아가 노래를 박자에 맞춰 시작할 수 있도록 이끈다.
- 교사는 노래 부르기 위해 자세와 호흡, 발성의 중요성을 인식하고 모델링한다(예를 들어, 허리를 곧게 펴고 손은 자연스럽게 내리도록 하고, 두 다리는 어깨너비만큼 벌려서 안정된 자세를 지지하도록 한다). 앉아서 노래할 때는 허리를 곧게 펴고 손을 무릎 위에 올려놓고 노래 부르도록 한다. 머리를 너무 앞으로 숙이거나 뒤로 보내지 않도록 한다. 정확한 가사를 부드러운 발성으로 노래하도록 이끈다. 무리하게 큰 소리를 내며 성대를 손상시키지 않도록 한다.

3. 노래 활동의 실제

| 표 5-1 | 노래 부르기와 놀이 계획안

<table>
<tr><td>활동명</td><td>로케트를 타고 달나라에 가면</td><td>주제</td><td>교통수단</td><td>대상</td><td>만 5세</td></tr>
<tr><td>활동목표</td><td colspan="5">• 노랫말의 의미를 탐색하고 경험하여 본다.
• 합주를 함으로써 자기역할에 대한 인식과 협동심을 기른다.
• 게임을 통해 상상력을 기른다.</td></tr>
<tr><td>활동자료</td><td colspan="5">• 활동 1: 악보 5-1 〈로케트를 타고서〉, 그림카드 8개(사물그림과 낱말이 있는 카드), 융판
• 활동 2: 악보 5-1, 그림카드, 장난감(토끼, 솜사탕 그림)</td></tr>
<tr><td>활동방법</td><td colspan="5">❖ 활동 1
1) 유아들과 함께 〈로케트를 타고서〉 노래를 불러본다.
2) 유아들과 로케트를 타고 우주에 갈 때 가져가고 싶은 물건에 대해 이야기를 나눈다.

교사: 로케트를 타고 달나라에 간다면 무엇을 가져가고 싶어?
그런데 로케트가 멀리 날아가야 하기 때문에 작아서 한 가지씩만 가져가야 해. 자! 이제 로케트가 출발할 시간이야. 한 가지씩만 싣고 달나라에 가보자. 무엇을 가져갈까?

융판에 유아들이 대답한 카드를 하나씩 붙인다.

유아①: 자전거를 가져갈래, 달나라 동네 길에서 신나게 자전거를 탈 거야.
유아②: 크레파스를 가져갈래. 달나라의 토끼에게 크레파스로 예쁜 옷을 그려서 입혀 줄 거야.
유아③: 고양이를 데려갈래. 달나라 토끼와 좋은 친구가 되어서 같이 술래잡기를 할 거야.
유아④: 솜사탕을 가져갈래. 달이랑 토끼랑 맛있는 사탕을 나누어 먹을래.
유아⑤: 친구를 데려갈래. 별나라 친구랑 스케이트를 신나게 탈 거야.
유아⑥: 공기를 가져갈래. 깨끗한 공기를 토끼에게 줄 거야.

교사: 자! 그럼 가져가고 싶은 것을 로케트에 가득 담아 빨리 달나라로 떠나자.
유아: "나는 공기", "나는 친구", "나는 솜사탕", "나는 자전거", "나는 고양이", "나는 크레파스" 등

영유아들이 가져갈 물건을 대답하게 한다.

3) 〈로케트를 타고서〉 노래의 가사를 다음의 가사로 바꾸어 유아와 문답식으로 주고받으며 노래를 부른다.

교사: 로케트를 타고 갈 때- 무-엇을 가져갈까?
유아: 나는 나는 ○○○을 가져갈래.</td></tr>
</table>

활동방법

4) 그림카드 8장을 한 장씩 융판에 붙이며 사물의 종류와 낱말을 확인한다.
5) 한 명의 유아가 나와 그림카드 중의 1장을 숨기면, 없어진 카드의 사물 이름을 함께 맞추어 본다.
   - 해당 유아와 나머지 유아들이 문답식으로 노래를 부르며 숨긴 카드의 이름을 확인해 본다.

> 나머지 유아들: 로케트를 타고 갈 때~
> 유아: (숨겼던 카드를 보여주며) 나는 나는 ○○○를 가져갈래~

❖ **활동 2**

1) 유아들이 둥글게 원을 크게 만들고 '로케트를 타고서' 노래를 부르며 빙글빙글 돌도록 한다.
2) 〈로케트를 타고서〉 노래가 끝나면 유아들이 다 같이 '로케트를 타고서' 노래를 '달나라에 간다면 무엇을 가져갈까?'로 개사하여 노래를 부르며 차례대로 '○○을 가져갈래'로 노래 활동을 계속 이어간다.
3) 각 유아가 하나씩 사물 그림 또는 자료를 다 갖게 되면 활동곡의 마지막 마디만 개사하여 '달나라에 도착했어요'라는 노래를 불러준다. 이때 갖고 있는 장난감을 순서대로 제자리에 놓도록 한다.

출처: 이숙희(2010). 아동음악 내용을 참고하여 재구성함.

악보 5-1

로케트를 타고서

이숙희 작사
이숙희 작곡

| 표 5-2 | 노래를 통한 놀이 계획안

<table>
<tr><td>활동명</td><td colspan="2">아기캥거루가 점프</td><td>주제</td><td>동물</td><td>대상</td><td>만 4~5세</td></tr>
<tr><td>활동목표</td><td colspan="6">• 노래의 음악 요소 특징을 신체로 표현한다.
• 친구와 함께 음악에 맞춰 신체표현 하는 것을 즐긴다.</td></tr>
<tr><td>누리과정 관련 요소</td><td colspan="6">• 예술경험>창의적으로 표현하기>신체나 도구를 활용하여 움직임과 춤으로 자유롭게 표현한다.
• 신체 운동 · 건강>신체활동 즐기기>신체움직임을 조절한다.
• 사회관계>더불어 생활하기>약속과 규칙의 필요성을 알고 지킨다.</td></tr>
<tr><td>음악요소</td><td>선율(음의 고저)</td><td colspan="2">음악활동유형</td><td colspan="3">노래 부르기>신체표현</td></tr>
<tr><td>활동자료</td><td colspan="6">캥거루 그림자료, 활동곡 〈캥거루가 점프!(김미정 작사 / 작곡)〉 악보, 음원, 캥거루 인형 또는 모형</td></tr>
<tr><td>활동방법</td><td colspan="6">▪ 도입
1) 캥거루를 본 경험에 대해 이야기 나눈다.
예 교사의 발문
캥거루를 본 적이 있나요? / 어디에서 보았나요?
캥거루가 다른 동물들과 다른 점이 있었나요?
캥거루가 어떻게 움직이는 걸 보았나요?

▪ 전개
2) 활동곡의 특징적인 음악적 요소(리듬: 부점 / 선율: 도약)를 탐색하도록 한다.
3) 노래를 부르며 가사의 '점프' 부분에서 두 손을 머리 위로 높이 들었다 내리도록 한다.
4) 캥거루(모형)를 각 유아에게 한 개씩 나누어 준다.
5) 유아들이 앉아서 노래 부르며 '점프해' 가사에서 캥거루를 두 손으로 들고 높이 올렸다가 내리도록 모델링한다.
6) 유아 모두 일어서서 두 손을 구부린 자세로 캥거루처럼 점프해 본다.
7) 노래를 들려주며 아이들이 '점-프' 가사에서 캥거루처럼 제자리 높이 뛰며 신체표현하도록 한다.
8) 유아들이 아기캥거루팀(G 1)과 엄마캥거루팀(G 2)으로 나눈다.
9) 유아들이 친구들과 캥거루 음악놀이를 하면서 즐겁게 참여할 수 있도록 이끈다.
예 캥거루 음악극 놀이 표현 순서(2 그룹 활동)
- 교실 양 끝에서 아기캥거루가 되어 움직일 준비를 하도록 한다.
- 아기캥거루팀(G1)이 먼저 엄마 캥거루를 만나러 출발한다.
- 노래의 '점프' 부분에서만 움직이며 이동한다는 규칙에 대해 이야기한다.
- 마지막에 엄마캥거루에게 도착하면 엄마캥거루가 아기캥거루를 꼭 안아주며 '멈춤' 동작을 하도록 한다.

▪ 마무리
10) 아기캥거루가 되어 음악놀이에 참여하면서 가장 재미있었던 점에 대해 이야기 나누고, 활동을 마무리한다.</td></tr>
</table>

악보 5-2

캥거루가 점프!

김미정 작사
김미정 작곡

표 5-3 노래 부르기와 놀이 계획안

<table>
<tr><td>활동명</td><td colspan="2">내가 제일 좋아하는 엄마 아빠</td><td>주제</td><td>가족</td><td>대상</td><td>만 3~4세</td></tr>
<tr><td>활동목표</td><td colspan="6">• 노래를 부르며 가족의 소중함을 안다.
• 가족의 명칭을 음악으로 표현해 본다.
• 노랫말을 개사하여 불러본다.</td></tr>
<tr><td>누리과정 관련 요소</td><td colspan="6">• 예술경험>창의적으로 표현하기>신체, 사물, 악기로 간단한 리듬을 만들어본다.
• 의사소통>듣기와 말하기>자신의 경험, 느낌, 생각을 말한다.</td></tr>
<tr><td>음악요소</td><td>선율(음높이)</td><td colspan="2">음악활동유형</td><td colspan="3">노래 부르기>악기연주</td></tr>
<tr><td>활동자료</td><td colspan="6">활동곡 〈내가 제일 좋아하는 엄마 아빠(김미정 작사 / 작곡)〉 악보와 음원, 가족 구성원을 소재로 한 동화</td></tr>
<tr><td>활동방법</td><td colspan="6">■ 도입
1) 가족 구성원을 소재로 한 동화를 들으며 가족의 명칭을 리듬으로 불러본다.
예 엄마: , 아빠:  할머니:  할아버지: 

■ 전개
2) 노래 가사판을 보며 가사를 살펴본 후 노래를 들려준다.
3) 노래를 들려주며 노래 가사에 가족 중 누가 나오는지 살펴보도록 한다.
4) 신체타악기로 표현하도록 한다.
- 무릎치기 1회, 손뼉치기 2회로 3박자를 표현한다.
5) 노래를 여러 번 부르며 4)의 표현을 한다.
6) 준비한 악기로 '엄마', '아빠', 그리고 '나' 가사부분을 악기로 표현해 보도록 한다.
7) 노래의 '엄마', '아빠', 그리고 '나' 가사부분을 개사하여 바꿔 불러본다.
예 노래 부분 개사
내가 제일 좋아하는 사람은 누굴까? 이모 / 선생님 등
내가 제일 좋아하는 색깔은 무얼까? 노란색

■ 마무리
8) 가족의 소중함에 대해 간단히 이야기 나누며 활동을 마무리한다.</td></tr>
</table>

악보 5-3

내가 제일 좋아하는 엄마 아빠
김미정 작사
김미정 작곡
C Dm C G7 C
C Dm C Dm G7
내 가제 일 좋 아하 는 사 -람 은 누 굴까? 엄마
내 가제 일 좋 아하 는 사 -람 은 누 굴까? 아빠
C Am Dm G7 C
엄 -마 가 좋 아하 는 사 -람 은 바 로 나
아 -빠 가 좋 아하 는 사 -람 은 바 로 나

표 5-4 노래 부르기와 놀이 계획안

<table>
<tr><th>활동명</th><td>매일 보고 싶은 우리 할머니</td><th>주제</th><td>가족</td><th>대상</th><td>만 5세</td></tr>
<tr><th>활동목표</th><td colspan="5">• 노래를 부르며 가족의 소중함을 안다.
• 서정적인 노래의 느낌을 언어로 표현한다.</td></tr>
<tr><th>누리과정 관련 요소</th><td colspan="5">• 예술경험>창의적으로 표현하기>다양한 노래를 즐겨 부른다.
• 의사소통>듣기와 말하기>자신의 경험, 느낌, 생각을 말한다.</td></tr>
<tr><th>음악요소</th><td>선율(음높이)</td><th colspan="2">음악활동유형</th><td colspan="2">노래 부르기>악기연주</td></tr>
<tr><th>활동자료</th><td colspan="5">활동곡 〈우리 할머니(다장조, 6 / 8박자, 김규민 작사 / 이숙희 작곡)〉 악보와 음원, 가족 구성원을 소재로 한 동화, 트라이앵글, 핑거심벌즈 1쌍</td></tr>
<tr><th>활동방법</th><td colspan="5">■ 도입
1) 가족 구성원 중 할머니 또는 할아버지를 소재로 한 동화를 듣고 이야기 나눈다.

■ 전개
2) 노래의 가사판을 보며 가사를 살펴본 후 노래를 들려준다.
3) 노래를 들려주며 노래 가사에 가족 중 누가 나오는지 살펴보도록 한다.
4) 신체타악기로 표현하도록 한다.
- 한마디에 무릎치기 1회, 손뼉치기 2회(쿵짝짝쿵짝짝)로 6/8박자를 신체로 표현한다.
5) 4)의 방법으로 노래를 여러 번 부르며 익힌다.
6) 준비한 악기로 노래의 '벚꽃'(2번 치기), '우리 집'(3번 치기), 그리고 '이불'(2번 치기) 가사 부분을 악기를 연주해 본다.
7) 노래의 '벚꽃', '우리 집', 그리고 '이불' 가사 부분을 유아들의 생각과 표현을 반영한 가사로 개사하여 함께 불러본다.

■ 마무리
8) 노래에서 표현된 할머니와 할아버지에 대한 표현을 다시 살펴보며 활동을 마무리한다.</td></tr>
</table>

악보 5-4

우리 할머니

김규민 작사
이숙희 작곡

17
아 늑 하 - 고 - 포 근 한 우 리 집 -
21
mf
우 리 할 머 니 는 이 불 이 다 추 우 면 덮 어 주 고 -
mf
25
감 싸 - 주 는 - 이 - - - 불 -

| 표 5-5 | 노래 부르기와 놀이 계획안

<table>
<tr><th>활동명</th><td>연못에 비가 내리면</td><th>주제</th><td>여름>비</td><th>대상</th><td>만 3세</td></tr>
<tr><th>활동목표</th><td colspan="5">• 비가 오기 직전의 날씨변화에 대해 관심을 가진다.
• 비가 올 때 사람들이 사용하는 물건에 대하여 알아본다.
• 자연을 사랑하는 마음을 가지고, 노래를 불러본다.</td></tr>
<tr><th>누리과정 관련 요소</th><td colspan="5">• 예술경험>창의적으로 표현하기>다양한 노래를 즐겨 부른다.
• 사회관계>더불어 생활하기>친구와 서로 도우며 사이좋게 지낸다.</td></tr>
<tr><th>음악요소</th><td colspan="2">선율(음높이)</td><th>음악활동유형</th><td colspan="2">노래 부르기>신체표현</td></tr>
<tr><th>활동자료</th><td colspan="5">활동곡 〈빗방울(이숙희 작곡)〉 CD, 악보, 그림자료, 시 『빗방울(윤석중)』</td></tr>
<tr><th>활동자료</th><td colspan="5">
<table>
<tr><th>시</th><th>그림자료</th></tr>
<tr><td>구름이 끼더니 빗방울이</td><td></td></tr>
<tr><td>후두둑 후두둑 떨어지네</td><td></td></tr>
<tr><td>연못 속에 연꽃들
우산 없이 어쩌나</td><td></td></tr>
<tr><td>구름이 끼더니 빗방울이
후두둑 후두둑 떨어지네</td><td></td></tr>
<tr><td>지붕 위에 흰 박들
비옷 없이 어쩌나</td><td></td></tr>
</table>
| 그림 5-1 | 활동곡 '빗방울'의 그림자료
</td></tr>
</table>

활동방법

■ **도입**

1) 비구름이 있는 하늘 그림자료를 보여주며 이야기 나눈다.

예 교사의 발문

이 그림을 보자! 하늘이 어떤 모습이니?

구름이 잔뜩 끼인 하늘에서 어떤 일이 생길 것 같니?

비가 내릴 것 같아요.

구름이 끼더니, 빗방울이 후두둑 후두둑 떨어지네!

2) 비가 올 때 필요한 물건에 대해 이야기 나눈다.

예 교사의 발문

비가 오는 날, 밖에 나가 본 적이 있니?

비가 오는 날, 사람들은 무엇을 쓰고(입고 / 신고) 다니니?

3) 활동곡 '빗방울' 노랫말 그림 자료를 보며 이야기 나눈다.

예 교사의 발문(그림자료를 보면서)

그런데 비가 오는 날, 연못 속의 연꽃은 우산이 없어서 어쩌지?

그런데 비가 오는 날, 지붕 위의 박들은 우비가 없어서 어쩌지?

■ **전개**

4) 다양한 방법으로 활동곡 〈빗방울〉을 노래 부른다.

5) 노래를 일부분을 개사하여 부른다.

예 의성어 부분 개사

후두둑 후두둑 → 톡톡톡 툭툭툭 / 주룩주룩 주룩주룩

예 주요 단어 개사

연못 속의 연꽃들 → 연못 속의 개구리들 / 연못 속의 물고기들

■ **마무리**

6) 교사는 유아에게 오늘 활동에게 가장 기억에 남는 점 또는 재미있었던 점이 무엇이었는지 함께 이야기 나누며 마무리한다.

악보 5-5

빗방울

이숙희 작곡

표 5-6 노래 부르기와 놀이 계획안

<table>
<tr><td>활동명</td><td colspan="2">우리 동네의 가게</td><td>주제</td><td>우리 동네</td><td>대상</td><td>만 4~5세</td></tr>
<tr><td>활동목표</td><td colspan="6">• 우리 동네의 모습을 노래로 표현해 본다.
• 내가 살고 있는 동네에 관심을 갖는다.</td></tr>
<tr><td>누리과정 관련 요소</td><td colspan="6">• 예술경험>창의적으로 표현하기>다양한 노래를 즐겨 부른다.
• 사회관계>사회에 관심가지기>내가 살고 있는 곳에 대해 궁금한 것을 알아본다.</td></tr>
<tr><td>음악요소</td><td colspan="2">리듬</td><td colspan="2">음악활동유형</td><td colspan="2">노래 부르기>신체표현</td></tr>
<tr><td>활동자료</td><td colspan="6">활동곡 〈우리 동네에는(김미정 작사 / 작곡)〉 악보, 음원(MR, AR), 키보드, 노래가사에 나오는 가게에 대한 그림자료</td></tr>
<tr><td>활동방법</td><td colspan="6">■ 도입
1) 우리 동네의 이름과 다양한 어떤 장소와 가게들에 대해 알아본다.

■ 전개
2) 그림악보를 보며 활동곡 〈우리 동네에는〉에 나오는 ‘동네’ 관련 노랫말을 찾아본다.
3) 다양한 방법으로 노래를 불러본다.
- 하나의 모음으로 노래 불러보도록 한다.
- 그림악보를 보며 교사를 따라 2마디씩(또는 4마디씩) 가사를 넣어 천천히 따라 불러본다.
4) 노랫말 중 마지막 부분인 ‘내가 제일 좋아하는 바로 장난감’ 부분과 ‘그곳은 바로 놀이터’ 부분에서 각 유아가 좋아하는 것의 이름을 창의적으로 표현하도록 한다.
5) 노래 가사를 신체로 표현하며 불러본다.
- 유아들의 생각을 반영한 신체 표현으로 구성한다.
- 노래의 마지막 부분에 유아들이 멈춤 동작을 할 때 교사는 각 유아에게 다가가 유아의 표현에 관심을 보이며 “OO이는 어떤 장난감이 좋을까?” 또는 “어떤 놀이기구를 좋아할까?”라고 물어보며 유아와의 상호작용을 시도한다.
예 가사의 신체표현
- 마트에서 카트에 담아요: 마트에서 카트를 끌고 가서 물건을 사서 놓기
- 빵집에서 케이크사고 후: 밀가루 반죽 흉내 후 두 손으로 동그라미 만들고 촛불 끄기
- 짜장면집 후루룩후루룩 짭짭: 두 팔과 손으로 밀가루 면 만들기 흉내. 둘째 손가락과 셋째 손가락으로 젓가락을 만들어 짜장면 먹는 표현
- 치킨 집의 고소한 냄새(바삭): 두 손을 옆구리에 대고 닭의 날개 흉내. 코로 냄새 맡는 표현. (바삭) 부분에서 닭다리 먹는 표현
- 그중에서 내가 제일 좋아하는: 한 손씩 반대편 가슴 위에 대고 팔꿈치를 올렸다가 내리기
- 장난감집: 자유롭게 자신이 좋아하는 장난감을 신체로 표현하고 멈추기</td></tr>
</table>

<table>
<tr><td>활동방법</td><td>- 꽃집에선 꽃향기 솔솔: 손가락을 편 두 손의 손목 부분을 닿게 하여 꽃을 표현. 손으로 만든 꽃을 옆으로 흔들기
- 피자집에 치—즈: 두 손으로 둥근 피자 만들기. 손으로 피자 한쪽을 들고 치즈가 쭈욱 늘어나는 표현
- 그 곳은 바로 놀이터: 손뼉 2회 치기. 놀이터에서 좋아하는 놀이기구 표현으로 멈추기

▪ 마무리
6) 노래 활동을 하며 느낀 점에 대해 이야기 나누며 활동을 마무리한다.</td></tr>
<tr><td>교사를 위한 TIP!</td><td>• 노랫말 부분 창작 표현시 본 가사인 '장-난-감' 부분의 선율을 익히도록 하여 그 선율에 가사를 표현할 수 있도록 한다.
• 유아들이 노래에 익숙해지면 노랫말을 신체로 표현하도록 한다.
예 '마트(카트 밀기), 과일가게(손으로 과일 모양 만들기), 병원(아픈 표정), 빵집(빵 냄새 맞는 표정), 어린이집(두 팔을 흔들며 어린이집 가는 표현), 미용실(머리 드라이하기), 짜장면집(두 손가락으로 짜장면 먹는 표현), 피자집(손으로 피자 들고 치즈가 늘어지는 표현) 등</td></tr>
</table>

악보 5-6

우리 동네에는

김미정 작사
김미정 작곡

| 표 5-7 | 노래 부르기와 놀이 계획안

활동명	요술쟁이 물	주제	환경과 생활>물	대상	만 4~5세
활동목표	• 주변에서 들을 수 있는 다양한 물소리에 관심을 갖고 차이점을 알아본다. • 물의 특징을 신체로 표현해 본다.				
누리과정 관련 요소	• 예술경험>창의적으로 표현하기>신체나 도구를 활용하여 움직임과 춤으로 자유롭게 표현한다. • 자연탐구>생활 속에서 탐구하기>물체의 특성과 변화를 여러 가지 방법으로 탐색한다.				
음악요소	선율(음높이)	음악활동유형	노래 부르기>신체표현		
활동자료	• 음악적 자료: 활동곡 〈요술쟁이 물(김미정 작사 / 작곡)〉 • 비음악적 자료: 다양한 물소리 음원				

활동방법

■ **도입**

1) 우리 생활에서 물을 언제 사용하는지, 어떻게 사용하는지에 대해 이야기 나눈다.
2) 다양한 물소리를 들려준 후 물소리의 특징을 언어 또는 신체로 표현해 보도록 한다.

■ **전개**

3) 활동곡 〈요술쟁이 물〉을 들려준다.
4) 그림악보를 보며 유아들과 노래의 가사 내용을 천천히 살펴본다.
5) 교사의 반주에 맞춰 유아들이 노래를 불러보도록 한다.
6) 노래를 부르며 율동을 추가하여 노래 부르도록 한다.
7) '상호작용을 위한 TIP!'(노래의 율동)을 참고하여 유아들과 상호작용을 하도록 한다.

예 노래의 율동

영유아의 연령에 맞게 율동을 단순화하거나 추가하여 적용한다.

노래가사	율동
물은 요술쟁이	왼손의 둘째 손가락을 펴서 얼굴 위치에서 요술봉처럼 빙글빙글 돌린다.
출렁출렁 춤추고	두 손을 가슴높이에서 손등이 보이도록 하여 위아래로 흔든다.
차가운 냉동실에	두 손의 둘째 손가락으로 가슴높이에서 네모를 그린다. 오른손은 네모의 오른쪽을 그리고 왼손은 네모의 왼쪽을 그린다.
들어가면 얼음!	• 양손의 두 손가락을 앞으로 쭉 뻗어서 냉장고에 넣는 것 같은 표현을 한다. • '얼음' 가사에서 멈춤 동작을 한다.
주전자 속에 들어가면	• 오른손의 엄지를 펴고 나머지 손가락은 접어서 주전자 모양을 만든다. • 왼손으로 컵을 쥔 것 같은 손 모양으로 오른손의 주전자에 쪼르르 물을 넣는 것 같은 동작을 한다.
보글보글 ~	두 손을 가슴 쪽에서 밖으로 4회 느리게, 8회 빠르게 돌린다.
수증기가 되어	두 손을 가슴높이에서 손뼉 치듯이 붙인 후 좌우로 흔든다.
날아가(뿌뿌)	위의 동작을 반복하다가 머리 위로 쭉~ 뻗어서 멈춘다.

활동방법

노래가사	율동
상호작용 증진을 위한 TIP!	• '얼음' 동작이나 '보글보글', '날아가' 등에서 잠시 멈춤 동작을 표현한 유아들에게 교사가 다가가서 유아가 표현한 얼음을 손으로 살짝 터치하며 "앗 차가워!" / "앗 뜨거워" / "수증기가 어디로 날아갔니?" 등의 언어적 · 비언어적 상호작용을 시도할 수 있다. • 유아가 상호작용을 하고 교사가 그것에 대해 반응을 할 수 있다. • 유아 간 활동(2인 1조 또는 1대 다수)을 통해 유아 간 상호작용을 유도할 수 있다.

■ **마무리**

8) 오늘 활동에서 어떤 부분이 재미있었는지 이야기 나누며 활동을 마무리한다.

악보 5-7

요술쟁이 물

김미정 작사
김미정 작곡

| 표 5-8 | 노래 부르기와 놀이 활동 계획안

<table>
<tr><th>활동명</th><td>달님 어디 있나요</td><th>주제</th><td>달</td><th>대상</th><td>만 3~4세</td></tr>
<tr><th>활동목표</th><td colspan="5">• 우리나라 명절에 관심을 갖고 놀이로 표현한다.
• 달 모양의 변화와 달의 움직임을 탐색하는 태도를 갖는다.</td></tr>
<tr><th>누리과정 관련 요소</th><td colspan="5">• 예술경험>아름다움 찾아보기>자연과 생활에서 아름다움을 느끼고 즐긴다.
• 자연탐구>생활 속에서 탐구하기>물체의 특성과 변화를 여러 가지 방법으로 탐색한다.</td></tr>
<tr><th>음악요소</th><td colspan="2">선율(음높이)</td><th>음악활동유형</th><td colspan="2">노래 부르기>신체표현</td></tr>
<tr><th>활동자료</th><td colspan="5">활동곡 〈달님 어디 있나요(김미정 작사 / 작곡)〉, 피아노, 그림악보, 동화 『달님 안녕』(또는 달 관련 동화)</td></tr>
</table>

활동방법

■ 도입

1) 동화 〈달님 안녕〉을 들려주어 달에 대한 관심을 유도한다.

■ 전개

2) 활동곡 〈달님 어디 있나요〉의 그림악보를 보며 노래를 들려준 후 함께 부른다.
3) 노래 가사를 천천히 살펴본 후 개사한 가사로 동작해 본다.

예 노래와 함께하는 동작

유아의 연령과 발달 수준에 맞춰 동작을 더 간단하게 또는 더 추가하여 적용한다.

노래가사	동작
어디 어디 있나요	오른손을 펴서 눈썹에 대고 뭔가를 찾는 동작을 한다. 왼손을 펴서 같은 동작을 한다.
달님	두 손을 머리 위로 올려서 둥근 달 모양을 만든다.
높은 하늘 구름 위에 있지	두 손을 차례로 머리 위로 올리고 고개를 양쪽으로 2회 흔든다.
랄라랄라라	두 손으로 손뼉을 한 가사의 한 음절에 한 번씩 5회 친다.
깡총토끼 머리 위에 있지	두 손으로 머리 위에 토끼 귀를 만든 후 머리를 양쪽으로 2회 흔든다.
동그란 달걀 속에 있지	왼손을 손바닥이 보이도록 펴고 오른손의 엄지와 검지로 달걀의 노른자를 만들어 왼손 위에 올린다.
빨간 신호등 옆에 있지	왼손의 손등을 위로 하여 주먹 쥐고 오른손 주먹을 옆에 가까이 놓고 2회 흔든다.

■ 마무리

4) 달을 소재로 놀이하며 제일 재미있었던 부분에 대해 이야기를 나눈 후 활동을 마무리한다.

악보 5-8

달님 어디 있나요

김미정 작사
김미정 작곡

※ 유튜브 검색창에 제목을 입력하여 위 노래를 감상할 수 있다.

▲ '달님 어디 있나요'의 유튜브 화면

| 표 5-9 | 노래 부르기와 놀이 활동 계획안

<table>
<tr><td>활동명</td><td>꼬마 마녀 팔랑이의 모자</td><td>주제</td><td>세계 여러 나라>다문화</td><td>대상</td><td>만 5세</td></tr>
<tr><td>누리과정
관련 요소</td><td colspan="5">• 예술경험>창의적으로 표현하기>극 놀이로 경험이나 이야기를 표현한다.
• 사회관계>사회에 관심가지기>다양한 문화에 관심을 가진다.</td></tr>
<tr><td>활동목표</td><td colspan="5">• 노래에 나오는 다양한 나라의 모자에 대해 알아본다.
• 노래 부르며 극 놀이로 표현한다.</td></tr>
<tr><td>음악요소</td><td colspan="2">선율(음높이)</td><td colspan="2">음악활동유형</td><td>노래 부르기>극 놀이</td></tr>
<tr><td>활동자료</td><td colspan="5">활동곡 〈모자가 좋아-4/4박자(김미정 작사 / 작곡)〉, 피아노, 동화책 『모자가 좋아』, 동화에 나오는 여러 나라 모자와 관련 사진 자료, 각 나라 의상</td></tr>
<tr><td>활동방법</td><td colspan="5">■ 도입
1) 동화 『모자가 좋아』를 들려준다.

꼬마 마녀 팔랑이는 하나같이 시커멓고 뾰족한 마녀 모자에 싫증이 나서 새로운 모자를 찾아 여행을 떠납니다.
베트남의 한 시장에 내린 팔랑이
원뿔처럼 생긴 모자를 쓴 아주머니와 모자를 바꾸네요.
"바꿔라 바꿔, 팔랑팔랑!!"

이번에는 러시아, 매섭게 추운 나라지요.
오들오들 떨려요... 또 바꿔써야지~~
러시아의 털모자 샤프카!!!
음식의 천국 프랑스, 달팽이 요리를 시켰어요.
오~ 요리사 아저씨의 하얗고 기다란 모자가 마음에 드네, 바꿔야지~~
프랑스 요리사의 모자 '토크 블랑슈'
태양 빛이 이글이글, 모래바람이 따끔거리는 사우디아라비아의 사막.
하늘하늘한 수건 같은 케피야로 바꾸어 썼어요.
독일 슈바르츠발트 지역의 여자들은 이렇게 멋진 '볼렌훗'을 쓴대요.
할로윈이 한창인 미국으로 날아왔어요.
시무룩한 표정의 아이, 마녀 모자가 싫다고 하네요.
팔랑이는 살짝 눈짓을 하며 자기가 쓰고 있던 네덜란드의 레이스 모자 '휼'과 바꾸어 주었어요.
다시 까망 모자를 쓴 팔랑이, 별들을 향해 주문을 외웠어요.
"내려라 내려, 팔랑팔랑"
까만 모자에 별이 총총!! 세상에서 가장 마음에 드는 모자네요!!!

2) 동화 내용 중 활동곡 가사에 나오는 세계 여러 나라의 모자 사진들을 보며 모자의 이름과 특징을 살펴보도록 한다.

■ 전개
3) 활동곡 〈모자가 좋아요〉를 들려준다.
4) 허밍 또는 한 음절(라, 모, 오, 라 등)의 가사로 노래의 선율을 익히도록 한다.
5) 노랫말을 넣어 처음 부를 때는 노래를 느린 속도로 부른다. 점차 속도를 빠르게 부르도록 이끈다.</td></tr>
</table>

활동방법	6) 노래가 익숙해지면 노래의 4마디와 8마디의 마지막 박자에 악기 연주를 추가하여 활동한다. 7) 노래 가사에 나오는 각 나라의 모자와 의상을 입고 패션쇼를 하며 극 놀이로 표현하도록 한다. 예 악기 추가 활동 - 3~4마디의 '모자 찾아 여행 떠나자' 가사 후에 북을 2회 연주 - 8마디의 '팔랑팔랑' 가사 후에 윈드차임이나 트라이앵글의 트레몰로 연주 **▪ 마무리** 8) 노래와 악기활동을 하며 알게 된 것이 무엇인지 질문하고 활동하면서 느낀 점에 대해 이야기 나누며 활동을 마무리한다.

악보 5-9

모자가 좋아

김미정 작사
김미정 작곡

| 표 5-10 | 노래를 활용한 놀이 계획안

<table>
<tr><th>활동명</th><td>올망이와 똘망이</td><th>주제</th><td>동물</td><th>대상</th><td>만 5세</td></tr>
<tr><th>활동목표</th><td colspan="5">• 음악동화를 보고 동화의 줄거리에 대해 이야기를 나눈다.
• 음악동화의 내용을 노래로 불러본다.
• 또래와 함께 노래를 부르며 극 놀이 할 수 있다.</td></tr>
<tr><th>누리과정 관련 요소</th><td colspan="5">• 예술경험>창의적으로 표현하기>극 놀이로 경험이나 이야기를 표현한다.
• 사회관계>더불어 생활하기>친구와 서로 도우며 사이좋게 지낸다.</td></tr>
<tr><th>활동자료</th><td colspan="5">피아노, 활동곡 〈똘망이와 올망이의 하루(이숙희 곡)〉, 악보, 클라베스(리듬막대), 크리첫, 우드블록, 핸드드럼, 동요 〈똘망이와 올망이의 하루〉, 올망이와 똘망이 머리띠, 시계, 작은 테이블, 구멍(의자에 천을 덮거나 반원 매트), 고구마, 공, 훌라후프</td></tr>
<tr><th>활동방법</th><td colspan="5">■ 도입
1) 유아들에게 음악동화 '올망이와 똘망이'를 들려준 뒤 동화에 대해 간단히 이야기 나눈다.

■ 전개
2) 유아들과 함께 〈똘망이와 올망이의 하루〉 노래를 부르도록 한다.
3) 유아들과 노래를 부르며 가사 내용을 신체표현하도록 한다.
4) 악기로 음악극을 표현해 보도록 한다.
- 등장인물들을 어떤 악기로 표현할 수 있을지 유아들과 이야기 나눈다.
- 유아를 악기연주 그룹과 극 놀이 표현 그룹으로 나눈다.
- 악기를 준비하여 유아들과 음악동화를 들려주며 등장인물이 나올 때 해당 악기를 연주하도록 이끈다.
예 음악극 등장인물과 악기 매칭
- 올망이: 클라베스(리듬막대)
- 똘망이: 크리첫
- 시계소리: 우드블록
- 시계추 소리: 핸드드럼 또는 비브라슬랩

5) 등장인물 그룹과 악기연주그룹을 바꾸어 다시 한번 극 놀이를 진행한다.

■ 마무리
6) 유아들과 음악동화로 활동한 내용에 대해 회상하며 이야기 나눈 후 활동을 마무리한다.</td></tr>
</table>

악보 5-10

똘망이와 올망이의 하루(주제가)
이숙희 작사
이숙희 작곡
2
개구쟁이생 쥐 한 마 리 살금살금놀 러 나 왔 네
친구생쥐불 러 내 어 서 사이좋게공 놀 이 하 네
1.시계다! 시계갖고 뭘할까? 그네처럼 타볼까
4.아이, 배고파. 저기 고구마가 있네
시계추를타 고 놀 -다가 땡 소 리에깜짝놀라 쿵
냠냠짭짭고 구 마 --먹 고 배 -가불-러- 끼잉 끼잉
2.아이쿠, 엉덩이야. 엉덩방아 찧었네
5.어, 구멍속에 들어갈 수가 없어 운동을 해야겠어
시계위로냉 큼 올 라-가 - 미 끄럼쭈르르륵 쿠웅
훌라후프빙 글 줄 넘기딱 딱 집 으로돌아가자 쏘옥
3.야, 재밌다. 이제 신나는 공놀이 할까
6.구멍집으로 재빨리 가야지

표 5-11 노래 부르기와 음악극 활동 계획안

<table>
<tr><td>활동명</td><td>귀여운 생쥐 상자에 쏙</td><td>주제</td><td>동물</td><td>대상</td><td>만 5세</td></tr>
<tr><td>활동목표</td><td colspan="5">• 함께 노래를 부르며 신체표현한다.
• 또래와 함께 음악극 놀이를 할 수 있다.</td></tr>
<tr><td>누리과정 관련 요소</td><td colspan="5">• 예술경험>창의적으로 표현하기>극 놀이로 경험이나 이야기를 표현한다.
• 사회관계>더불어 생활하기>친구와 서로 도우며 사이좋게 지낸다.</td></tr>
<tr><td>활동자료</td><td colspan="5">노래 〈귀여운 생쥐〉의 그림악보, 교사용 악보, 유아가 들어갈 수 있는 종이상자, 헌 타이어, 가상 침대, 및 옷장</td></tr>
<tr><td>활동방법</td><td colspan="5">▪ 도입
1) 노래 〈귀여운 생쥐〉의 그림악보를 보며 활동에 대한 관심을 갖는다.

▪ 전개
2) 그림악보를 보며 유아들과 노래를 부른다.
3) 유아들과 노래를 부르며 가사를 신체로 표현해 보도록 한다.
4) 미리 준비해 둔 유아가 들어갈 수 있는 종이상자와 헌 타이어, 침대모형, 옷장을 유아들에게 소개한다.
5) 한두 명의 유아가 노랫말에 따라 움직이도록 하고, 다른 유아들은 노래를 부르도록 한다.
6) 마지막에는 생쥐의 역할을 한 유아가 '나 지금 나간다, 또는 나 잠잘래' 등 창의적으로 표현을 하며 극 놀이하도록 이끈다.

▪ 마무리
7) 유아들과 활동한 내용에 대해 이야기 나눈 후 활동을 마무리한다.</td></tr>
</table>

악보 5-11

귀여운 생쥐
이숙희 작사
이숙희 작곡
(전주)
귀 여 운 새앙쥐
상 자 에 쏙
구 멍 에 쏙
침 대 에 쏙
옷 장 에 쏙
언 제 쯤 나올래?
나 지 금 나간다

CHAPTER

06

악기를 통한 영유아음악

1. 악기를 통한 활동 내용

1) 악기를 통한 활동

악기를 통한 음악활동은 영유아음악교육에서 매우 중요하다. 악기는 영유아들이 음색을 탐색하고 발견하는데 결정적인 도움을 주며, 청감각을 자극하고 선율의 높낮이, 음의 길이, 음의 셈여림 등 음악적 개념 요소들을 직접 체험하는 데 도움을 준다. 악기를 통한 활동은 신체적 에너지를 소리로 발산시키는 기회를 부여하여 동작과 소리의 연합을 유도할 수 있다. 악기를 탐색하는 활동과 악기 연주하는 활동으로 크게 나눌 수 있다.

악기탐색 및 악기연주는 영유아가 악기를 다양한 방법으로 소리 내어보고 악기를 매체로 음악 활동을 하는 것이다. 영유아의 악기연주는 악기 연주 기술의 습득에 초점을 두는 것보다 영유아가 음악을 느끼고 이해하는 데 중점을 두어야 한다. 악기를 연주하는 것은 영유아가 경험하는 음악활동형태 중 하나로 리듬 악기, 선율악기, 국악기 다른 나라의 다양한 악기를 연주하는 경험을 제공하여야 한다(이숙희, 2010).

영유아의 악기를 통한 음악활동은 영유아가 다양한 모양과 소리, 음색을 가진 악기들을 다양한 방법(흔들어보기, 두드려보기, 문질러보기, 굴려보기 등)으로 두드리거나 만져보며 탐색해 보는 활동과 악기들을 연주하는 활동을 통해 이루어진다. 영유아를 대상으로 한 악기 관련 활동은 상품화된 기존의 악기와 아이들이 다양한 소재로 만든 창의적인 악기들이 사용될 수 있다.

영유아가 말로 표현하기 힘든 감정을 악기 연주를 통해 소리로 발산할 수 있으며 타인과 공유할 수 있다. 이렇게 악기를 통한 활동을 통해서 협동심, 사회성 발달과 함께 여러 악기와의 합주도 경험할 수 있다.

영유아는 선천적으로 여러 소리의 음색에 대해 호기심과 관심을 가지고 있으므로, 교사는 영유아들이 다양한 악기의 소리를 탐색해 보고, 실험해 보고 연주하는 경험과 악기를 통한 통합적 활동내용으로 수업을 진행할 수 있다. 양질의 악기를 준비하고 영유아의 발달과 교육계획에 따라 안전하게 진행되어야 한다. 영유아의 악기를 통한 활동은 기존의 악기를 사용하는 활동과 자신의 신체의 일부를 사용하여 다양한 소리를 만들어보는 신체 타악기 활동이 기본이 될 수 있으며, 감상활동과 통합하여 음악을 들으며 음악의 박자나 음높이, 셈여림, 분위기에 따라 악기를 연주할 수 있다(김미정, 2007, 방은영, 2006). 한 재활용품이나 간단한 재료로 만든 악기를 통한 활동도 포함될 수 있다.

2) 악기를 통한 활동의 내용

영유아를 위한 악기탐색 및 악기연주 활동 선정 및 계획 시 다음과 같은 내용을 포함하여야 한다.

- 무율 리듬 악기부터 적용하고, 점차 선율악기를 연주하도록 함
- 영유아의 호기심과 관심을 유발하고 쉽게 연주할 수 있는 적합한 크기와 색, 그리고 모양, 무게의 악기를 선정함
- 영유아가 안전하게 연주할 수 있는 소재와 재질의 악기를 선택하여 다양한 음색 경험이 가능하도록 함
- 영유아의 신체발달에 적합한 악기를 선정함. 영아의 경우 신체 크기가 작거나 소근육이 덜 발달된 상태이므로 영유아가 잡기 용이한 크기, 모양, 무게의 악기를 적용하여야 함
- 개인 연주용 악기와 소그룹용 악기를 구분하여 선정함
- 또래와 함께 어울려 악기 합주를 할 수 있는 비교적 다루기 쉬운 악기를 선택하여 영유아가 악기를 통한 연주에 부담 없이 참여할 수 있는 악기활동을 함
- 악기 활동의 결과보다 과정을 중시하고 악기놀이로 진행되는 내용이어야 함

2. 악기를 통한 활동 방법

1) 악기 종류에 따른 악기연주 방법

(1) 신체 타악기 연주

영유아가 자신의 신체를 두드리거나 비비는 등의 다양한 방법으로 소리 내는 악기로 연주하는 것이다. 손뼉치기, 무릎치기, 발 구르기, 혀 차기 등의 소리로 연주할 수 있다.

(2) 리듬 악기 연주

음높이가 없고 손이나 채로 두드리거나 쳐서 소리 내는 리듬 악기로 연주하는 것이다. 음높이가 없으므로 선율악기처럼 함께 연주했을 때 불협화음이 생기지 않으므로 연주하는 영유아들이 연주에 대한 부담감 없이 즐겁고 쉽게 참여할 수 있다. 악기의 주재료에 따라 나무, 가죽, 메탈(금속) 등 다양하며 그에 따라 음색도 다양하다.

- 나무소재의 악기: 클라베스, 우드블록, 귀로, 캐스터네츠, 마라카스, 자일로폰, 코끼리코 등이 있다. 여음이 짧은 특징을 가진다. 따라서 짧은 음질의 음길이의 음표연주에 어울린다.
- 가죽소재의 악기: 핸드드럼, 게더링드럼, 콩가, 봉고, 젬베 등 가죽의 울림소리가 특징이다.
- 메탈소재의 악기: 연주 시 여음이 긴 트라이앵글, 핑거심벌즈, 글로켄슈필, 메탈로폰, 윈드차임, 카바사 등이 있으며, 연주 시 여음이 짧은 카우벨, 카바사, 아고고벨, 라쳇 등의 악기가 있다. 연주 시 여음이 긴 특징을 갖는다. 따라서 음길이가 긴 음표연주에 어울린다.

연구방법에 따라 채를 사용하는 악기(우드블록, 귀로, 롤리팝드럼, 공명벨, 실로폰 등)와 채를 사용하지 않는 악기(캐스터네츠, 카바사, 마라카스, 에그셰이크 등)가 있다(참고: 3장의 오르프 악기 참고).

[우드블록] [클라베스] [귀로] [게더링드럼] [핑거심벌즈] [카바사]

[롤리팝드럼] [마라카스] [에그셰이크] [탬버린] [비브라슬랩] [슬라이드 휘슬]

▌그림 6-1 ▌리듬 타악기와 취주악기

(3) 선율 악기 연주

다양한 음을 연주할 수 있는 악기로 손가락으로 연주하는 피아노, 키보드, 멜로디언 등으로 연주하는 것이며, 채를 사용하여 연주하는 선율타악기와 핸드벨, 실로폰, 터치벨, 공명벨, 톤차임, 리코더 등의 악기로 연주하는 것이다.

[핸드벨] [터치벨] [실로폰]

 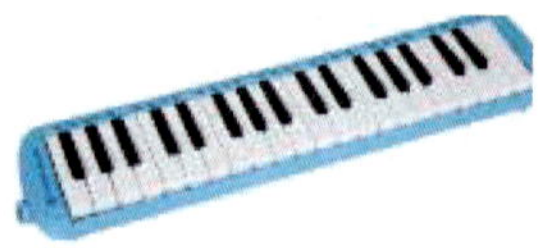 

[키보드] [멜로디언] [공명벨]

▌그림 6-2 ▌선율악기

이상을 정리하면, 결과 중심의 악기연주는 영유아에게 악기를 통한 진정한 음악교육의 경험이 되기 어렵다. 영유아가 다양한 악기들에 호기심을 갖고 악기연주에 쉽게 참여할 수 있는 발달에 적합한 악기를 선정하여 활동으로 진행하여야 한다.

2) 악기 활동 내용에 따른 방법

(1) 악기 탐색하기

악기의 소리, 생김새, 모양 등을 다양한 방법으로 탐색해 본다. 각 악기마다 다른 음색, 소리의 여운 정도, 소리의 강약 등을 악기를 문지르거나, 악기를 부딪치거나 악기를 두드리는 등의 다양한 방법으로 소리를 탐색한다. 또한 악기의 모양이 긴 모양인지, 동그란 모양인지, 구멍이 있는지 없는지 등을 탐색한다. 무게도 무거운지 가벼운지 채를 사용하는지 사용하지 않는지 등을 알아보는 과정을 통해 영유아들이 악기에 관심을 가지고 악기를 탐색할 수 있다.

(2) 악기 만들기

영유아는 다양한 재질로 악기를 만드는 것과 만든 악기로 다른 사람에게 악기소리를 들려주는 것을 매우 즐거워한다. 자신이 만든 악기로 연주하는 것을 통해 성취감을 느낄 수 있다. 자연물이나 생활용품, 재활용품 등을 활용하여 악기를 만들어 연주할 수 있다. 예를 들어 호두껍데기를 활용하여 셰이커를 만들 수 있고, 빨대를 이용하여 피리를 만들 수 있다. 작은 음료수병에 쌀이나 콩, 클립, 구슬 등의 다양한 재료를 넣어 마라카스를 만들어 연주할 수 있다.

(3) 다양한 방법으로 악기 연주하기

- 노래에 맞춰 악기 연주하기
- 피아노 또는 기악곡에 맞춰 악기연주하기

• 감상곡에 맞춰 악기연주하기
• 악기만 연주하기

3) 연령별 악기 적용 방법

표 6-1 연령별 악기 종류와 활용 방법

연령	영유아의 음악 발달	악기 활동
만 2세 미만	• 악기의 모양에 따라 다르게 잡거나 쥐기 • 악기를 위아래로 흔들기 • 악기를 옆으로 흔들기 • 리듬 있게 흔들기	• 손잡이가 있는 딸랑이 흔들기 • 손잡이 부분이 있는 딸랑이 • 터치벨 • 성인이 제시하는 북을 손으로 치기 • 귀로 손가락으로 긁기 • 게더링드럼(높이 20~25cm)
만 2~3세	• 짧은 시간 동안 반복적이고 규칙적인 리듬 행동하기	• 북을 손으로 두드리기 • 북을 채로 두드리기
만 3~4세	• 조금 긴 시간 동안의 반복적이고 규칙적인 리듬감 행동 유지	• 클라베스 치기 / 우드블록 채로 치기 • 악기 문지르기 / 샌드블록 문지르기 • 탬버린 흔들기와 치기 / 귀로 채로 긁기
만 5~6세	• 활동곡의 박자 유지하기 • 손 교체하기 • 초보적인 눈과 손의 협응하기	• 핑거심벌즈 두 손가락으로 들고 가장자리 치기 • 키즈봉고의 두 북면을 손으로 치기 • 심벌즈를 스탠드에 놓고 채로 치기 • 트라이앵글을 두 손을 이용하여 연주하기

출처: 이숙희(2010)의 『아동음악』과 강보라(2017)의 『영유아음악교육』의 내용을 참고하여 재구성함.

4) 악기 활동에서의 교사 역할

• 교사는 영유아들이 악기에 흥미와 관심을 가질 수 있도록 다양한 음색이나 모양, 재질의 악기를 준비하여야 한다.
• 교사는 영유아가 다양한 재료로 악기를 만들어 볼 수 있는 기회를 제공하여야 한다.
• 교사는 교실에 여러 가지 다양한 음으로 구성된 질 높은 악기(터치벨, 공명벨, 핸드벨 등)와 다양한 소재의 악기를 배치하여야 한다. 질 좋은 악기를 준비하여야 한다.

- 악기로 놀이하는 시간을 제공하여야 한다.
- 또래와 악기를 통해 협동심을 기를 수 있도록 합주의 기회를 제공하여야 한다.
- 신체를 이용한 타악기 연주의 기회를 제공하여 자신의 신체에 대한 소중함과 자긍심을 갖도록 이끈다.
- 교사는 영유아가 악기로 표현하는 것에 대해 열린 마음으로 수용하여 칭찬하며 창의적 표현을 유도하여야 한다.

3. 악기 활동의 실제

표 6-2 악기연주 활동 계획안

활동명	가을 들판의 허수아비와 참새	주제	가을	대상	만 3~4세
활동목표	• 친구들과 즐겁게 활동에 참여한다. • 가을에 들을 수 있는 소리에서 음악적 요소를 탐색해 본다.				
누리과정 관련 요소	• 사회관계>더불어 생활하기>친구들과 서로 도우며 사이좋게 지낸다. • 예술경험>아름다움 찾아보기>자연과 생활에서 아름다움을 느끼고 즐긴다.				
음악요소	리듬	음악활동유형	악기연주>노래 부르기		
활동자료	활동곡 〈허수아비와 참새〉 노래가사판, 피아노, 클라베스(또는 캐스터네츠), 슬라이드 휘슬(또는 리코더 윗부분만 활용), 가을 풍경, 허수아비와 참새 관련 그림자료				
활동방법	■ **도입** 1) 가을 들판에서 곡식을 지키기 위해 하루 종일 참새를 쫓아내는 허수아비와 곡식을 먹기 위해 들판으로 날아오는 참새의 이야기를 간단히 듣는다. ■ **전개** 2) 노래 가사판을 보며 노래를 듣는다. 3) 유아들이 '라' 또는 '루'로 노래 부른다. 4) 노랫말을 동작으로 표현한다. - 참새 표현 가사인 '짹짹짹짹' 가사에서 두 손을 입에 대고 표현하고, 허수아비 표현 가사인 '훠이' 두 손을 머리 위로 들고 새를 쫓아내는 동작을 하도록 한다. 5) 두 그룹으로 나누어 악기연주 한다. - 유아들을 참새 그룹과 허수아비 그룹으로 나눈다. - 허수아비 그룹은 '훠이훠이' 부분에서 슬라이드 휘슬(또는 리코더 윗부분만 활용하여 한 손으로 밑부분의 구멍을 막았다가 여는 주법)을 연주하고 참새 그룹은 '짹짹짹짹' 부분에서 클라베스 한 쌍씩 갖고 연주한다.				

활동방법

예 그룹별 리듬패턴

	참새 그룹	허수아비 그룹
악기	클라베스 한 쌍	슬라이드 휘슬
리듬패턴	 짹 짹 짹 짹	 훠 이

6) 그룹으로 나누어 극 놀이를 한다.
7) 두 그룹의 유아들이 교실의 양쪽 벽면에 상대방 그룹과 마주 보고 서서 준비한다.

예 두 그룹의 극 놀이 표현

- 허수아비 그룹의 유아들은 노래를 부르며 한 자리에 다리를 고정시킨 채 두 팔만 옆으로 펴서 위아래로 움직인다.
- 참새 그룹의 유아들은 두 손을 입에 대고 준비한 후 노래가 불려지는 동안 '짹짹' 참새 소리를 내며 허수아비 가까이에 간다.
- 참새 그룹은 짹짹 소리를 내며 노래가 끝날 때까지 자신의 자리로 돌아오도록 한다.

8) 두 그룹의 역할을 바꾸어 극 놀이를 한 번 더 진행한다.

▪ 마무리

9) 유아들과 허수아비와 참새 노래활동과 극 놀이 활동에 참여한 느낌에 대해 이야기 나누고 마무리한다.

교사를 위한 활동 TIP!

- STOP & START 즉흥 음악놀이로 흥미를 더욱 증진시킬 수 있다.
- 참새와 허수아비 움직임의 차이를 동작이나 악기로 표현하는 즉흥 음악 게임을 진행할 수 있다.
- 교사가 클라베스를 연주하며 '짹짹짹짹'을 반복하면 유아들 모두 참새가 되어 자유롭게 움직이고, 갑자기 슬라이드 휘슬을 연주하며 '훠이~'를 반복하면 유아들 모두 허수아비가 되어 두 발을 바닥에 대고 두 팔을 들어 허수아비가 되어 제자리에 멈추기로 한다.
- 점차 익숙해지면 언어적 단서를 빼고 악기연주만으로 동작 힌트를 준다.
- 바닷속 생물인 미역과 말미잘, 땅에 나비와 꽃, 파리와 굼벵이 등의 생활주제와도 연계하여 놀이할 수 있다.

활용악기 사진

[클라베스 1쌍]

[슬라이드 휘슬]

악보 6-1

▲ '허수아비와 참새'의 유튜브 화면

표 6-3 악기놀이 계획안

활동명	김치 김서방	주제	우리나라	대상	만 5세
활동목표	• 전래동요를 부르며 악기로 표현한다. • 우리나라 음식에 관한 노래를 친구들과 함께 불러본다.				
누리과정 관련 요소	• 예술경험>창의적으로 표현하기>다양한 노래를 즐겨 부른다. • 사회관계>사회에 관심 가지기>우리나라에 대해 자부심을 가진다.				
음악요소	리듬	음악활동유형	악기연주>신체표현		
활동자료	활동곡 〈김치 김서방(김미정 개사)〉, 알토 자일로폰(교사용), 소고(또는 핸드드럼) 각 1개, 리듬스틱(각 1쌍), 김치 사진, 노래 가사지				

활동방법

■ **도입**

1) 우리나라의 전래 동요에 대해 소개하고, 그 중 오늘 활동곡을 소개한다.
   - 활동곡 〈김치 김서방〉은 전래동요 '펑펑 장서방'을 개사한 곡임을 알려준다.

■ **전개**

2) 교사는 자진모리장단의 구음을 들려준다.
3) 노래가 익숙해지면 구음으로 불러본다.

Φ		ㅣ	○	ㅣ		○		ㅣ	○	ㅣ	
덩	-	덕	쿵	덕	-	쿵	-	덕	쿵	덕	

→ 〈자진모리장단〉

4) 교사가 자진모리장단에 맞춰 노래를 들려준다(12/8박 활용).
   - 우리 장단은 첫 박에 강세가 있고, 덩, 덕, 쿵 등으로 구성된다고 설명한 후 국악 장단을 연습해 보도록 한다.
5) 교사는 유아들에게 국악 장단을 연주하기 쉽도록 간단하게 만들었다고 설명하고 6/8박에 대한 신체타악기로 연주하도록 모델링한다.
6) 노래 가사에 맞춰 6/8박자로 신체타악기를 연주한다.

예 신체타악기

가사(6/8박자)		신체타악기 연주	
김치	김서방	6/8박으로 간단하게 변박	두 손 무릎치기 2회 - 두 손 손뼉치기 2회
어디에서	왔나		
저기-저기	산밑에		
배추밭에서	왔지		

7) 두 그룹으로 나누어 악기 연주한다.
   - 그룹1은 소고를 2회 연주하고 이어서 그룹2도 소고를 2회 연주하며 교대로 연주한다.

활동방법	
	예 신체타악기와 악기연주 주고받기 | | 그룹 1 연주 | 그룹 2 연주 | |---|---|---| | ① | 김치(소고 북면치기 2회) | 김서방(소고 테치기 2회) | | ② | 김치(소고 북면치기 2회) | 김서방(소고 테치기 2회) | | ③ | 어디에서(소고 북면치기 2회) | 왔는가(소고 테치기 2회) | | ④ | 배추밭에서(소고 북면치기 2회) | 왔지(소고 테치기 2회) | 8) 교사의 알토 자일로폰의 '미(E)'와 '라(A)'음 반주에 맞춰 두 그룹이 교대로 연주한다. - 두 그룹이 한마디씩 악기연주를 주고받도록 한다. **▪ 마무리** 9) 김치 노래를 부르며 신체타악기와 악기연주 중 어떤 것이 더 재미있었는지, 힘든 점이 있었는지에 대해서 이야기 나눈다.
교사를 위한 TIP!	• 원곡 '꿩꿩 장서방'은 아이들이 자주 부르던 노래로 질문을 통해 꿩의 특징을 알아가는 재미난 형식의 노래이다. 본 활동의 개사 활동을 통해 아이들과 함께 이름을 넣어서 부르거나 자기소개를 하는 활동으로 진행할 수 있다. • 국악 장단을 유아들이 정확하게 연주하는 것은 쉽지 않으므로 제시한 리듬이 익숙해지면 이후에 자진모리장단 전체를 연주하도록 한다. • 노래의 '김치' 부분을 한 명의 유아 이름을 넣어 활동한다. 교사: 우리 ○○아 우리 ○○아 어디어디 가니? (여유 있게 유아의 답을 기다려준다) 유아: ○○○에 가요. 교사: 무얼 하러 가니 / 유아: ○○○○○ 하러 가요. 교사: 그래그래 그렇구나. 정말정말 좋겠다. (후렴처럼 매 활동 마무리에 부른다)

악보 6-2

김치 김서방

전래동요 개사

| 표 6-4 | 악기 놀이 계획안

<table>
<tr><td>활동명</td><td colspan="2">수박은 통통통</td><td>주제</td><td>과일</td><td>대상</td><td>만 3~4세</td></tr>
<tr><td>활동목표</td><td colspan="6">• 노래가사를 다양한 악기로 표현할 수 있다.
• 자신의 생각을 노래로 표현한다.</td></tr>
<tr><td>교육과정 관련 요소</td><td colspan="6">• 예술경험>창의적으로 표현하기>다양한 노래를 즐겨 부른다.
• 의사소통>듣기와 말하기>자신의 경험, 느낌, 생각을 말한다.</td></tr>
<tr><td>음악요소</td><td>음색>리듬</td><td colspan="2">음악활동유형</td><td colspan="3">악기연주>노래 부르기</td></tr>
<tr><td>활동자료</td><td colspan="6">노래 〈수박파티-김영광 작사, 오상철 작곡〉의 그림악보, 핸드드럼, 롤리팝드럼, 베이스톤바 솔(G)음, 말렛, 카바사, 샌드블록, 귀로, 채, 피아노, 수박모형,</td></tr>
<tr><td>활동방법</td><td colspan="6">
■ 도입
1) 활동곡의 제목을 소개한다.
2) 노래의 그림악보를 보여주고 가사 내용을 살펴보도록 한다.

■ 전개
3) 활동곡을 들려준다.
4) 노래 가사에 맞는 동작을 창작해 보도록 한다.
예 가사와 율동
<table>
<tr><th>가사</th><th>율동</th></tr>
<tr><td>커다란 수박 하나</td><td>가슴높이에서 두 팔을 수평으로 동그란 수박 모양 만들기</td></tr>
<tr><td>잘 익었나 통통통</td><td>오른손으로 왼팔로 만든 동그라미의 윗부분을 똑똑똑 3회 두드리기</td></tr>
<tr><td>단숨에 쪼개니</td><td>오른손을 펴서 칼 모양을 만들어 수박을 자르는 표현하기</td></tr>
<tr><td>속이 보이네 통통통</td><td>두 손의 손바닥이 보이게 벌리기</td></tr>
<tr><td>몇 번 더 쪼갠 후에</td><td>수박을 자르는 동작을 반복하기</td></tr>
<tr><td>너도나도 들고서</td><td>두 손으로 수박을 잡은 표현하기</td></tr>
<tr><td>우리 모두 신나게</td><td>두 손으로 수박을 들고 먹는 표현하기</td></tr>
<tr><td>하모니카 불어요</td><td>두 손으로 하모니카 부는 흉내 내기</td></tr>
<tr><td>쭉쭉 쭉쭉쭉
쓱쓱 쓱쓱쓱
싹싹 싹싹싹
쭉쭉 쓱쓱 싹</td><td>두 손으로 수박을 들고 먹는 동작을 반복하기</td></tr>
</table>
5) 교사는 준비한 악기(여섯 가지)를 보여주며 악기이름을 소개하고 각 악기의 소리를 들려준다.
6) 노래의 의성어 부분('통통통' 부분과 '쓱쓱쓱..'을 선택한 악기로 창의적으로 표현해 보도록 한다.
예 창의적 악기표현
- '통통통': 롤리팝드럼(핸드드럼 / 탬버린)을 채로 3회 연주
- '쓱쓱쓱': 카바사를 왼손 위에 올리고 오른손으로 악기의 손잡이 부분을 잡고 손목을 좌우로 돌리며 연주
</td></tr>
</table>

<table>
<tr><td>활동방법</td><td>7) 2명(또는 4명)의 유아를 앞으로 나오게 하여 자신이 선택한 악기로 연주하도록 한다.
8) 전체 유아들을 2그룹으로 나눈 후 그룹별로 악기를 나눠준다.
- 그룹1: '통통통' 부분을 핸드드럼, 롤리팝드럼, 베이스톤바 솔(G) 연주
- 그룹2: '쓱쓱쓱..' 부분을 카바사, 샌드블록, 귀로 연주
9) 교사는 반주없이 노래 부르며 두 그룹의 유아들이 의성어 부분에서 악기를 연주하도록 한다.
- 교사는 손지시와 언어적 큐를 제공한다.
10) 교사는 피아노로 반주하며 노래의 '의성어' 부분에서 유아들이 악기를 연주하도록 한다.
예 교사의 반주
C - Dm - C - G7
C - Dm - G7 - C

11) 교사는 그룹 1과 그룹 2의 유아들이 서로 악기를 바꾸고 다시 연주하도록 한다.

■ 마무리
12) 유아들과 창의적 악기 놀이에서 느낀 점에 대해 간단히 이야기 나눈 후 마친다.</td></tr>
<tr><td>교사를 위한 TIP!</td><td>• 타악기 중 채를 사용하는 것(롤리팝드럼, 귀로, 베이스톤바)과 사용하지 않는 것(핸드드럼, 카바사, 샌드블록)을 구분하여 준비하고 나눠준다.
• 유아에게 적용할 경우, 두 종류의 악기를 담을 2개의 바구니를 교실 벽 쪽에 준비하여 활동을 마친 후 악기를 구분하여 정리할 수 있도록 한다.
• 유아들과 노랫말 부분(의성어)을 개사해 보도록 한다.
• 위의 밑줄 친 부분을 어떤 노랫말로 바꾸면 좋을지 유아들의 생각과 의견을 적어본다.</td></tr>
</table>

| 표 6-5 | 악기 연주 활동 계획안

<table>
<tr><td>활동명</td><td>함께 연주해요</td><td>주제</td><td>악기</td><td>대상</td><td>만 3~5세</td></tr>
<tr><td>활동목표</td><td colspan="5">• 친구와 함께 합주하는 과정을 즐긴다.
• 다양한 악기 소리로 리듬을 표현해 본다.</td></tr>
<tr><td>누리과정 관련 요소</td><td colspan="5">• 예술경험>창의적으로 표현하기>신체, 사물, 악기로 간단한 소리와 리듬을 만들어 본다.
• 사회관계>더불어 생활하기>약속과 규칙의 필요성을 알고 지킨다.</td></tr>
<tr><td>음악요소</td><td>음색>리듬</td><td colspan="2">음악활동유형</td><td colspan="2">악기연주>노래 부르기</td></tr>
<tr><td>활동자료</td><td colspan="5">활동곡 〈우리 함께 연주해요〉의 그림악보, 핸드드럼, 카바사, 귀로와 채, 캐스터네츠, 우드블록, 채, 셰이커, 아고고벨, 채, 비브라슬랩</td></tr>
<tr><td>활동방법</td><td colspan="5">▪ 도입
1) 활동곡의 제목을 소개한 후 노래 그림악보를 보여주며 내용을 살펴본다.

▪ 전개
2) 교사는 노래에 나오는 악기(8가지)들을 제시한 후 악기소리를 들려준다.
3) 유아 8명에게 악기이름이 적힌 쪽지 중 1개씩 뽑도록 한다.
-뽑은 쪽지에 쓰인 악기를 한 개씩 가져간다.
4) 반주 없이 노래 부르며 가사에 나오는 악기를 각 유아가 연주한다. 8개의 악기 중 자신의 악기 연주 부분에만 연주하도록 이끈다.
-교사는 각 유아에게 손지시와 언어로 연주에 대한 큐를 제공한다.
5) 교사의 피아노로 반주에 맞춰 유아들이 4)의 악기활동을 다시 한다.
6) 연주를 마친 유아들에게 언어로 연주 수행에 대한 강화를 한다.
7) 연주에 참여하지 않았던 나머지 유아들 중 8명에게 다시 악기를 한 개씩 나눠주고, 반주 없이 먼저 활동 후 다시 반주와 함께 이전 활동을 반복한다.

▪ 마무리
8) 유아들이 함께 악기연주 활동에 참여하면서 좋았던 점과 어려웠던 점에 대해 이야기 나눈 후 활동을 마무리한다.</td></tr>
<tr><td>유의점</td><td colspan="5">• 타악기 중 채를 사용하는 것과 사용하지 않는 것을 구분하여 준비하고 나눠준다.
• 유아에게 적용할 경우, 두 종류의 악기를 담을 2개의 바구니를 교실 벽 쪽에 준비하여 활동을 마친 후 악기를 정리할 수 있도록 한다.</td></tr>
</table>

악보 6-3

우리 함께 연주해요

고세크 작곡
김미정 편곡

CHAPTER 07

신체표현을 통한 영유아음악

1. 신체표현 활동 내용
2. 신체표현 활동 방법
3. 신체표현 활동의 실제

1. 신체표현 활동 내용

1) 신체표현을 통한 활동

영유아 음악교육에서의 신체표현 활동은 노래 부르기, 악기연주, 음악감상 등의 음악활동 유형 중 하나로, 음악과 신체표현의 기본요소를 탐색하면서 동시에 음악과 신체표현 교육 내용이 균형 있게 경험될 수 있도록 구성되는 활동을 의미한다.

음악은 영유아에게 기쁨과 즐거움 같은 정서를 표현하는 통로가 되며, 공유되는 정서와 감정을 전달하는 기능을 하고 아이들의 창의적이며 즉흥적인 반응을 불러일으키게 한다. 더불어 신체의 각 근육의 움직임 조절을 통해 영유아의 생각과 감정을 가장 자유롭게 잘 표현하게 하는 교육 중 하나가 신체표현이다. 따라서 음악과 신체활동은 언어적 발달이 완성되지 못한 영유아가 자신의 의사와 정서를 가장 자유로운 형태로 표현할 수 있는 의사표현의 주요 통로 수단이며, 영유아의 다양한 사고를 주변인이 파악하기 용이하게 하는 매체이다.

영유아는 움직임의 존재로서 신체를 통하여 음악을 표현할 수 있으며 음악을 신체로도 표현할 수 있다. 영유아는 몸의 움직임을 통해 자신과 주변 세계를 인식하고 발달해가는 존재이기 때문이다(김은심, 2009).

태아는 엄마의 배 속에서부터 꼬물꼬물 끊임없이 움직인다. 태동이라고 하는 태아의 동작은 자신의 존재를 알리는 역할을 하며, 가족들에게는 새로운 가족 구성원의 탄생을 알리는 신호 역할을 하기도 한다. 이처럼 아이들은 출생 이후에 움직임을 가지는 것이 아니라 이미 태아기 때부터 끊임없이 동작을 하고 있으며, 그 동작을 통해 외부에 자신의 생명력을 알리고, 성장과 발달을 진행한다. 이러한 측면에서 인간의 움직임이란 기능적인 면에서 살아 있는 존재의 증거이다. 영유아는 끊임없이 기고, 걷고, 달리고, 던지고, 매달리는 다양한 신체표현을 매개로 외부 환경에 대하여 자연스럽게 학습을 이루며 정신적·신체적으로 성숙해간다.

음악의 리듬 기능은 다양한 유형의 신체적 동작에 의해 표출될 수 있다. 1960년대부터 영유아음악 교육학자들은 동작과 음악과의 관련성에 대해 많은 관심을 가졌다. 이로써 다양한 음악 교수법이 등장하게 되었다. 그 대표적인 것이 달크로즈의 유리드믹스, 슈타이너의 오이리트미(Heileurythmie), 오르프의 슐베르크(동작과 가창의 통합: 음률), 코다이의 손기호 음악 교수법, 그리고 고든의 음악 학습이론이다.

달크로즈(Dalcroze)는 음악이 인간의 감정을 표현하는 것이며, 음악을 가르치는데 신체활동을 중요하게 생각하였다. 그 이유는 인간의 감정을 표현하고 전달하는 것처럼, 신체의 움직임은 가장 강력한 인간의 감정 표현과 전달의 수단이기 때문이라고 보았다. 음악을 몸짓으로 표현하는 것은 영유아에게 있어서 말하기와 더불어 가장 먼저 시작할 수 있는 자연스러운 음악학습이다. 또한 신체활동은 영유아의 흥미를 자극하고 즐거움을 주며 강한 동기 유발의 역할을 함으로써 자발적이고 적극적인 학습이 이루어지게 된다. 달크로즈(Dalcroze)는 음악의 가장 강력한 요소는 바로 리듬적인 움직임(rhythmic movement)이며 리듬과 움직임의 통합성을 강조하면서, 몸의 움직임을 통해 리듬을 경험하여 음악에 대한 느낌을 갖도록 해야 한다고 주장하였다. 즉, 음악의 리듬에서 느껴지는 이미지나 아이디어를 몸짓으로 표현하도록 하는 것이다

그 외에 많은 영유아음악 교육학자들은 음악교육에 있어서 신체동작 표현활동의 중요성을 강조하였다. 오르프(Orff)에 따르면 음악은 음악만으로 되어있지 않고 동작, 춤, 언어와 함께 이루어진 삼위일체로 동작과 음악은 분리할 수 없다고 주장하였다. 그는 동작이 음악 혹은 시를 읽고 느끼는 자연스러운 신체표현을 의미하며, 자신의 표현 욕구를 실현하는 매우 중요한 수단이라고 하였다. 한편 코다이(Kodály)는 최상의 음악교육은 동작과 노래 게임이라고 보았다.

2) 신체표현의 활동 내용

영유아 음악활동에서의 신체표현은 음악과 신체표현이 상호촉진의 관계를 가지기 때문에 음악적 이해를 위해서는 다양한 신체표현 활동이 필요하다. 음악과 동작은 매우 밀접하게 연결되어 있어 음악을 표현하는 최상의 방법 중 하나가 신체의 움직임을 통한 표현이고, 또 동작의 요소들을 소개하기 위해 음악의 사용은 필수적이기 때문이다.

- 영유아 일상과 관련된 놀이를 통한 접근으로 영유아가 즐겁고 자발적으로 참여하도록 이끌 수 있어야 함
- 영유아의 연령과 발달적 차이를 고려한 내용
- 영아와 유아의 보폭의 차이와 신체발달 수준에 맞는 내용
- 개인차를 고려한 활동
- 영유아의 호기심과 도전의식 및 성취감을 경험할 수 있는 것
- 신체표현을 통해 자신의 신체를 탐색하고 자긍심을 가질 수 있는 활동
- 쉬운 부분부터 따라 해 보고 난이도나 움직이는 범위를 넓혀야함
- 활동에 적합한 다양한 음악이나 비음악적 도구를 활용하여 적용
- 노랫말이나 음악의 특징에 따라 신체표현을 적용함
- 구조적 표현하기와 반구조적 표현 동작하는 내용을 포함하여야 함
- 음악의 내용과 신체표현을 놀이나 게임으로 진행할 수 있는 내용
- 정확한 신체 동작에 대한 개념에 근거하여 적용
- 영유아의 연령과 발달적 차이를 고려하여 적용
- 개인차를 고려한 활동
- 영유아의 호기심과 도전의식 및 성취감을 경험할 수 있는 것
- 신체표현을 통해 자신의 신체를 탐색하고 자긍심을 가질 수 있는 활동
- 쉬운 부분부터 따라 해 보고 범위를 점차 넓혀감
- 활동에 적합한 다양한 음악이나 비음악적 도구를 활용하여 적용
- 개인 공간과 일반 공간의 활용에 대해 인식하도록 도울 수 있어야 함
- 노랫말이나 음악의 특징에 따라 동작을 적용함

음악적 요소와 신체표현을 통합할 수 있는 내용은 동작과 음악의 연계를 이해하여 동작의 균형을 이루게 하는 것이다. 한 예로 리듬감은 시간, 속도와 관련되어 명확한 리듬을 표현할 수 있는 것으로, 공간은 음의 길이로, 셈여림은 힘으로, 무게는 강약, 음의길이, 음역, 속도변화에 따른 중량의 차이를 느끼고 흐름은 힘의 긴장과 이완에 대한 것과 관련이 있다.

다양한 음악에 들으며 이를 자연스럽게 신체표현 한다. 박자와 세기, 빠르기, 곡

의 분위기에 따라 다양한 신체표현을 이끌어낸다. 구체적인 활동은 다음과 같다.

① 리듬에 맞추어 가볍게 걸어보기
② 음악을 듣고 느낌을 신체로 표현하기
③ 박자에 맞추어 손 흔들어보기
④ 리듬에 따라 머리 끄덕여보기
⑤ 박자에 맞추어 박수치기
⑥ 세기에 맞추어 박수치기
⑦ 노래에 맞추어 율동하기
⑧ 음악에 맞추어 악기 연주하는 흉내 내보기
⑨ 타악기 등을 두들겨가며 신나게 뛰어보기

2. 신체표현 활동 방법

1) 방법

(1) 구조적 신체표현 방법

노래의 가사나 음악의 특징에 따라 계획한 순서와 방법으로 신체표현하는 방법이다. 주로 교사가 모델링하거나 지시하는 대로 정해진 신체표현을 하는 방법이다.

(2) 반구조적 신체표현 방법

노래나 음악의 특징에 따라 정해진 신체표현을 따라 하면서 부분적으로 영유아가 창의적으로 신체표현을 구성해 보거나 자유롭게 움직이는 방법이다.

(3) 창의적 신체표현 방법

노래의 가사나 음악의 특징에 따라 정해진 신체표현을 하는 것이 아니라 영유아가 자신의 신체를 사용하여 창의적으로 표현하는 방법이다.

2) 유형

음악활동으로 표현하는 신체표현은 크게 두 가지 유형으로 구분된다.

(1) 음악 개념 요소에 기초한 신체표현

노래나 음악감상을 하며 음악의 특징을 구성하는 리듬, 선율의 움직임, 셈여림의 변화, 음색 등의 음악적 요소를 신체로 표현한다. 음악 요소 중 셈여림은 신체 동작 요소의 힘과 관련이 있고, 음악 요소의 리듬, 빠르기는 신체 동작 요소의 시간과 관련이 있다.

음악개념요소의 신체표현 예

- 음악의 강약을 나타내는 신체표현
- 음악의 리듬길이를 나타내는 신체표현
- 음악의 빠르기를 나타내는 신체표현
- 다양한 소품(스카프, 공, 인형 등)을 활용하여 표현하기

예를 들어, 〈소녀의 기도(바다르체프스카)〉 또는 〈현을 위한 세레나데 중 미뉴에트 Op. 22(드보르작)〉을 들으며 음악의 선율이 상행하면 손이나 팔을 점점 높게 올리고 선율이 하행하면 손이나 팔을 낮게 내리며 신체 동작하는 것, 음악의 리듬의 특징에 맞게 걷거나 뛰는 표현, 음악의 셈여림의 크고 작아짐, 갑자기 커짐, 점점 작아짐 등에 따라 동작을 크게, 작게 또는 점점 크게, 점점 작게 표현하는 것이다.

(2) 노래의 가사나 음악의 주제에 기초한 신체표현

노래를 부르며 가사의 내용에 따라 신체로 표현하는 것으로 〈사과 같은 내 얼굴〉 노래를 부르며 눈, 코, 입 등을 터치하는 간단한 표현을 할 수 있다. 〈작은 동물원〉 가사에 따라 '삐약삐약 병아리'나 '소라' 등을 신체로 표현할 수 있다.

음악활동 유형의 신체표현 예

- 노래가사나 소리를 신체로 표현
- 노래 내용에 따른 신체표현
- 음악적 용어를 신체로 표현
- 율동: 음악의 창조
- 각 개인의 율동을 종합한 활동

(3) 통합적 신체 표현

미술 작품을 감상한 후 그 소재나 분위기, 미술요소 그리고 움직임 요소를 탐색한 후 통합하여 신체로 표현할 수 있다. 예를 들어, 김득신의 파적도, 마티스의 춤, 김홍도의 논갈이 등을 음악을 들으며 신체로 표현할 수 있다.

미술작품과 유아들의 신체표현 예

작품명	그림	유아들의 신체표현
마티스의 '춤'		
김득신의 '파적도'		
루소의 '축구선수'		

3) 신체표현 활동에서의 교사 역할

- 교사는 영유아가 음악적 표현을 모방하거나 음악적 요소에 쉽게 반응하고 표현하도록 이끌어야 한다.
- 즐거움과 성취감을 느낄 수 있고 자신의 가능성을 충분히 발휘할 수 있도록 계획한다.
- 교사는 파트너로 유아와 함께 표현하고, 창의력 있고. 상상력 있는 행동의 모델과 더욱 경험이 많은 학습자로서 모델을 제공한다.
- 무게, 시간, 흐름 등 동작의 질적인 요인들 간의 관계에서 신체가 어떻게 움직이는가를 이해하도록 지원한다.
- 관찰하고, 제시해 주고, 지적해 주고, 다양한 아이디어를 수용하고. 적절한 질문을 함으로써 유아가 분명한 목표를 향하여 나아가도록 돕는다.
- 명화를 이용한 토의 활동을 통해서 표현하고자 하는 대상에 대해 생각하고 느끼고 지각할 수 있도록 질문과 조언으로 유아들의 관심과 참여를 유도하여 동작을 좀더 창의적이고 정교하게 표현할 수 있도록 돕는다.
- 동작활동의 실행 교사가 고려해야 할 사항은 규칙 세우기, 안전거리 지키기, 교사의 신호에 따르기, 정해진 공간 내에서 움직이도록 이끈다.
- 특히 음악의 악센트, 속도, 박절, 지속기, 리듬의 유형 등의 리듬적 요소를 적절하게 선택한다.
- 교사가 어떤 순서로 이끌어 나갈 것인지에 계획을 해야 할 것이다 그러기 위해서는 여러 항목의 질문에 대해 교사가 스스로 대답하는 작업이 필수적이다.
- 교사는 영유아가 음악적 표현을 모방하거나 음악적 요소에 쉽게 반응하고 표현하도록 이끌어야 한다.
- 교사는 신체표현을 통해 활동과정을 통해 영유아가 자신의 얼굴이나 신체를 적극적으로 활용할 수 있도록 도와야 한다.
- 구조화된 신체 동작을 따라 하는 것보다 영유아의 창의적인 신체표현을 유도할 수 있는 반복적 어구의 노랫말이 있는 곡에 맞추어 표현하도록 한다.

3. 신체표현 활동의 실제

표 7-1 신체표현과 미술놀이 통합계획안

<table>
<tr><td>활동명</td><td colspan="2">움직이는 그림자 나무</td><td>주제</td><td>자연>나무</td><td>대상</td><td>만 5세</td></tr>
<tr><td>활동목표</td><td colspan="6">• 나무 움직임의 특성을 이해하고 몸으로 표현해 본다.
• 음악의 특징을 창의적으로 표현한다.</td></tr>
<tr><td>음악요소</td><td colspan="2">선율>셈여림</td><td colspan="2">음악활동유형</td><td colspan="2">신체표현>음악놀이</td></tr>
<tr><td>활동자료</td><td colspan="6">흰색 천, OHP기계, 나뭇가지 또는 나뭇잎, 나무가 움직이는 내용의 짧은 영상, 음악감상 활동곡 〈현을 위한 세레나데(Serenade for Strings' Op.22, 2 Menuetto/드보르작(A. Dvorak)〉 곡의 2분 8초 정도만 활용</td></tr>
<tr><td>활동방법</td><td colspan="6">■ 도입
1) 나무가 움직이는 내용의 짧은 영상을 함께 보며 나무의 움직임을 주의 깊게 관찰해 본다.
예 교사의 발문
나무가 움직이고 있네! 어떤 부분이 움직이는지 잘 살펴보자.
지금, 나무의 어느 부분이 움직이고 있니? 나무의 다른 부분은 어떻게 움직일까?
나무의 움직임을 말로 표현한다면 어떤 말로 표현하겠니?
나무는 어떻게 움직이는 것일까?
움직이는 나무를 보니까 느낌이 어떠니?
다른 동물이나 식물의 움직임과는 어떻게 다른 것 같니?
나무는 바람 따라 움직이면서 무슨 생각을 할까?
나무의 마음을 상상하면서 나무의 움직임을 더 주의 깊게 관찰해 보자.

2) 나무의 움직임을 표현하는 여러 방법에 대해 이야기해 본다.
예 교사의 발문
움직이는 나무를 우리가 몸으로 표현해 보려고 한단다. 어떻게 표현할 수 있을까?
내 몸의 어느 부분으로 움직이는 나무를 표현할 수 있을까?
(예: 손가락으로, 팔과 다리로, 온몸으로...)
나 혼자 나무를 표현할 수 있는 방법은? 친구와 함께 표현할 수 있는 방법은?
너희들은 얼마나 큰 나무를 표현하고 싶니?
나무의 움직임을 표현하기 위해서 무엇이 더 준비되면 좋을까?

3) 준비물을 이용하여 나무의 움직임을 몸으로 자유롭게 표현해 본다.

■ 전개
4) 음악을 감상하며 스카프로 다양하게 신체표현해 본다.
예 표현과정
- 몸으로 나무의 형태를 만들어보기
- 자유롭게 나무의 움직임 표현해 보기
- 제시되는 바람의 종류와 세기 특성에 따라 나무의 움직임 달리 표현해 보기</td></tr>
</table>

활동방법

- '나무의 춤'을 상상하면서 음악에 맞춰 나무의 움직임 표현하기
- 나무의 형태를 바꿔가면서 나무의 움직임 표현해 보기
- 계절의 특성에 따른 나무의 움직임 표현해 보기 등

※ 교사는 그림자 막을 만들어 놓은 후, 막 안에서 유아들이 여러 방식으로 '움직이는 그림자 나무'를 자유롭게 표현해 보도록 한다. 이때, 교사는 유아들이 표현한 그림자 나무를 사진 찍어 활동 회상자료로 활용하도록 한다.

5) 유아들이 나무를 신체로 표현한 활동을 감상하며 회상해 본다.

- 사진으로 촬영한 유아들의 표현활동과정을 대형모니터로 다시 살펴보면서 나무 움직임의 형태와 그 특성에 대해 이야기해 본다.

예 회상을 이끄는 교사의 발문

움직이는 그림자 나무를 표현해본 느낌이 어떠니?
너희들의 몸으로 표현한 나무 중에서 가장 멋지게 느꼈던 나무는 무엇이었니?
그림자 나무의 움직임을 표현할 때 어떤 생각을 하면서 표현했니?
나무가 너희들이 표현한 그림자 나무의 움직임을 본다면 어떤 생각을 할까?
너희들이 표현한 '움직이는 그림자 나무'를 감상해 보자.

■ **마무리**

6) 신체표현 과정을 간단히 정리해 보며 활동을 마무리한다.

활동사진

- 나무의 형태와 그 움직임을 탐색하고 친구와 함께 나무의 형태를 만들어 보는 아이들의 모습

- 그림자 막 안에서 여러 가지 재료를 이용하여 친구와 함께 다양한 나무 형태를 만들어보고, 그 움직임을 자유롭게 표현하는 아이들의 모습

유의점	유아들이 음악을 들을 때 음악요소(선율의 흐름이나 셈여림의 변화)를 변별하여 신체를 움직이는 것이 쉽지 않으므로, 교사는 음악의 선율의 오르내림과 셈여림의 크고 작음을 목소리나 모델링으로 신체표현에 대한 큐(단서)를 제공할 수 있도록 도와야 한다.

출처: 이숙희(2010). 아동음악 내용을 참고하여 재구성함.

| 표 7-2 | 신체표현과 놀이 계획안

<table>
<tr><td>활동명</td><td>뒤뚱뒤뚱 아기곰이</td><td>주제</td><td>나와 어린이집</td><td>대상</td><td>만 1~2세</td></tr>
<tr><td>활동목표</td><td colspan="5">• 노래에 맞춰 몸으로 표현한다.
• 또래와 함께 노래의 동작을 즐겁게 표현한다.</td></tr>
<tr><td>표준 보육과정 관련 요소</td><td colspan="5">• 예술경험>예술적 표현하기>움직임으로 반응하기
• 사회관계>사회적 관계>또래와 즐겁게 놀이하며 상호작용하기</td></tr>
<tr><td>음악요소</td><td colspan="2">리듬>선율</td><td colspan="2">음악활동유형</td><td>신체표현>음악놀이</td></tr>
<tr><td>활동자료</td><td colspan="5">음악적: 활동곡 〈뒤뚱뒤뚱 아기곰 친구 찾아갑니다〉, 알토 메탈로폰
비음악적: 아기곰 머리띠, 집 그림 출발점 2개(빨강과 파랑), 하트모양(중간지점 바닥표시)</td></tr>
<tr><td>사전활동</td><td colspan="5">• 오늘은 음악활동 시간이 있는 날이고, 조금 후에 음악활동을 시작할 것임을 이야기해준다.
• 전이활동이나 집단 활동 전에 '뒤뚱뒤뚱 아기곰이'라는 노래에 영유아들의 이름을 넣어 불러준다(예: 간식시간 전에 "뒤뚱뒤뚱 수아(영아 이름)곰, 손 씻고 오세요.").</td></tr>
<tr><td>활동방법</td><td colspan="5">■ 도입
1) 아기곰이 친구를 만나러 갈 때 어떻게 걸어갈까? 친구랑 만나서 어떻게 인사할까?라는 이야기로 활동에 대한 흥미를 유도한다.

■ 전개
2) '뒤뚱뒤뚱 아기곰' 노래를 부르며 박자에 맞춰 한 박에 한 번씩 손뼉을 치도록 모델링 한다.
3) 두 명의 영아가 아기곰 머리띠를 하고, 서로 반대편 바닥에 붙여놓은 출발점에서 마주 보고 서서 준비하도록 이끈다.
4) 교사의 간단한 반주(예: 알토 메탈로폰이나 실로폰으로 '도'와 '솔' 음 반복 연주)에 맞춰 영아 2명이 마주 보고 각자의 출발점에서 출발하여 중간지점(바닥에 하트)에서 멈추도록 이끈다.
5) 노래를 부르며 가사에 맞춰 놀이하도록 한다. 이때 노래 가사에 따라 '안아주고', '뽀뽀하고' 등을 친구와 동작으로 표현하도록 한다.
6) 노래가 익숙해지면 빠른 빠르기로 '수영하고(어푸어푸어푸)', '부채질하고(휘휘 휘휘 휘휘휘)' 등의 가사로 바꾸어 창의적인 신체표현을 하도록 유도한다.

■ 마무리
7) 아기곰이 되어 음악극 놀이를 하면서 제일 재미있었던 점에 대해 이야기 나누고 활동을 마친다.</td></tr>
<tr><td>교사를 위한 Tip!</td><td colspan="5">만 1세의 경우, 노래 음원을 활용하여 교사가 노래를 부르며 한 영아의 손을 잡고 걸어가도록 돕는다. 이때 한 영아는 반대편에 앉아 있도록 한다.</td></tr>
</table>

악보 7-1

뒤뚱뒤뚱 아기곰 친구 찾아갑니다

김미정 작사
김미정 작곡

▲ '뒤뚱뒤뚱 아기곰 친구 찾아갑니다'의 유튜브 화면

표 7-3 신체표현과 놀이 계획안

<table>
<tr><td>활동명</td><td colspan="2">따그닥따그닥 히잉~</td><td>주제</td><td>동물</td><td>대상</td><td>만 4~5세</td></tr>
<tr><td>활동목표</td><td colspan="6">• 동물의 움직임을 음악으로 표현해 본다.
• 친구들과 함께 즐겁게 음악놀이에 참여한다.</td></tr>
<tr><td>누리과정 관련 요소</td><td colspan="6">• 예술경험>창의적으로 예술적 표현하기>신체나 도구를 활용하여 움직임과 춤으로 자유롭게 표현한다.
• 신체운동 · 건강>신체활동 즐기기>신체움직임을 조절한다.
• 사회관계>더불어 생활하기>친구와 서로 도우며 사이좋게 지낸다.</td></tr>
<tr><td>음악요소</td><td>리듬</td><td colspan="2">음악활동유형</td><td colspan="3">신체표현>악기연주</td></tr>
<tr><td>활동자료</td><td colspan="6">활동곡 〈따그닥따그닥〉, 피아노, 노래가사판, 얼룩말 관련 사진 자료, 바닥에 붙일 큰 원끈 또는 색 테이프</td></tr>
<tr><td>활동방법</td><td colspan="6">▪ 도입
1) 동물 중 얼룩말의 생김새와 움직임, 내는 소리의 특징 등에 대해 이야기 나눈다.

▪ 전개
2) 활동곡 〈따그닥따그닥〉 노래가사를 보며 앉아서 신체로 표현한다.
3) 활동곡을 노래 들려준다.
4) 유아들이 일어서서 바닥의 큰 원 위에 선다.
5) 노래가 시작되면 유아들은 스카프를 두 손으로 잡고 말이 되어 뛸 준비를 한다.
6) 노래의 〈따그닥따그닥〉 가사 부분에서 제자리에서 두 손만 앞으로 밀었다 당기는 표현을 하고, 노래의 '히잉' 가사 부분에서 얼룩말이 제자리에 쓰러지는 동작으로 표현하도록 한다.
- '냠냠' 가사 부분에서 손으로 당근을 들고 먹는 흉내를 표현한다.
예 가사창작 놀이
예 1: 자연탐구 영역과의 통합
따그닥따그닥 ~ 얼룩말이 꼬리를 휘익~ /
깡충깡충깡총~ 토끼가 깡~ 총~
예 2: 사회관계 영역과의 통합
따그닥따그닥~ 얼룩말이 친구를 만나서 안녕~ 히잉~ /
껑충껑충~ 캥거루가 엄마 만나서 히히~

7) 교사의 피아노 반주와 노래에 맞춰 몸을 움직이며 신체표현 한다.

▪ 마무리
8) 유아들과 오늘 활동에서 제일 재미있었던 점과 어려웠던 점이 있었는지에 대해 이야기 나누며 활동을 마무리한다.</td></tr>
</table>

악보 7-2

따그닥따그닥

김미정 작사
김미정 작곡

| 표 7-4 | 신체표현과 놀이 활동 계획안

활동명	빵빵 자동차 깜빡 신호등	주제	교통기관	대상	만 5세
활동목표	• 음악의 특징을 친구와 함께 표현한다. • 친구와 함께 친구와 함께 노래를 신체로 창의적으로 표현하는 것을 즐긴다.				
누리과정 관련 요소	• 예술경험>창의적으로 표현하기>신체, 사물, 악기로 간단한 소리와 리듬을 만들어 본다. • 사회관계>더불어 생활하기>친구와 서로 도우며 사이좋게 지낸다.				
음악요소	형식	음악활동유형	노래 부르기>신체표현		
활동자료	활동곡 〈자동차와 신호등-4/4박자, 다장조(김미정 작사 / 작곡)〉, 비브라슬랩, 스탠드 심벌즈, 채, 자동차와 횡단보도, 신호등 그림자료, 미니 훌라후프(지름 30cm) 각 유아 1개, 버스정거장 깃발				

활동방법

■ 도입

1) 자동차와 신호등의 모양이나 색 등 특징에 대해 이야기 나눈다.

예 교사의 발문

자, 여기 자동차가 있어요. 우리 친구들 자동차에서 어떤 소리가 날까요?
신호등이 있어요. 신호등이 다른 색으로 바뀌는 것을 어떻게 알 수 있죠?신호등의 색이 바뀌는 것을 소리로 표현해 볼까요?

■ 전개

2) 활동곡의 제목이 〈자동차와 신호등〉이라고 소개한다.
3) 노래와 동작을 유아들이 앉아서 따라 할 수 있도록 모델링한다(신체표현 예 참고). 몇 차례 더 반복하며 유아들이 노래 와 동작, 그리고 가사를 익힐 수 있도록 한다.
4) 각 유아에게 미니 훌라후프 1개씩 나누어 준다.
5) 유아들이 일어서서 미니 훌라후프를 운전하듯이 움직이며 노래를 부르도록 한다.
 - 'A-B-A' 형식의 이해를 위해 'A' 부분과 'A' 부분에는 교실의 여러 공간으로 움직이도록 하며, 'B' 부분에는 제자리에 멈춰 서서 표현하도록 변별된 신체 동작을 제시한다.

예 노래의 신체표현

형식	말리듬 가사	동작 예
A	빵빵빵빵 자동차 부릉부릉 자동차	두 팔을 앞으로 뻗어 운전대를 잡은 모양을 표현한다. 두 팔을 좌우로 2번씩 흔든다.
	씽씽씽씽 빠르게 (반복)	이 전 동작을 보다 더 빠르게 움직인다.
B	신호등이 깜빡깜빡	두 손을 손등이 위로 하고 주먹 쥐었다가 펴기를 반복한다.
	깜빡깜빡깜빡깜빡	위의 동작을 노래의 리듬에 맞춰 빠르게 움직인다.
	어어어어 어어어어	운전대를 잡은 손 모양을 유지하며, 몸을 점점 뒤로 눕히는 동작을 한다.

활동방법

예 노래의 신체표현

<table>
<tr><th>형식</th><th>말리듬 가사</th><th>동작 예</th></tr>
<tr><td rowspan="2">A</td><td>빵빵빵빵 자동차
부릉부릉 자동차</td><td>두 팔을 앞으로 뻗어 운전대를 잡은 모양을 표현한다.
두 팔을 좌우로 2번씩 흔든다.</td></tr>
<tr><td>쌩쌩쌩쌩 빠르게
(반복)</td><td>이 전 동작을 보다 더 빠르게 움직인다.</td></tr>
<tr><td rowspan="3">B</td><td>신호등이
깜빡깜빡</td><td>두 손을 손등이 위로 하고 주먹 쥐었다가 펴기를 반복한다.</td></tr>
<tr><td>깜빡깜빡깜빡깜빡</td><td>위의 동작을 노래의 리듬에 맞춰 빠르게 움직인다.</td></tr>
<tr><td>어어어어
어어어어</td><td>운전대를 잡은 손 모양을 유지하며, 몸을 점점 뒤로 눕히는 동작을 한다.</td></tr>
<tr><td rowspan="3">A′</td><td>빨간불이 켜지면</td><td>운전하는 모습을 표현한다.</td></tr>
<tr><td>쌩쌩쌩쌩 자동차</td><td>운전하는 모습을 표현한다.</td></tr>
<tr><td>멈춰~~요!
○○ 도착!</td><td>• 두 손을 움직이다가 '요!' 가사에서 오른쪽 발로 브레이크 페달을 밟는 동작으로 멈춘다.
• 교사는 멈춘 동작을 한 유아에게 다가가 "○○이(유아이름) 자동차는 어디에 도착했나요?"
• 또는 "멋지게 멈췄네." "○○이 자동차가 재미있게 멈췄네." 등의 멈춤 동작에 대해 관심을 가지고 언급해준다.</td></tr>
</table>

6) 교사가 노래의 마지막 가사 '멈춰요!'에서 스탠드 심벌즈를 연주하고 유아들이 멈춤 동작을 하도록 한다.

7) 각 유아가 갖고 있던 미니 훌라후프를 큰 바구니에 정리하도록 이끈다.

▪ 마무리

8) 활동을 하며 가장 재미있었던 점에 대해 이야기 나눈다.

악보 7-3

자동차와 신호등

김미정 작사
김미정 작곡

| 표 7-5 | 신체표현과 놀이 계획안

<table>
<tr><th>활동명</th><td>비행기가 되어 보아요</td><th>주제</th><td>교통기관</td><th>대상</th><td>만 4세</td></tr>
<tr><th>활동목표</th><td colspan="5">• 노래를 부르며 자유로운 움직임으로 표현한다.
• 친구와 함께 즐겁게 비행기가 되어 음악놀이에 참여한다.</td></tr>
<tr><th>누리과정 관련 요소</th><td colspan="5">• 예술경험>창의적으로 표현하기>신체나 도구를 활용하여 움직임과 춤으로 자유롭게 표현한다.
• 사회관계>더불어 생활하기>친구와 서로 도우며 사이좋게 지낸다.</td></tr>
<tr><th>음악요소</th><td colspan="2">선율(음높이)>리듬</td><th>음악활동유형</th><td colspan="2">노래 부르기>신체표현</td></tr>
<tr><th>활동자료</th><td colspan="5">• 음악자료: 활동곡 〈비행기를 타고 윙윙(김미정 작사 / 작곡)〉, 〈비행기(유석중 곡)〉, 무율타악기(탬버린, 리듬스틱, 핸드드럼, 캐스터네츠)
• 비음악자료: 다양한 비행기 모형</td></tr>
<tr><th>활동방법</th><td colspan="5">

■ 도입

1) 비행기를 보거나 탔던 경험에 대해 이야기 나눈다.

예 교사의 발문

비행기를 본 적이 있니? 어떤 모양의 비행기였니?
비행기에는 어떻게 하늘을 잘 날 수 있을까?
비행기가 비행 전, 이륙, 비행, 비행 후 착륙시 변하는 모양에 대해 이야기 나눈다.

■ 전개

2) 비행기(윤석중 곡)를 부르며 〈비행기〉 가사에서 손뼉을 쳐보도록 한다.
3) 유아에게 타악기를 나눠준 후 〈비행기〉 가사에서 리듬타악기를 3회 연주해 보도록 한다.
4) 유아들이 노래 부르며 〈비행기〉 가사에서 악기연주를 하도록 이끈다.

<table>
<tr><th>노래</th><th>악기연주</th></tr>
<tr><td>떴다떴다</td><td>비행기 - 타악기 3회 연주</td></tr>
<tr><td>날아라</td><td>비행기 - 타악기 3회 연주</td></tr>
<tr><td>높이높이</td><td>비행기 - 타악기 3회 연주</td></tr>
</table>

5) 활동곡 〈비행기를 타고 윙윙〉의 그림악보를 제시하고 가사 내용을 살펴본다.
6) 유아들이 모두 일어서서 기차 대형으로 바닥에 붙여진 큰 원 모양의 선 위에 서도록 한다.
7) 노래를 부르며 유아들이 두 팔로 비행기 날개를 만들어 움직이도록 한다. 5~8마디의 '구름과 인사해요~' 가사에서 친구들과 눈 맞추며 서로 인사하도록 한다.

■ 마무리

8) 활동 중 제일 흥미로웠던 점에 대해 이야기 나누며 활동을 마무리한다.

</td></tr>
</table>

교사를 위한 TIP!	• 활동 내용 중 아이들의 흥미를 고려하여 활동 유형이나 내용을 재구조화하여 적용할 수 있다. • 노래의 2, 4, 6, 8마디 마지막 음은 늘임표를 적용하여 음악적 공간을 주어 유아들이 친구와 충분히 인사하며 교류하도록 한다. • '윙윙' 가사 다음에 메탈로폰을 채로 긁듯이 글리산도(glissando)로 표현해 보는 경험을 유아에게 제공해도 좋다.

악보 7-4

비행기를 타고 윙윙

김미정 작사
김미정 작곡

| 표 7-6 | 신체표현과 놀이 활동 계획안

<table>
<tr><td>활동명</td><td colspan="2">모두 함께 춤을 춰요</td><td>주제</td><td>세계 여러 나라>다문화</td><td>대상</td><td>만 3~4세</td></tr>
<tr><td>활동목표</td><td colspan="6">• 노래의 리듬 요소를 탐색하고 표현한다.
• 친구들과 여러 나라의 춤을 표현하며 즐긴다.</td></tr>
<tr><td>누리과정 관련 요소</td><td colspan="6">• 예술경험>창의적으로 표현하기>신체, 사물, 악기로 간단한 소리와 리듬을 만들어 본다.
• 사회관계>더불어 생활하기>친구와 서로 도우며 사이좋게 지낸다.</td></tr>
<tr><td>음악요소</td><td>선율(음높이)</td><td colspan="2">음악활동유형</td><td colspan="3">노래 부르기>신체표현</td></tr>
<tr><td>활동자료</td><td colspan="6">• 음악자료: 활동곡 〈춤을 춰요 모두 함께(김미정 작사 / 작곡)〉, 피아노
• 비음악자료: 세계 여러 나라 자료, 개사판과 개사지</td></tr>
<tr><td>활동방법</td><td colspan="6">■ 도입
1) 세계 여러 나라 자료들을 보며 각 나라의 의식주에 대해 이야기 나눈다.

■ 전개
2) 노래를 들려준 후, 유아들과 천천히 노랫말을 읽어본다.
3) 유아들은 교사의 반주에 맞춰 노래 부른다.
- 처음에는 한 음절(라, 루, 아 등)로 노래 부르고, 점차 모든 가사를 넣어 부르도록 한다.
4) 세계의 여러 나라 사람들과 노래 가사의 '춤을 춰요' 이외에 하고 싶은 행동으로 개사하여 노래 불러보도록 한다.
예 유아의 개사
요리해요 모두 함께 / 요리해요 모두 함께
스파게티 쌀국수 / 카레라이스 등
요리하며 하나되죠 / 쉐익쉐익 참 맛있네

■ 마무리
5) 노래를 부르고 개사 활동을 한 느낌에 대해 이야기 나누며 마무리한다.</td></tr>
</table>

악보 7-5

춤을 춰요 모두 함께

김미정 작사
김미정 작곡

표 7-7 신체표현과 악기 활동 계획안

<table>
<tr><td>활동명</td><td>토끼처럼 깡총 펭귄처럼 뒤뚱</td><td>주제</td><td>동물</td><td>대상</td><td>만 3~4세</td></tr>
<tr><td>활동목표</td><td colspan="5">• 리듬을 신체로 표현하기를 즐긴다.
• 토끼와 펭귄의 움직임을 창의적으로 표현한다.
• 청각과 운동능력의 협응감을 기른다.</td></tr>
<tr><td>누리과정 관련 요소</td><td colspan="5">• 예술경험>창의적으로 표현하기>신체나 도구를 활용하여 움직임과 춤으로 자유롭게 표현한다.
• 신체 운동 · 건강>신체활동 즐기기>신체움직임을 조절한다.</td></tr>
<tr><td>음악요소</td><td>리듬</td><td colspan="2">음악활동유형</td><td colspan="2">신체표현>악기연주</td></tr>
<tr><td>활동자료</td><td colspan="5">• 음악적 자료: 핸드드럼, 아고고벨(또는 틱탁블록), 핸드드럼, 우드블록, 채,
• 비음악적 자료: 동물그림자료(토끼, 펭귄), 바닥에 붙일 출발선과 도착선용 테이프(빨강과 노랑), 출발선</td></tr>
<tr><td>활동방법</td><td colspan="5">■ 도입
1) 토끼와 펭귄 그림자료를 보여주며 동물의 특징과 움직임에 대해 이야기 나눈다.

■ 전개
2) 유아들이 토끼와 펭귄의 움직이는 모습을 신체로 표현해 보도록 한다. 처음 활동시 앉아서 표현하도록 한다.
예 표현
- 토끼: 두 손 등을 머리 위에 대고 ♪ ♪ ♪ ♪ ♪ ♪ ♪ ♪ 리듬패턴에 맞춰 두 발을 모아서 앞으로 이동하며 두 발을 모아서 앞으로 이동하듯이 흉내 낸다.
- 펭귄: 두 팔을 아래로 쭉 펴서 옆구리에 붙이고 손등 부분만 손목 쪽으로 올리고 한 발씩 앞으로 가는 흉내를 내며 ♩ ♩ ♩ ♩ 리듬패턴에 맞춰 뒤뚱뒤뚱 걷는다.

3) 악기로 표현하기: 교사는 핸드드럼으로 토끼 리듬패턴(♪ ♪ ♪ ♪ ♪ ♪ ♪ ♪)과 펭귄 리듬패턴(♩ ♩ ♩ ♩)을 연주하며 유아들이 그 소리에 맞춰 움직여 보도록 한다. 한 리듬패턴(4박자)을 4회씩 반복하도록 한다.
4) 유아들을 두 줄로 출발선에 세워 신체표현 게임할 준비를 한다.
5) 유아들이 두 사람씩 도착선까지 교사의 핸드드럼 소리에 맞춰 움직이도록 한다.
6) 교사는 두 리듬패턴을 교대로 연주하며 유아들의 움직임 변화를 유도하고, 악기연주를 멈추는 부분을 중간에 추가하여 유아들이 활동에 더욱 집중할 수 있도록 한다.

■ 마무리
7) 악기연주 활동에 참여하면서 좋았던 점과 어려웠던 점에 대해 이야기 나눈 후 활동을 마무리한다.</td></tr>
</table>

CHAPTER 08

음악감상을 통한 영유아음악

1. 음악감상 활동 내용
2. 음악감상 활동 방법
3. 음악감상 활동의 실제

1. 음악감상 활동 내용

1) 음악감상을 통한 활동

음악감상이란 감각적(sensuous)인 활동이지만 동시에 느낌(feeling)의 활동이고, 감성 및 정서적(emotional) 활동이며, 지적인 활동이다. 따라서 음악감상 활동은 미적 감각과 정서교육으로서 음악을 통한 모든 인격형성의 토대를 마련하는 수단이 될 수 있다(김미정, 이숙희, 2008). 감상은 음악의 여러 가지 요소들이 한꺼번에 동시에 들리며 그것들이 순간에 지나가기 때문에 음악적 경험이 적은 영유아들은 이해가 쉽지 않다. 그럼에도 불구하고 영유아들은 음악을 들으면 곧바로 비기교적인 반응이 나타난다. 그 반응은 대체로 감각적 · 운동 신경적이며, 음악에 맞춰 즉시 몸을 움직이며 흔들거나 상상의 나래를 펴서 표현함으로써 음악의 느낌과 감상곡의 분위기에 쉽게 휩싸이게 되는 순수성을 보인다(김미정, 2003a; 김미정, 2002b).

음악감상은 영유아가 일상생활에서 자연스러운 상황에서 듣는 '간접감상'과 악기연주나 움직임과 함께 통합적 활동을 하면서 듣는 '직접감상'으로 나뉜다. 음악감상 활동은 음악적 경험에서 가장 선행되는 중요한 듣기 활동 영역으로, 노래를 부르거나 악기탐색이나 연주를 하고, 음악에 맞춰 움직이며, 창작활동을 할 때 꼭 필요한 과정이다. 영(Young, 2003)에 의하면 걸음마기 영아는 들을 기회가 주어지면 집중해서 듣는 능력을 가고 있다고 하며 또한 음악을 들을 의도를 가지고 꽤 오랜 시간 동안 주의 집중할 수 있다고 한다. 다양한 길이의 감상곡들은 다양한 악기나 오케스트라 구성의 음악을 듣고, 감상하고, 느끼고 표현할 수 있는 기회를 제공할 수 있다[1].

이렇게 감상을 통한 활동은 영유아에게 다양한 음악정서를 유발하게 하며 모든 영유아가 선천적으로 갖고 태어나는 음악적 소질이나 능력의 발현과 발달을 더욱 도울 수 있다. 그러므로 음악적 성취와 전인적 발달을 성취하기 위해 어린 시기

1) 음악감상은 소리 듣기나 노래 듣기와 같은 단순한 감상 활동도 있고, 〈생상스의 모음곡 동물의 사육제〉나 〈차이코프스키의 모음곡 호두까기인형〉 같이 하나의 제목에 짧은 소곡들을 활용한 감상 활동도 있다. 또한 베토벤의 〈제5번 '운명' 교향곡〉과 같이 한 곡이 4악장(협주곡은 3악장)으로 진행되어 한 곡 전체를 들으려면 25분~30분이 소요되는 곡도 있다.

부터 음악적 상호작용과 음악적 환경을 조성해줄 수 있는 양질의 음악감상교육이 이루어져야 한다(김명순 · 조경자, 2005; 김미정, 2007; 전인옥 · 이숙희, 2009; Andress, 1973; Goleman, 1995; Gopnik, Meltzoff, & Kuhlm 1999; Gordon, 1997; Greenspan & Benderly, 1997; Haceker, & Ziehen, 1992; Hannaford, 1995; Healey, 1990; Heath, 1993; Jesen, 1998).

2) 음악감상 활동에 따른 내용

영유아의 음악감상 교육은 듣기에 기초한 음악활동이 중심이 되어야 하며 영유아의 전인발달을 도모하고 영유아수준에서 쉽게 이해하고 다양한 방법으로 음악에 반응하도록 하는 재미있는 음악활동이 되어야 한다.

- 생활주제와 영유아의 연령, 계절을 고려하여 표제음악[2]과 순수음악[3] 중 활동 계획에 적합한 곡을 적용하여야 함
- 영유아의 생활이나 경험, 연령과 관련된 친숙한 소재 활용
- 음악적 개념 요소가 명확하며 반복적인 부분이 있는 곡
- 감상시간을 연령별로 다르게 선정. 어린 연령일수록 짧게 1분~1분 30초 정도가 적절하며 만 4~5세의 경우 점차 2~3분으로 시간을 늘려가기
- 영유아의 상상력을 자극할 수 있는 소재나 주제의 곡
- 영유아가 앉아서 조용하게 음악을 감상하는 활동과 영유아가 모두 일어서서 음악에 맞춰 신체표현 할 것인지 구체적으로 계획
- 음악감상과 악기연주를 함께하는 활동의 경우 감상곡의 음량을 조금 더 크게 제공
- 질 좋은 음악 CD 또는 음원 사이트 등을 통해 양질의 음악을 제공
- 음악을 통한 심미적 체험[4]이 이루어질 수 있는 곡을 활용한 내용

---

2) 표제음악(program music): 제목이 붙여진 음악을 지칭하는 용어로, 제목이 붙여지지 않은 순수음악과 반대되는 개념이다. 예를 들어, 표제음악으로 생상스의 모음곡 '동물의 사육제'의 '백조, 노새, 작은 피아니스트, 코끼리' 등의 제목을 가진 음악을 말한다.

3) 순수음악(absolute music): 제목이 붙은 표제음악과 반대되는 용어로, 모차르트의 '피아노 소나타 1번' 같은 곡들을 말한다.

4) 영유아가 감상곡의 음악적 요소들과 곡의 특징이나 분위기를 잘 인식하고 음악에 반응하는 과정을 통해 곡의 아름다움과 예술적 의미를 통찰하고 표현하는 능동적이고 직 · 간접적인 경험을 의미한다.

- 음악감상 활동을 통해 청감각 발달을 도울 수 있는 활동
- 다양한 시각적 매체를 활용하여 음악감상 활동을 전개
- 단순한 것부터 복잡한 것으로의 단계적 적용

  (예: 셈여림, 리듬패턴, 선율의 전개 등이 쉽고 간단하고 음악적 특징이 현저하게 드러나는 활동곡을 선택하고 점차 복잡하거나 음악적 특징이 유사한 곡은 차후에 단계적으로 적용)
- 다른 음악 활동 영역인 노래 부르기나 악기연주 그리고 신체표현과 음악 창작 등의 음악경험과도 연계될 수 있는 곡
- 영유아들이 선호하는 애니메이션에 삽입된 곡을 활용하여 영유아의 흥미를 이끌 수 있는 내용
- 영유아의 흥미와 음악활동 참여를 유도할 수 있는 음악동화를 적용

  (예: 프로코피에프의 피터와 늑대, 생상스의 동물의 사육제)
- 효과적인 음악감상을 위한 교수 매체인 감상그림악보를 활용할 수 있는 곡을 활용한 내용

2. 음악감상 활동 방법

음악감상 활동 방법은 감상곡이 표제음악인지 순수음악인지, 감상곡을 배경음악으로 들려주는 활동인지 적극적으로 계획에 적용할 것인가에 따라 활동 내용이 다르게 계획될 수 있다.

1) 음악감상을 통한 표상방법

- 음악의 느낌을 그림으로 그리기
- 음악 듣고 이야기 나누기
- 음악 듣고 극으로 표현하기
- 음악의 느낌을 동작으로 나타내기
- 음악에 맞추어 지휘하기
- 음악을 들으며 동시에 악기로 연주하기
- 주제그림악보(Thema chart)나 그림악보, 감상악보를 활용하기

2) 감상곡의 특징에 따른 방법

- 제목이 있는 표제음악
  - 영유아에게 곡의 제목(또는 소재)을 먼저 알려주는 방법과 먼저 음악을 듣고 제목을 상상해 보도록 하는 방법으로 진행할 수 있다.
  - 음악을 듣고 감상곡의 제목과 관련된 분위기나 느낌을 그림으로 그려보는 활동 할 수 있다. 이런 활동은 영유아들이 새로운 예술적 아이디어를 생각하고 상상력을 계발하는 데 도움을 준다. 종이와 크레용을 준비하여 음악을 들으면서 마음대로 그림을 그리도록 한다면, 음악에 대한 흥미를 더할 수 있다.
  - 음악을 들은 후 그린 그림을 유아가 직접 설명하는 내용으로 활동할 수 있다.
  - 도입, 전개, 마무리의 순서로 계획하고 진행한다. '도입' 부분에서는 활동곡

의 제목이나 소재와 관련된 그림이나 사진 자료, 수수께끼 풀기, 관련 동화를 짧게 활용할 수 있다. '전개' 부분에서는 본격적인 감상활동을 진행한다. 이때 유아의 경우 감상곡의 음악적 특징 요소 부분을 목소리나 신체타악기로 표현해 보거나 둘째손가락만 펴서 허공이나 종이에 음악적 특징을 상상하며 그려볼 수 있다.

- 감상곡을 다시 한번 들으며 그림으로 표현하거나 다양한 표현 매체를 통해 표현할 수 있다.
- 표제음악의 예: 〈표 8-1〉과 〈표 8-2〉를 참고
- 제목이나 소재가 명확한 곡은 영유아에게 곡에 대한 이해를 돕고 호기심을 이끌 수 있지만, 자칫 아이들의 상상력과 표현을 제한할 수도 있다. 활동 목표와 통합 내용을 고려하여 계획하도록 한다.

• 제목이 없는 표제음악
  - 유아음악감상 서적이나 동영상을 참고하여 적용할 감상곡의 음악적 특징을 이해한다.
  - 영유아에게 연주되는 악기나 음악요소(리듬, 선율, 셈여림, 음색 등)의 특징에 대한 탐색으로 도입한다.

또한 곡의 제목(또는 소재)을 먼저 알려주는 방법과 먼저 음악을 듣고 제목을 상상해 보도록 하는 방법으로 진행할 수 있다.

3) 음악 개념 요소별 감상곡

• 영유아는 음악요소의 특징이 확실히 드러나는 감상곡을 적용하는 것이 좋다. 음악 개념에 대한 이해를 향상시킬 수 있는 음악감상곡의 예를 들면 다음과 같다.

표 8-1 음악요소별 감상곡과 곡의 특징

음악요소	작곡가와 감상곡	곡의 특징
셈여림	셈여림 변화: 라데츠키 행진곡 Op.228 (요한 슈트라우스 1세)	왈츠풍의 행진곡으로 강한 셈여림과 여린 셈여림이 교대로 진행된다[5].
	셈여림 변화: 페르 귄트의 산의 마왕의 전당에서 Op.46(그리그)	행진곡풍의 나단조(b minor), 4 / 4박자, 다양한 셈여림이 곡 전체에 흐른다.
	악센트: 모음곡 〈동물의 사육제〉 중 암탉과 수탉(생상스)	스타카토와 꾸밈음, 악센트 등을 활용한 암탉과 수탉이 표현된다, 4 / 4박자
	악센트: 악흥의 순간 Op. 94-3번(슈베르트)	바단조(f minor), Allegro moderato, 2 / 4박자, 악센트가 특징적이다[6].
빠르기	빠른 템포: 강아지 왈츠 제6번 Op.64-1(쇼팽)	내림 라장조(Ab Major), molto vivace[7]
	빠르게: 발레모음곡 호두까기인형 중 '트레팍'(차이코프스키)	molto vivace, 사장조(G Major), 2 / 4박자, 활기차고 경쾌한 분위기의 매우 빠른 곡이다.
	느리게: 피아노 소나타 제14번 월광 중 1악장(느리게) Op.27-2.(베토벤)	1악장은 Adagio sostenuto, 올림다단조(c#minor), 2 / 2박자로 세도막 형식, 셋잇단음표가 계속되며 마치 잔물결이 밀리고 밀려가고 부서지는 느낌이다.
	느리게: 모음곡 〈동물의 사육제〉 중 거북(생상스)	느리게 연주되는 2대의 피아노와 현악기의 낮은음은 엉금엉금 기어가는 거북이를 연상시킨다.

5) 라데츠키 장군의 전쟁 승리를 기념하기 위해 작곡한 것으로 특유의 늠름함과 흥겨운 선율이 특징이다. A부분은 현악과 드럼이 함께 행진곡 선율을 연주하고, Trio부분은 금관이 시그널처럼 제시되며, 이어 현악 파트가 셋잇단음표의 왈츠 리듬이 나온다. B부분은 도입부 주제의 총주가 짧게 제시된 뒤 A부분에 대한 반복이 이루어진다.

6) '러시아 노래'라는 제목의 곡으로 6곡의 모음곡 중 세 번째 곡이다. 짧고 간결하며, 단조임에도 불구하고 특유의 흥겨움으로 구성됨. 왼손으로 등장하는 무곡풍의 단순한 리듬과 오른손에서 표현되는 러시아풍의 정취가 인상적이다.

7) A는 2개의 주제로 나뉘며, 앞 주제는 1옥타브 정도에서만 연주되고 뒤 주제는 2옥타브 범위에서 연주된다. B는 A부분에서 자주 나오던 8분음표 대신 2분음표와 4분음표가 사용되어 고요한 가락이 주를 이룬다.

8) 도입부부터 집시풍으로 시작되고 강렬한 리듬, 매혹적인 선율이 특징이다. 제1부는 f#단조, 중간부는 F#장조. 먼저 집시풍의 선율이 정열적으로 연주된다. 이 선율이 반복, 강조되어 제1부의 후반으로 옮겨가 속도를 늦추고 p가 되면서 갑자기 f단조의 카덴자가 나온다. 중간부는 vivace(아주 빠르게)이다. 화성적 선율이 무겁게 반복된다.

9) 하르트만이 그린 발레 〈트레비〉의 무대 장치 그림을 보고 쓴 것으로 부리로 껍질을 쪼아대는 귀여운 병아리의 움직임과 그 소리를 묘사했다.

10) 피아노의 아르페지오와 현악과 플룻이 주제를 연주한다. 하모니카 소리도 들린다. 다양한 종류의 물고기가 수족관에서 헤엄치는 것을 상상할 수 있다.

음악요소	작곡가와 감상곡	곡의 특징
빠르기	점점 빠르게: 페르 귄트 제 1모음곡 중 산속 마왕의 전당에서(그리그)	나단조(b minor, 4 / 4박자, 행진곡풍이다. 템포가 점점 빨라진다.
	빠르기의 변화: 헝가리 무곡 제5번(브람스)	Allegro 2 / 4박자, 세도막 형식, 주요 테마가 무겁게, 가볍고 빠르게 변주되며 전개되는 극적인 구성의 곡이다[8].
	빠른 템포: 모음곡 〈전람회의 그림〉 중 알을 깨고 나온 병아리의 춤(무소르그스키)	모음곡 중 제5곡, Scherzino vivo Leggiero, 2 / 4박자[9] 스타카토가 특징적이다.
	레가토: 모음곡 〈동물의 사육제〉 중 수족관	Andantini, a minor, 4 / 4박자, 금붕어가 움직이는 물소리를 묘사한다[10].
	빠른 템포: 어린이의 정경 Op.15 중 제3곡 숨바꼭질(슈만)	내림나단조(b♭minor, 2 / 4박자, 스타카토 주법으로 여기저기 숨으며 쫓고 쫓기는 어린이들의 놀이 모습이 빠른 16분음표로 묘사된다.
	2박자: 군대행진곡 Op.51 중 1번 / D.733 (슈베르트)[11]	Allegro vivace, 라장조(D amajor), 2 / 4박자, 시작 부분에 팡파르 같은 테마가 나오며 군대행진곡을 알린다.
	2박자: 발레 모음곡 '호두까기 인형' Op.71 중 행진곡(차이코프스키)	사장조(G Major, 4 / 4박자, 웅장하고 발랄하다[12].
	3박자: 사랑의 기쁨(크라이슬러)	빈 지방의 옛 민요를 제재로 한 왈츠곡인데, 세도막 형식에 의해 화려하게 묘사된다[13].
	3박자: 오페라 호프만 이야기 중 뱃노래(오펜바흐)	3 / 4박자, 라장조(D Major), 선율의 리듬이 뱃놀이를 연상시킨다.
선율	선율의 도약: 가보트(고세크)	라장조(D Major, 4 / 4박자, 스타카토의 도약하는 선율이 경쾌한 분위기를 묘사한다[14].
	선율의 상하행: 바다르체프스카의 소녀의 기도	내림 마장조(E♭Major), 4 / 4박자, 상하행 꾸밈음과 아르페지오가 반복적으로 진행된다.
	선율의 도약: 트리치 트라치 폴카 Op.214. (요한 슈트라우스 2세)	폴카는 1830년경 보헤미아에서 발생한 2박자 계통의 빠른 무곡이다. 옥타브 상행 도약 선율이 빠른 템포로 진행되어 여인들의 떠들썩하고 수다스러움을 나타낸다.

11) 슈베르트의 작품번호는 'Op.'로 분류되기도 하고, 'D'로 분류되기도 한다. 오토 에리히 도이치(de)가 슈베르트의 작품을 정리한 목록을 말하는 것으로 Deutsch-Verzeichnis의 약칭이다.
12) 아이들이 크리스마스트리를 둘러싸고 행진하는 모습을 표현한다.
13) 제1부는 쾌활하고 맑고 밝고 중간부의 선율은 너무 아름답다.

음악요소	작곡가와 감상곡	곡의 특징
음색	다양한 악기 음색: 발레모음곡 〈호두까기 인형〉(차이코프스키)	별사탕 요정의 춤-첼레스타, 중국의 춤-플룻, 꽃의 왈츠-하프, 러시아의 춤-바이올린
	다양한 악기 음색: 모음곡 〈동물의 사육제〉(생상스)	캥거루-피아노, 백조-첼로, 뻐꾸기-피아노와 클라리넷, 오리-오보에, 피터-현악4중주, 늑대-호른, 사냥꾼-팀파니
	플루트; 피터와 늑대(프로코피예프) Op.67 중 작은 새의 주제 부분	동화 내용의 동물들이 각 악기마다 다르게 제시된다.
형식	엘리제를 위하여, WoO59(베토벤)	가단조(a minor), pocp molto, 3 / 8박자, a-b-a-c-a 진행의 작은 론도 형식이다.
	유모레스크(드보르작)	A-B-A 형식. A부분은 도약이 심한 선율이 경쾌하게 나오며, B부분은 대조적으로 느리고 조영하며 선율의 흐름이 완만하다.
	강아지 왈츠 제6번 Op.64-1(쇼팽)	A-B-A 형식
	미뉴에트 BWV Anh 116(J.S. 바흐)	A-A-B-A 형식의 3박자 곡
	선율의 도약; 가보트(고세크)	세 도막 형식
	세레나데 '작은 소야곡(Eine Kleine Nachtmusik)' 중 2악장(모차르트)	론도형식(A-B-A-C-A)
	피아노 5중주 '송어' Op.114 중 제4악장(슈베르트)	변주곡 형식으로 라단조(D minor), 2 / 4박자, 조금 느리게(Andantino), 가곡 '송어'의 선율을 주제로 한 6개의 변주곡으로 구성되어 있다[15].

• 감상곡을 곡의 제목과 소재, 주제, 음악적 특징을 중심으로 분류하면 다음과 같다. 소재가 봄과 관련된 것과 음악의 요소나 특징이 봄의 느낌을 연상할 수 있는 곡으로 구분하였다.

14) 경쾌한 선율로 시작되고 중간에는 새로운 선율이 나왔다가 다시 처음의 형식이 나타나는 세도막 형식으로 구성되었다.

15) 주제-제1변주(피아노의 활기찬 변주)-제2변주(비올라가 주제 연주 후 피아노와 대화하는 형태로 시작)-제3변주(저음악기 첼로로 연주된 후 피아노가 장식)-제4변주(단조로 전조 됨, 첼로)-제5변주(첼로의 주제 연주 후 바이올린이 주제를 연주한다.)

| 표 8-2 | 주제별 감상곡

주제	작곡가와 감상곡
봄	• 무언가 중 봄노래 Op.62-6(멘델스존) • 4계 '봄' 중 1악장 Op.8 중 1(비발디) • 봄의 속삭임 Op.3-3(신딩) • 악흥의 순간 Op.94-3(슈베르트) • 바이올린 소나타 5번 봄 Op. 24(베토벤) • '봄의 소리 왈츠' Op. 410(요한 슈트라우스 2세)
나와 가족	• 결혼행진곡(멘델스존) • 결혼행진곡; 오페라 로엔그린 중 혼례의 합창(바그너) • 자장가 Op.49-4(브람스) • 자장가 K.350(모차르트) • 자장가 Op.98-2(슈베르트) • 어머니가 가르쳐 준 노래(드보르작) • 모음곡 어린이 정경 중 7곡 꿈 Op.15-7(슈만)
동물과 곤충	• 나비: 나비의 춤(퍼셀)/ 피아노곡 나비(Papillons) Op. 2(슈만) • 벌: 왕벌의 비행(림스키코르사코프) • 잠자리: 잠자리 폴카(요한 슈트라우스 2세) • 사자, 캥거루, 백조, 새, 거북, 노새: 동물의 사육제(생상스) • 고양이, 새, 오리, 늑대: 피터와 늑대 Op.67(프로코피예프) • 강아지: 강아지 왈츠 Op.64/1(쇼팽) • 코끼리: 어린이의 차지 중 2곡 '코끼리의 자장가'(드뷔시) • 전래동요 두껍아 두껍아
꽃 / 숲	• 꽃: 모음곡 호두까기인형 중 '꽃의 왈츠'(차이코프스키), 꽃노래(랑게) • 꽃의 곡(Blumenstuck) Op. 19(슈만) • 숲의 정경(Waldscenen) Op. 82(슈만) • 아라베스크 1번; 꽃이 피는 모습 연상(드뷔시)
물고기	• 피아노 5중주 송어 Op. 114 중 4악장(슈베르트) • 동물의 사육제 중 수족관(생상스)
여름	• 천둥과 번개 폴카; 천둥과 번개 소리(요한 슈트라우스 2세) • 은파(와이먼) • 사계 '여름' 중 1악장: 더워서 지친 느낌(비발디) • 로마의 분수(레스피기) • 피치카토 폴카(빗방울 느낌) Op. 447(요한 슈트라우스 2세) • 빗방울 전주곡(raindrop) 15번 / 내림나장조 Op. 28(쇼팽)[16] • 바다(드뷔시) • 금빛 물고기(드뷔시) / 영상 2집 중

16) 피아노가 당당한 행진곡 리듬을 연주하고 6마디부터 나오는 묵직한 느낌의 현악합주가 사자의 출현을 표현한다. 맨 마지막에 피아노의 셋잇단음표 상행 선율과 현악악기의 화음 합주가 마치

주제	작곡가와 감상곡
가을	• 사계 '가을' 중 1악장(비발디) • 가보트(고세크) • 피터와 늑대 중 작은 새의 주제 부분(높은 음역)(프로코프예프)
겨울	• 썰매 타기(앤더슨) • 어린이 차지 중 춤추는 눈송이(드뷔시) • 스케이트를 타는 사람들(스케이터즈 왈츠) Op. 183(발트토이펠)
놀이	• 팽이: 모음곡 어린이의 놀이(비제) • 숨바꼭질: 어린이 정경(슈만) • 여유: 전래동요 여우야 여우야 • 미끄럼틀 타기: 피아노 소나타 중 터키행진곡(모차르트)
장난감	• 장난감 병정들의 춤(차이코프스키) • 장난감(레오폴드 모차르트)
우리 동네 / 환경	• 산책: 휘파람 부는 사람과 개(프라이어) • 시장: 페르시아의 시장(케텔비) • 강: 아름답고 푸른 도나우강 Op.314(요한 슈트라우스 2세) 교향시 나의 조국 중 몰다우(스메타나) • 천둥과 번개: 천둥과 번개(요한슈트라우스) • 뱃놀이: 뱃노래(쇼팽) • 빗방울: 피치카토 왈츠(들리브) • 장난감 가게: 캉캉(레스피기) • 소나무: 로마의 소나무(레스피기) • 별: 작은별 변주곡(모차르트) • 달: 월광 소나타 Op.27-2 중 1악장(베토벤) 달빛(드뷔시) 뱃노래(차이코프스키) • 바다: 교향시 바다(드뷔시)
기계와 도구	• 시계: 싱코페이티드 클락(고장난 시계)[17](앤더슨) • 대장간: 흥겨운 대장간(헨델) • 망치 소리: 악흥의 순간(슈베르트)
교통기관	• 마차: 크시코스의 우편 마차(네케) • 가차: 후니쿨리, 후니쿨라(이탈리아 나폴리 민요) • 말: 헝가리 무곡 5번(말 타고 달리는 느낌)(브람스) • 배: 호프만의 뱃노래(오펜바흐)
우리나라	• 민요 강강수월래 / 옹헤야(경상도 민요) • 전래동요 두껍아 두껍아 / 꼬마야 꼬마야 / 우리 집에 왜 왔니
세계 여러 나라	• 교향곡 4번 이탈리아 중 4악장(멘델스존) • 빈 사육제의 어릿광대(Faschingsschwank aus Wien) Op. 26(슈만)

사자가 으르렁거리는 모습을 연상시킨다. 이 으르렁 소리는 반음계의 움직임으로 변하여 위압감을

주제	작곡가와 감상곡
춤	• 루이자의 폴카: 2박(스메타나) • 하바네라/카르멘(비제) • 웨스트사이드 스토리 중 맘보(번스타인) • 6개의 루마니아 포크 댄스(바르토크)
동화	• 호두까기 인형(차이코프스키) • 숲속의 대장간(미하엘리스) • 오페라 일트로바트레 중 대장간의 합창(베르디) • 워털루 전쟁(G. 앤더슨) • 서곡 윌리엄 텔(로시니)
기쁨 / 즐거움	• 아름다운 로즈마린(크라이슬러) • 씽씽씽(Sing Sing Sing)(루이 프리마) • 트레팍(차이코프스키) • 어린이 차지 중 골리웍의 케이크웍(드뷔시) • 유모레스크(드뷔시) • 축배의 노래: 오페라 중 라트라비아타 중(베르디)
슬픔	• 이별의 왈츠(쇼팽) • 마지막 봄(그리그) • 슬픈 왈츠(시벨리우스) • 피아노 협주곡 21번 중 2악장(모차르트)
화남	• 레퀴엠 중 분노의 날(포레)
당당함 / 자신감	• 위풍당당 행진곡(엘가) • 라데츠키 행진곡(슈베르트) • 할렐루야: 오라토리오 메시아 중(헨델)
평화로움	• 현을 위한 세레나데(드보르작) • 왈츠(베를리오즈)
변화 (변주곡)	• 카논(파헬벨) • 피아노 5중주 송어 중 4악장(슈베르트) • 작은별 12변주곡(모차르트)

더해 간다. 그러나 전반적으로 위엄을 띠면서도 어딘지 모르게 우스꽝스러운 분위기를 나타낸다.

17) 모데라토 풍으로 싱코페이션(당김음)을 반복하는 시계의 소리를 모방한 곡이다. 원래 정확해야 하는 시계의 리듬이 가끔 느려지며, 갑자기 요란한 시계의 괘종소리가 나오는 등 감상자를 깜짝 놀라게 하는 등 마치 '고장난 시계'처럼 제멋대로인 리듬을 효과적으로 사용한 곡이다. 작곡가 앤더슨의 장난기와 유머가 넘치는 곡이다.

4) 음악감상 표현 매체

음악감상은 유아에게 청각적으로 제시되므로 효과적인 음악감상 교육이나 활동을 적용하기 위해서는 다양한 교수매체를 활용하는 것이 좋다. 시청각 매체들은 영유아가 곡의 청각적 단서를 시각화할 수 있도록 돕고, 음악감상 수업에 대한 흥미와 참여를 이끌 수 있다.

- 연령 또는 활동계획의 목표에 따라 곡의 감상 시간을 달리한다. 만 3세 이전은 1분~1분 30초, 만 3세 이후는 3분 정도가 적절하다.
- 곡의 주제 부분을 시각적인 그림악보나 감상악보를 활용한다. 음악을 들으며 주제선율 그림악보(곡의 음악적 특징을 간단한 점과 선, 면 등으로 표현한 그림악보)에 색연필로 따라 그려보도록 한다.
- 감상곡을 다시 듣게 하기 위해 그림악보를 그렸던 색연필 옆 친구와 색깔 바꾸기 등 다양한 방법을 적용할 수 있다.

표 8-3 감상곡의 표현 매체와 활동방법

표현매체	활용방법
공	• 크기(대, 중, 소)와 재질(스펀지 공, 탱탱 볼, 탁구공, 테니스공, 천으로 만든 공 등)이 다른 공 적용 • 공 굴리기, 공 전달하기, 공 튀기기, 공 던지기 등
스카프	• 크기(대, 중, 소), 재질(투명하고 다양한 색, 반투명하고 다양한 색), 모양(정사각형: 30cm×30cm, 직사각형: 25cm×60cm), 집단 활동시 사용할 큰 스카프(1m×1m) • 모양(정사각형; 30cm×30cm, 직사각형; 25cm×60cm), 집단활동시 사용할 큰 스카프(1m×1m) • 흔들기, 던지기, 숨기기, 연결하기 등의 동작을 자연스럽게 이끌며 음악의 연속적인 흐름을 쉽게 표현할 수 있음 • 스카프로 악절 단위로 동작방향을 바꾸며 표현하면서 간단하고 다양한 방향의 움직임으로 방향감각을 익힐 수 있음 • 감상곡의 음악적 특성에 따라 부드럽고 유연하게 움직이는 천을 선택하고, 스카프의 길이(장, 중간, 단)와 소재, 스카프의 투명 정도를 선택

표현매체	활용방법
리본테이프 또는 다양한 소재의 끈	• 리본테이프를 나무젓가락이나 빨래 끝에 붙인 것, 또는 다양한 털실, 털실 밴드, 색깔이 예쁘고 긴 끈의 움직임을 통해 아이들은 즐거운 감상활동을 할 수 있다. 가락의 흐름, 높낮이 프레이즈의 표현에 효과적이다. 줄에 구슬이나 단추를 달아 음악에 맞춰 돌리거나 흔들기 • 너무 가늘거나 길면 활동시 위험할 수 있으므로, 아이의 키에 비해 너무 긴 길이는 적절하지 않음 • 다양한 밴드, 고무줄, 스타킹 등(긴 것 짧은 것, 굵은 것, 가는 것) • 음악의 흐름 및 긴장과 이완 등을 느끼고 표현하도록 도우며 음악활동 시 개인의 음악표현 및 그룹 활동에 효과적으로 사용됨
패러슈트	• 낙하산이라도 불리며 영유아가 매우 흥미로워하는 매체이다. 전체적으로 동그란 모양이며 여러 가지 색의 천이 원의 중심을 기준으로 연결되어 있음 • 영유아의 연령과 집단 크기, 활동 내용에 따라 대, 중, 소 사이즈를 구분하여 적용
패러슈트	• 아이들이 앉은 곳과 다른 쪽에 미리 패러슈트를 펴놓고 한 명씩 이름을 불러서 패러슈트 쪽으로 이동시키면 혼잡을 막을 수 있음. 이후 활동을 위해 패러슈트를 잡을 때 바닥에 놓은 채 잡는 방법으로 진행 • 패러슈트의 위에 올라가거나 가장자리 부분을 잡고 활동하거나, 교사나 유아들이 서서 패러슈트를 잡고 영유아들이 패러슈트 밑으로 들어가는 활동으로 적용
풍선	• 왈츠풍이나 너무 빠르지 않은 곡에 사용 • 너무 무거운 느낌의 곡이나, 다이내믹이 너무 강한 곡에는 적합하지 않음. 풍선의 다양한 모양과 색, 그리고 크기를 고려하여 적용 • 풍선을 공중으로 띄우는 활동은 풍선을 크게 불어서 사용해야 하며, 풍선으로 신체 터치를 할 경우 지름이 15cm 정도 되도록 작게 불어서 영유아가 한 손으로 풍선을 잡고 활동할 수 있음 • 풍선 안에 물이나 쌀 등을 넣어 흔들어서 활용하는 방법은 영유아의 흥미와 관심을 더 끌 수 있음 • 감상에 앞서 먼저 리듬만 이용하여 영유아와 교사가 던지는 활동을 하며, 익숙해지면 감상곡의 프레이즈에 맞춰 던지기를 한다. 팔목에 1m 정도의 끈을 묶어 달고 하면 활동 중 놓친 풍선을 잡는 혼잡을 막을 수 있음
여러 가지 모양의 종이	• 음악의 특징과 형식 및 프레이즈를 표현 • 종이의 재질 모양 색깔이 다른 종이를 활용할 수 있음 • 색종이, 한지, 골판지, 색지, 잡지, 반짝이 종이 등 • 음악의 분위기 및 강약의 표현에 효과적으로 사용
음악 게임 활동을 위한 다양한 교구	• 주사위, 리듬 코팅판, 색깔 발판, 악기 모형 등 • 튜브, 종이 상자 등 • 줄넘기, 훌라후프

표현매체	활용방법
그림악보와 여러 가지 워크시트	• 음악의 특징적 요소를 상징화하고 그림이나 조형활동으로 확장할 때 사용
조형 활동을 위한 재료	• 스팽글, 과자, 수수깡, 솜방망이, 스펀지, 물감, 스티커, 털실, 모루, 색종이 등이 사용
극 놀이에 필요한 여러 소품	• 등장인물, 머리띠, 목걸이 • 의자, 부채, 우산 등 주변에서 쉽고, 흔하게 접할 수 있는 놀이 도구들을 감상 소품으로 사용
악기	• 피아노, 타악기, 선율악기 등

5) 효과적인 음악감상과 표상활동을 위한 교수 매체

- 감상지도 / 음악지도(listening map): 음악을 한 장의 그림으로 나타낸 것으로 곡의 분위기를 나타내는 그림이나 악기, 간단한 음악의 주제를 간단한 그림이나 악보로 적은 것이다. 영유아가 음악적 특징을 시각적 단서를 통해 이해하며 감상활동 할 수 있다.
- 주제도표(theme chart): 감상곡의 음악적 특징 요소를 영유아의 수준에 맞게 분석하여 내용을 간단한 점, 선, 면 등으로 간결하게 시각화하여 제시하는 주제 그림악보의 한 형태이다.
- 감상평가지(test chart): 이는 평가를 위한 것이 아니며 음악을 듣고 즉각적으로 식별할 수 있는 능력을 키워서 능동적 감상에 도움을 주는 것을 목적으로 한다. 이때 음악의 한 가지 요소만을 질문 할 수도 있고 여러 가지를 복합적으로 질문 할 수도 있다. 영유아의 연령과 발달을 고려하여 그림으로 평가지를 이용하기도 한다.

6) 음악감상 활동에서의 교사 역할

청각적 · 시간적 예술인 음악은 곡의 여러 가지 요소(예: 리듬, 선율, 화성, 셈여림 등)들이 동시에 들리며 빠르게 진행되므로 영유아가 음악을 이해하기가 쉽지 않다.

과거의 우리나라 음악교육은 영유아의 정서 함양이나 창조적 표현력 향상보다 기술습득을 통한 기능 중심의 음악교육이 이루어졌다. 이러한 악기 배우기(피아노, 바이올린 등) 기능위주의 교육에서 탈피하고 영유아로 하여금 음악표현의 기쁨도 맛볼 기회를 제공하기 위해서는 통합적인 음악감상 수업, 즉 타 영역과 연계된 영유아중심의 음악감상 수업이 이루어져야 한다.

- 교사는 수업계획 시 활용곡에 대해 정확히 이해하고 곡을 반복하여 들어야 한다. 이는 영유아의 동기유발 방식과 성공적인 수업내용을 작성하기 위해 꼭 필요한 과정이다.
- 시작 단계에서는 특정 곡에서 가장 뚜렷한 요소(예를 들면 셈여림, 빠르기 등) 1~2개의 개념을 주개념으로 하여 활동을 계획한다. 음악을 듣는 동안 유아가 그 1~2개 요소에만 주의를 집중하도록 유도한다. 감상을 반복하는 동안 주요 음악적 개념을 정확하게 이해할 수 있도록 하며, 점차 다른 요소들도 경험하면서 음악 전반에 대한 지각력이 길러지게 이끌어야 한다.
- 음악은 한번 들어서는 기억하기도 이해하기도 어렵고, 유아의 경우 주의집중 시간이 길지 않으므로 곡의 주제 부분만 들려준다. 연령별로 곡의 감상 시간을 달리한다. 만 3세 이전은 1분 이내, 만 3세 이후는 3분을 넘지 않도록 한다. 주제선율 그림악보 같은 시각적 단서를 제공할 수 있는 교수매체를 활용하여 드로잉 재료로 따라 그리면서 활동하면 유아의 집중을 유도할 수 있으며, 드로잉 재료를 친구들과 바꾼 후 다시 반복해서 활동할 수 있다.
- 음악을 통하여 심미적 경험을 갖고자 한다면 감상하려는 곡에 주의 집중하는 것은 필수적이다. 주의집중을 하지 않는다면 진정으로 음악감상을 한다고 말할 수 없다. 교사는 그 점을 고려하여 아동의 연령과 주의 집중시간, 음악적 배경 등에 맞춰 음악을 들려주어야 한다.
- 교사가 곡의 선율을 그림악보나 곡에 나오는 악기순서를 번호 ①~⑤ 내외로 준비하고 음악이 흐르는 동안 번호를 불러주면 그 음악에 관한 정보를 한눈에 볼 수 있게 된다. 또한 음악에 대한 반응(자신의 느낌)을 그림으로 그리거나 연필(색연필)로 적도록 해서 주의를 집중하면서 음악을 감상하도록 만들 수 있다.
- 수업목표와 평가를 계획하여야 한다. 감상에 관한 활동목표와 평가는 측정될 수 있는 체크리스트를 활용할 수 있으며, 음악 요소와 음악 행동들을 잘 관찰

하고 관련표상 결과물들을 양적, 질적으로 분석하여 각 유아의 수준과 변화를 평가하여야 한다.

- 교사는 영유아의 음악감상 활동시 교구와 소품을 잘 계획하고 음악적 자료와 비음악적 자료로 나누어 준비하여야 한다. 이러한 준비는 영유아들이 음악에 관심을 가지며 활동을 지속시키는 데 도움이 된다.
- 교사는 각 곡의 특징에 따라 교구나 소품 선택을 잘 해야 하며, 어떻게 사용할 것인지(소품을 이용(굴리기, 튀기기, 전달하기)), 활동방향(시계방향으로 할 것인지, 좌우), 유아의 자세(서서 하기, 앉아서 하기), 활동대형은 원모양, 평행모양, 몇 줄로 할 것인지 등을 미리 구상해야 한다.
- 교사는 음악감상 활동을 계획하면서 영유아의 안전을 최우선으로 고려하여야 한다.
- 교사는 음악적, 비음악적 준비물의 특성을 정확히 이해하여야 한다.
- 교사는 언어적 단서나 목소리 톤 등을 적합하게 사용하여야 한다. 유아가 공을 굴리는 동안 '또르르르...', '굴리고 잡고...', '출발', '시작', 그리고 '이제 그만~' 등의 언어적 표현을 사용하여 공 굴림의 모양을 표현해주는데 이것은 곡에 대한 이해를 더욱 높일 수 있고 유아의 표현을 도울 수 있다.
- 교사는 음악감상과 함께 공을 활용하고자 할 때, 공을 굴리는 것은 시간, 힘과 공간의 개념을 익히기에 좋은 방법이므로 감상곡에 맞춰서 같은 거리에서 공을 빠르게, 또는 느리게 굴려봄으로써 빠르기와 힘의 관계를 경험하고 같은 박자에서 다른 힘의 움직임을 느껴보는 기초단계이기도 하다.
- 수업 후에는 유아들의 반응 및 유의점 등을 기록하여 다음 수업 반영한다.
- 교사는 음악에 대한 관심과 활동계획에 대한 열정이 있어야 한다.

그 외에, 즉흥적으로 음악을 만들고 소리를 탐색해 보는 즉흥연주를 통한 반응 및 표현을 들 수 있으며, 또한 영유아가 교사 또는 또래들과 음악을 들으면서 간단히 할 수 있는 음악게임이나 놀이를 통한 반응 및 표현, 그리고 오스티나토(ostinato)를 통한 활동과[18] 유아교육기관에서 지내는 하루일과 동안 자연스럽게 앞

18) 어떤 일정한 음형을 악곡 전체를 통하여 혹은 종합된 악절 전체를 통하여 동일 성부나 동일 음높

에서 제시한 주요활동들을 경험하는 일상음악 등의 다양한 활동형태를 통한 반응 및 표현 경험을 가져야 한다.

3. 음악감상 활동의 실제

| 표 8-4 | 음악감상 놀이 계획안

<table>
<tr><td>활동명</td><td colspan="2">톡톡톡톡 빗방울이 춤춰요</td><td>주제</td><td>여름>비</td><td>대상</td><td>만 4~5세</td></tr>
<tr><td>활동목표</td><td colspan="6">• 피치카토 주법으로 연주되는 음악의 특징을 다양한 소리로 표현한다.
• 음악의 느낌을 움직임으로 표현하는 것을 즐긴다.</td></tr>
<tr><td>누리과정 관련 요소</td><td colspan="6">• 예술경험>창의적으로 표현하기>신체, 사물, 악기로 간간한 소리와 리듬을 만들어 본다.
• 예술경험>예술감상하기>다양한 예술을 감상하며 상상하기를 즐긴다.</td></tr>
<tr><td>음악요소</td><td>음색</td><td colspan="2">음악활동유형</td><td colspan="3">음악감상>동작</td></tr>
<tr><td>활동자료</td><td colspan="6">활동곡 〈빗방울이 춤을 춰요(김미정 가사) / 원곡: 피치카토 폴카(Pizzicato polka. Op.447 -요한 슈트라우스 2세(J. Strauss Ⅱ)〉, 바이올린(또는 바이올린 모형)</td></tr>
<tr><td>활동방법</td><td colspan="6">■ 도입
1) 활동곡에 관련된 악기인 바이올린을 소개한다.
2) 악기의 이름, 연주법, 악기의 소리 등을 탐색하도록 한다.
예 교사의 발문
(바이올린을 꺼내어 보여주며) 우리 친구들, 오늘은 선생님이 악기 친구를 소개하려고 해요.
이 악기를 본 적 있나요?
이 악기의 이름은 뭘까요?
이 악기는 피아노나 탬버린과 다르게 줄이 있어요.
바이올린의 줄을 소리 내는 것은 '활'이라고 해요. 활을 줄에 비비면 소리가 나요.
바이올린을 활을 이용하지 않고 손가락으로 튕겨서 소리 낼 수도 있답니다. 이렇게 연주하는 것을 '피치카토'라고 해요.
바이올린을 활로 연주하는 소리와 손가락으로 튕겨서 연주하는 소리는 어떻게 다를까?
바이올린 곡 중 현(줄)을 사용한 주법과 피치카토 주법을 이용한 부분을 조금 들어볼까요?
소리가 어떻게 다른지 목소리로 표현해 볼까요?</td></tr>
</table>

이로 계속적으로 반복되는 명백한 멜로디나 리듬 패턴으로, 보통 2마디에서 4마디 정도의 오스티나토(ostinato)를 이용하여 노래오스티나토, 동작오스티나토 등으로 표현하는 오스티나토 활동을 말한다.

활동방법

■ **전개**

3) 활동곡 주제 부분만 감상하며 곡의 특징을 탐색하도록 한다.
   - '피치카토 왈츠'의 앞부분을 짧게(약 30초 정도) 들려준다.
   - 교사: 음악을 들어보니 어떤 느낌이 들어요?
4) 감상곡을 다양한 방법으로 감상하도록 한다.
   - 감상곡의 주요 소리를 탐색하고 흉내 내보도록 한다.
   - 교사는 모형 바이올린이나 줄 악기들 들고 활로 줄을 위아래로 움직이며 내는 소리와 활 없이 줄을 손가락으로 튕겨서 나는 소리를 들려준다.
   - 두 방법 중 연주하는 손가락으로 연주하는 것을 '피치카토 주법'이라고 한다고 알려준다.
   - 바이올린이나 줄 악기를 아이들에게 제시하고 손가락으로 줄을 튕겨보는 기회를 제공한다.

   예 교사의 발문

   손가락과 목소리로 음악을 표현해 볼까요?
   다섯 손가락 중 한 손가락만 펴 볼까요?
   이 손가락을 왼손 위에 올려놓고 준비해 보세요.
   음악이 시작되면 선생님을 따라서 손가락으로 다른 손의 손바닥을 음악에 맞춰 톡톡 가볍게 쳐 주세요.
   점점 신이 나면 반복하며 '톡톡 톡톡'이라는 가사로 노래해주세요.

5) 감상곡에 가사를 붙여 노래 불러보도록 한다.

<빗방울이 춤을 춰요>

김미정 작사

톡 톡톡 톡톡톡 톡톡 톡톡톡
톡톡 톡톡톡 신나게
톡톡 톡톡톡 톡톡 톡톡톡
톡톡 톡톡 신나게
우산에도 톡톡톡 비옷에도 톡톡톡
장화에도 톡톡톡 내 콧등에 톡톡톡
톡톡 톡톡 톡톡톡

톡 톡톡 톡톡톡 톡톡 톡톡톡
톡톡 톡톡톡 아이 차거
톡톡 톡톡톡 톡톡 톡톡톡
톡톡 톡톡 아이 차거
빗방울이 톡톡 빗방울이 톡톡

미끄럼 타고 톡톡톡톡 톡
시소 타고 톡톡톡톡 톡
점점 빨리 톡톡톡톡
빗방울이 춤을 춰요

빗방울이 춤을 춰요 톡톡톡톡 톡톡톡톡 톡톡 톡톡톡
친구하고 춤을 춰요 톡톡톡톡 톡톡톡톡 톡톡 톡톡톡

빨리빨리 춤을 춰요 톡톡톡톡 톡

활동방법	6) 감상곡에 가사를 붙여 다시 노래 부르며 2~3인이 한 조가 되어 마주 보고 앉아서 함께 상호작용하며 신체표현 한다. - 교사: 이번에는 친구 1명과 짝이 되어 짝의 몸에 빗방울이 되는 놀이를 해기로 해요. 톡톡 살짝씩 터치해주세요. 너무 세게 하면 친구가 아플지도 몰라요. 7) 감상곡의 특징을 그림으로 표현하도록 한다. - 각 유아에게 [그림 8-1]의 밑그림(주제그림악보)이 그려진 8절 종이와 크레파스(또는 색연필)를 나누어준다. - 음악을 들으며 크레파스로 점찍기를 하도록 한다. - 음악이 끝나면 자신의 작품을 보고 제목을 지어보도록 한다. - 음악을 들으며 찍은 점들을 선으로 연결하여 음악을 들으며 떠올랐던 사물 또는 사람, 장소 등으로 표상하도록 한다. **■ 마무리** 8) 활동을 마무리한다. - 물티슈를 준비하여 나눠주며 유아들이 손을 닦도록 한다.
교사를 위한 TIP!	• 본 계획안에 소개된 내용은 2~3개 소단위 활동으로 나누어 계획하여 적용한다. • 유아의 연령과 신체발달 수준을 고려하여 밑그림 그려진 종이(주제그림악보)의 크기를 다르게 적용하여야 한다.
감상곡 이야기	2 / 4박자, 3부 형식, 현악기의 피치카토(현을 손가락으로 튕기는 주법)로만 연주되며, 중간에 탬버린과 실로폰이 등장하며 경쾌하고 유머러스한 분위기를 자아낸다. 마지막에는 처음의 멜로디가 다시 반복된 후 f(포르테)로 끝난다. 이 곡은 당시 현악기를 활로 연주하던 연주자들이 모두 손가락으로 줄을 튕겨서 연주하기 때문에 자연스럽게 관객의 시선을 끌며 호응을 이끌어 내는 곡이다. 그런 이유로 음악회의 앙코르곡으로 자주 연주된다.

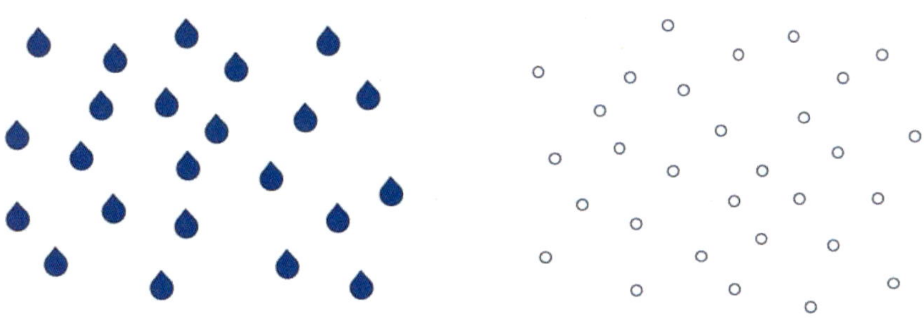

[물방울 밑그림] [하얀 점 밑그림]

그림 8-1 음악과 미술 통합 활동을 위한 밑그림 예

악보 8-1

빗방울이 춤을 춰요[원곡: 피치카토 폴카(Pizzicato polka)]

김미정 작사
J. StraussⅡ 작곡

톡 미 끄 럼 을 타 - 고 - 톡 톡 톡 톡 톡 시
소 타 고 톡 톡 톡 톡 점 - 점 -
빨 - 리 - 톡 톡 톡 톡 톡 빗 방 울 - 이
춤 을 춰 - 요 톡 톡 톡 톡 톡 톡 톡 톡 톡 톡 톡 톡
톡 톡 톡 친 구 하 - 고 춤 을 춰 - 요
톡 톡 톡 톡 톡 톡 톡 톡 톡 톡 톡 톡 톡 톡 톡
빨 리 빨 리 춤 을 춰 요

| 표 8-5 | 음악감상 활동 계획안

<table>
<tr><td>활동명</td><td colspan="2">동물들이 여행가요</td><td>주제</td><td>동물</td><td>대상</td><td>만 4~5세</td></tr>
<tr><td>활동목표</td><td colspan="6">• 동 · 식물의 특징을 탐색하고 소중히 대하는 태도를 가진다.
• 동화의 내용을 감상곡에 넣어 불러본다.</td></tr>
<tr><td>누리과정 관련 요소</td><td colspan="6">• 예술경험>예술감상하기>다양한 예술을 감상하며 상상하기를 즐긴다.
• 의사소통>책과 이야기 즐기기>책에 관심을 가지고 상상하기를 즐긴다.</td></tr>
<tr><td>음악요소</td><td>음색</td><td colspan="2">음악활동유형</td><td colspan="3">음악감상>악기연주</td></tr>
<tr><td>활동자료</td><td colspan="6">활동곡 〈동물들이 여행을 가요(김미정 작사) / 원곡: 요한슈트라우스의 '트리치 트라치 폴카' Op. 214〉, 슬라이드 휘슬, 노이즈 메이커(유아들 인원수와 동일한 수), 동화책 『동물들이 하품해요』</td></tr>
<tr><td>활동방법</td><td colspan="6">■ 도입
1) 동화 『동물들이 하품해요』를 듣는다.
2) 동화에서 각 동물들의 하품 소리를 다양하게 표현해 본다.

■ 전개
3) 동화의 내용을 악기로 표현해 본다.
- 각 영아가 노이즈 메이커 1개씩 갖는다.
- 교사가 동화책을 읽어주며 동화에서 하품하는 '하암~' 부분에 영아가 노이즈 메이커로 하품 소리를 내며 연주하도록 한다.
4) 음악감상곡 '요한 스트라우스 2세의 트리치 트라치 폴카'에 가사를 붙여서 노래 부르도록 한다(〈악보 2〉 참고).
"심심해서 하품하던 동물들은 함께 여행을 떠나기로 했어요."

<동물들이 여행을 가요(원곡: 트리치 트라치 폴카에 붙인 가사)>
김미정 작사
고양이와 여행을 가요
뱀도 여행을 가요
너구리도 여행을 가요
토끼도 여행을 가요
아기 돼지도 함-께
악어도 함-께
하마도 여행을 가요
북극여우 거북이 아기도 함께
칙칙폭폭 칙칙폭폭
칙칙폭폭 칙칙폭폭
츄~~~~ 여행을 가요
산-을 넘-고 강-을 건너서
오르락내리락 오르락내리락
신나는 여행을 가요
친구들과 여행을 떠나요
기차 타고 여행을 가요
정말정말 신나는 여행</td></tr>
</table>

활동방법	5) 다 함께 일어나서 원(색깔 바닥 테이프) 위에 서도록 한다. 6) 동화의 동물이 되어 감상곡의 빠르기에 맞게 바닥의 선을 따라 걷도록 이끈다. ■ **마무리** 7) 함께 음악놀이에 참여한 것에 대해 언어적으로 강화를 하고 활동을 마무리한다.
유의점	• 제시한 악보보다 1옥타브 내려서 노래하도록 한다. • 먼저 동화 내용과 순서에 대해 이야기 나눈 후 음원 없이 천천히 노래불러보고, 음원을 이용하여 가사를 붙여 노래 부르도록 한다. • 처음 노래 부를 때 유아들이 감상곡 가사의 동물 이름만 넣어서 먼저 부르거나 반복되는 가사인 '여행을 가요'만 부르고 나머지 부분을 교사가 부르는 방법으로 진행하는 것이 좋다. 이는 유아와 교사 간 상호작용을 이끌 수 있는 방법으로 적용될 수도 있다.

악보 8-2

동물들이 여행을 가요[원곡: 트리치-트라치 폴카(Tritsch-Trasch Polka)

김미정 작사
Johann StraussⅡ 작곡

칙 칙 폭 폭 칙 칙 폭 폭 츄 - - - - - - - 여 행 을 가 요
산 - 을 넘 - 고 강 - 을 건 너 서 오 르 락 - 내 리 락 -
오 르 락 - 내 리 락 - 신 나 는 여 행 을 가 요 친
구 들 과 여-행-을-가- 요 기 차 타 고
여 행 을 가 요 정 말 정 말 신 나 는 여 행

| 표 8-6 | 음악감상 활동 계획안

<table>
<tr><td>활동명</td><td colspan="2">나는 음악에 맞춰 백조처럼 춤출 수 있어요</td><td>주제</td><td>동물</td><td>대상</td><td>만 4~5세</td></tr>
<tr><td>활동목표</td><td colspan="6">대조를 이루는 가락과 템포의 두 곡을 듣고 음악에 맞는 신체동작을 할 수 있다.</td></tr>
<tr><td>음악요소</td><td>음색</td><td colspan="2">음악활동유형</td><td colspan="3">음악감상>악기연주</td></tr>
<tr><td>활동자료</td><td colspan="6">활동곡 1(음원1; 차이코프스키의 백조의 호수 중 '정경', 활동곡 2(음원2; 헨델의 메시야 중 '할렐루야', 활동곡 1과 2의 주제그림악보, 음악놀이용 발시트, 그림악보, 색연필, 클라베스(리듬막대), 스카프</td></tr>
<tr><td>활동방법</td><td colspan="6">■ 도입
1) 발레를 감상해 본 경험에 대해 이야기 나눈다.
2) 발레하는 모습이 담긴 사진을 보고 이야기 나눈 후 발레 동작을 몸으로 표현해 본다.

■ 전개
3) 감상표현활동을 동작으로 표현한다.
- 활동곡 1 '정경'을 들으며 그림악보(worksheet)에 색연필로 덧그려보며 감상곡의 선율과 분위기를 느껴본다.
- 스카프로 발레치마를 만들고 CD 1 '정경'을 들으며 천천히 발레 동작을 창작해 보거나, 교사가 제시하는 3~4가지 동작을 따라 해 본다.
4) 활동곡 2 '할렐루야'를 들으며 악기로 표현한다.
- '할렐루야'의 주요리듬 ♩. ♪ ♫ 𝄽을 손뼉으로 쳐보도록 한다.
- 클라베스를 나눠준 후 악기로 주요리듬을 두드려 본다.
5) 활동곡에 맞춰 발시트를 이용하여 음악놀이 한다.
- 발시트를 바닥에 붙여놓고 유아들을 큰 원 대형으로 서도록 한다.
- '할렐루야'를 들으며 시트지의 발 그림에 따라 한 발 → 두 발 → 한 발 → 두 발 반복한다. 시트지를 원 대형에 한 부분에만 붙여놓고 유아들이 원 대형에서 앞으로 걷다가 자신의 차례에서 시트지를 밟으며 음악놀이 하도록 한다.
- '할렐루야'의 음악 분위기가 바뀌며 점점 상행하는 곡의 중간 부분('전능의 주가 다스리신다.' 가사) 부분에서는 모든 유아들이 제자리에 서서 두 손을 허리부터 시작하여 → 양팔을 어깨높이로 올리기 → 머리 위로 높이 만세 자세까지 팔을 올리며 표현하도록 한다.
- 곡의 끝 바로 전에 전체적인 '쉼' 부분에서 각자 숨는 자세(또는 그룹 패러슈트)로 숨는 자세로 유아들의 흥미를 끌 수 있으며 감상곡에 대한 집중의 효과도 가져올 수 있다.

■ 마무리
6) 함께 음악놀이에 참여한 것에 대해 언어적으로 강화를 하고 활동을 마무리한다.</td></tr>
</table>

<table>
<tr><td>발 시트와 주제그림 악보 예</td><td>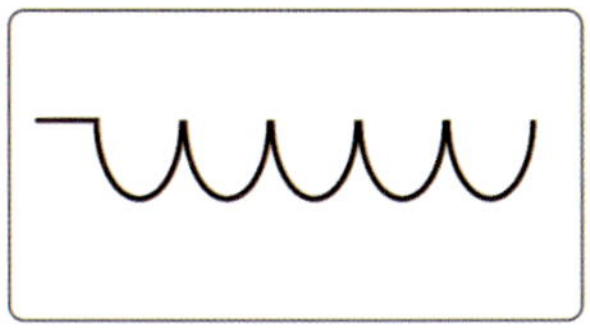
| 그림 8-2-① |
활동곡 1 '정경'의 주제그림악보

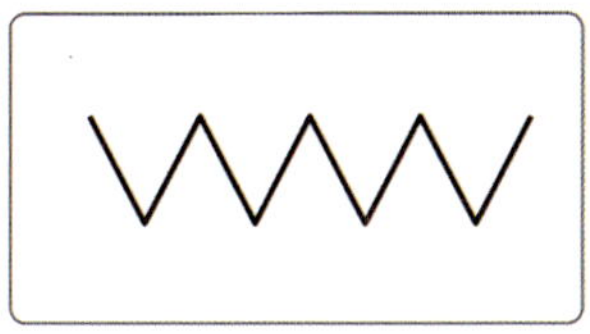
| 그림 8-2-② |
활동곡 2 '할렐루야'의 주제그림악보</td><td>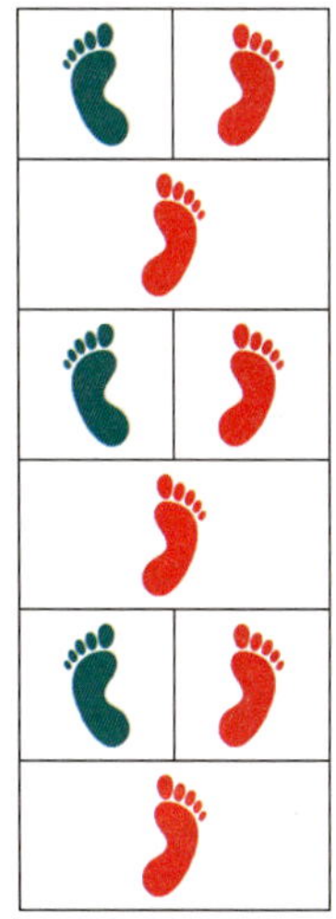
| 그림 8-3 |
음악놀이용 발 시트 예</td></tr>
<tr><td>유의점</td><td colspan="2">• 유아 각자의 표현을 수용하고 창의적인 표현을 인정해준다.
• 큰 원 대형으로 대그룹이 움직일 때 서로 부딪치지 않도록 유아들 간의 간격을 유지하도록 한다.</td></tr>
</table>

표 8-7 음악감상 활동 계획안

<table>
<tr><td>활동명</td><td colspan="2">왈츠를 들으며 그림을 그려요</td><td>주제</td><td>봄</td><td>대상</td><td>만 4~5세</td></tr>
<tr><td>활동목표</td><td colspan="6">• 감상곡의 음악적 특징에 맞춰 계절을 표현한다.
• 정서적 안정감과 심미감을 기른다.</td></tr>
<tr><td>누리과정 관련 요소</td><td colspan="6">• 예술경험>아름다움 찾아보기>자연과 생활에서 아름다움을 느끼고 즐긴다.
• 자연탐구>자연과 더불어 살기>날씨와 계절의 변화를 생활과 관련짓는다.</td></tr>
<tr><td>음악요소</td><td colspan="2">선율(음높이)</td><td colspan="2">음악활동유형</td><td colspan="2">음악감상>노래 부르기</td></tr>
<tr><td>활동자료</td><td colspan="6">활동곡 〈봄이 왔네(원곡: 요한슈트라우스의 '봄의 소리 왈츠' CD(총 2분 정도만 활용), CD플레이어, 스카프, 주제그림악보(8절 크기 이상 - 연령이 낮을수록 큰 종이와 굵은 색연필을 활용한다), 색연필(각 유아 1개씩) 또는 파스넷, 밀가루 풀, 물감(노랑 또는 연두 등 봄을 연상할 수 있는 색), 쟁반 또는 쿠킹호일로 만든 사각쟁반 틀, 물휴지, 페이퍼 타올</td></tr>
<tr><td>활동방법</td><td colspan="6">■ 도입
1) 활동곡의 제목이 '봄의 소리 왈츠'임을 알려준다. 제목 중 '봄'은 겨울 다음에 오는 계절이고 '왈츠'를 쿵짝짝 쿵짝짝처럼 3박자에 맞춰 춤을 추는 듯한 음악이라고 곡에 대해 간단히 소개한다.
2) 봄에 들을 수 있는 소리에는 어떤 것이 있는지 이야기 나눠본다.
-개구리 소리: 개굴개굴개굴개굴, 봄바람소리: 휘잉~, 새싹이 자라는 소리: 뾰로롱 등 유아들의 창의적 표현을 유도한다.

■ 전개
3) 음악을 들려주고 유아들이 감상하도록 한다.
- 이 음악에서는 어떤 봄의 소리가 날지 조용히 들어보아요.
- 왈츠의 3박자에 맞춰 몸을 천천히 옆으로 흔들면서 들어보아요. 선생님을 따라서 움직여보세요.
4) 음악을 들을 후 유아들이 들은 소리를 목소리나 신체로 표현해 보도록 한다.
5) 오케스트라 편성의 감상곡을 기악곡이라고 한다고 알려준 후, 이 곡에 가사를 붙여 노래불러보도록 한다.
- 가사지를 제공하며 유아들과 함께 노래불러본다.
예 가사 예

<봄이 왔네(원곡: 봄의 소리 왈츠)>
김미정 작사
(음악시작 7초 후에 시작하고, 3박자 왈츠 분위기를 몸을 흔들며 부르도록 한다.)

쿵짝짝 쿵짝짝 쿵짝짝 쿵짝짝
라~~~~~~~~~~~~라~~~~~~~~~~~(4회 반복)
(36초~39초부터)
봄-이 왔네 따-뜻- 한 봄 / 봄-이 왔네 따뜻한 봄
개나리 진달래 벗~꽃 / 추--운겨-울이 지나고 따--뜻--한-- 봄~이 왔네
산-과 들-에 아-지-랑이 피네 / (처음으로 돌아가서 가사 반복)
추--운겨--울이 지나고 봄이</td></tr>
</table>

활동방법

6) 주제그림악보를 활용하여 음악의 아름다움을 느끼고 표현해 보도록 한다.
   - 교사는 유아에게 주제그림악보를 보여주며 손가락으로 그림악보를 따라 그리는 것을 모델링한다.

   예 주제그림악보 그리기
   두 원이 만난 가장 가운데 부분에서 시작하여 오른쪽 위로 올라가며 그림 → 왼쪽 원의 위로 원의 테두리 선을 따라 올라감 → 계속 내려옴 → 두 원이 만난 가운데 지점을 다시 지남 → 오른쪽 원의 위로 원의 테두리 선을 따라 올라감 → 계속 내려옴 → 다시 두 원이 만난 가운데 점을 지나서 계속 반복함

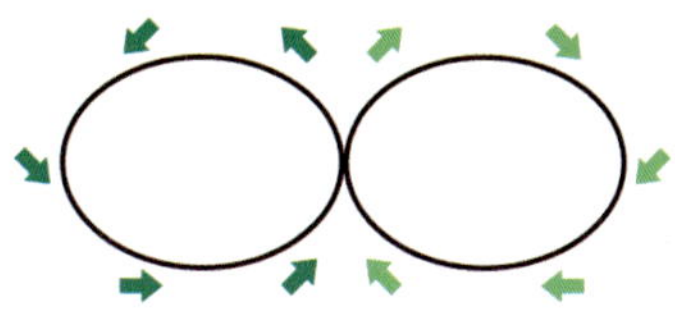

그림 8-4 〈봄의 소리 왈츠〉 주제그림악보

   예 주제그림악보에 색연필로 그리는 과정을 유아들 앞에서 다시 모델링하며, "올라가고", "내려오고", "가운데를 지나고", "천천히" 등의 언어적 단서 제공한다.

7) 유아들도 둘째손가락만 펴서 손가락 색연필을 만든 후 허공에 주제그림 악보를 따라 그려보도록 한다.
8) 각 유아에게 색연필 한 개씩 나눠준 후 음악을 들으며 주제그림악보에 그림을 그려본다. 이 과정을 통해 유아들이 음악 요소를 경험하도록 한다.
9) 각 유아에게 준비한 쟁반에 밀가루 풀을 조금씩 넣어 나누어 준다.
10) 음악을 들으며 손가락으로 밀가루 풀을 탐색하도록 한다.
   - 밀가루 풀을 만진 느낌이 어떤가요?
11) 음악을 다시 들으며 주제그림악보와 비슷하게 쟁반에 담긴 밀가루 풀로 그림을 그리도록 한다.
   - 한 번 그린 후 유아들이 선택한 물감을 조금씩 풀에 짜준다.
   - 음악을 한 번 더 들으며 표현활동을 하도록 한다.

■ 마무리

12) 유아들이 음악에 대해 자신이 표현한 경험에 대해 이야기 나눈 후 활동을 마무리한다.

교사를 위한 TIP!

- 교사는 감상곡의 음원을 활용할 경우 너무 빠르지 녹음되지 않은 음원을 선정한다. 각 음악을 녹음한 지휘자나 오케스트라에 따라 음악이 다르므로 연주 빠르기와 연주시간 등이 다르기 때문이다.
- 교사는 감상곡의 음원에 맞춰 가사가 익숙해질 때까지 여러 번 부른 후 수업에 임한다. 제시된 악보보다 1옥타브 낮게 부른다.
- 교사는 유아들이 음악이 시간적으로 계속 흘러갈 때 유아들이 박자에 맞게 따라갈 수 있도록 언어적, 비언어적 단서를 제공한다.

악보 8-3

봄이 왔네(원곡: 봄의 소리 왈츠)

김미정 작사
Johann StraussⅡ 작곡

봄 이
왔 네 따 뜻 한 봄 봄 이 왔 네
따 뜻 한 봄 개 나 리 진 달
래 벗 꽃 추 – 운 겨 울 이 지 나 고 따– – 뜻 –
– 한 – – 봄 – – – – – – 이 왔 네 – 산 –
과 들 – 에 아 – 지 – 랑 이 피 – 네 추 –
운 겨 울 이 지 나 고 봄 이

| 표 8-8 | 음악감상 활동 계획안

활동명	짹깍짹깍 시계	주제	생활도구>시계	대상	만 5세
활동목표	• 생활에서 자주 사용하는 시계를 노래로 표현해 본다. • 시계의 움직임에서 음악적 요소 특징을 탐색해 본다.				
누리과정 관련 요소	• 예술경험>아름다움 찾아보기>음악적 요소 탐색하기 • 예술경험>예술적 표현하기>음악으로 표현하기 • 자연탐구 영역>과학적 탐구하기>물체와 물질 알아보기				
음악요소	리듬	음악활동유형	음악감상>노래 부르기		
활동자료	• 음악자료: 활동곡 〈짹깍짹깍 나는 시계[원곡: 하이든(Haydn)의 교향곡(Symphony) 101번 '시계' 라장조(D Major) 중 제2악장 안단테(Andante)]〉 음원 • 비음악적 자료: 여러 가지 시계 사진 자료, 모형 시계(긴바늘과 짧은 바늘 조작이 가능한 것), 클라베스(소리막대)				
활동방법	**▪ 도입** 1) 시계에 대한 수수께끼를 내며 유아들이 활동에 대한 관심을 갖도록 한다. 예 수수께끼 - 나는 숫자를 가지고 있습니다. 나는 여러 가지 모양이 있습니다. - 나는 계속 움직입니다. 나는 움직일 때마다 소리가 납니다. - 긴 바늘과 짧은 바늘이 있습니다. - 나는 사람들에게 시간을 알려주는 도구입니다. 2) 시계의 짧은 바늘과 긴바늘이 함께 만나는 정각 시간에 대해 탐색한다. 3) 두 시곗바늘 중 짧은 바늘이 1에 긴 바늘이 12에 가면 한 시, 두 시곗바늘 중 짧은 바늘이 2자에, 긴바늘이 12에 가면 두 시 등 시곗바늘의 위치에 따라 달라지는 시간을 알아본다. **▪ 전개** 4) 오늘 감상할 음악의 제목이 '시계'라고 알려준 후, 유아들이 자신의 신체로 다양하게 시계 소리를 내거나 바늘의 움직임을 표현해 보도록 한다. 5) 하이든의 '시계 교향곡' 중 제2악장을 들려준다. 이때 음악의 앞부분만 1분 정도 들려준다. 예 교사의 발문 곡의 제목이 '시계' 인데 음악과 제목이 어울리는 것 같니? 음악의 어떤 부분이 시계처럼 생각되었니? 6) 감상곡의 선율에 창작 가사를 붙여서 노래 불러보도록 한다. - 유아들의 반응과 참여도를 관찰하면서 개사 내용을 짧게 반복하며 유연성 있게 활동을 진행한다.				

활동방법

<때깍때깍 나는 시계(원곡: 하이든 '시계' 교향곡 101번 중 제2악장에 붙인 가사)>

김미정 가사

때~깍때깍 나는 시계
부지런히 일~-하~죠~
때~깍때깍 나는 시계
긴~~바늘과 짧-은-바-늘-로~

때~깍때깍 나는 시계
부~지~런히 일~하~죠~
때~깍때깍 나는 시계
한~~시 두~시 알~려~주~~죠

아주 큰~ 벽시계 아주 작은 손목시계
뻐꾹뻐꾹뻐꾹뻐꾹 뻐--꾸--기 시-계-

한시 두시 세~시 네시 다~섯시 여~섯시
매일매일 매일매일 돌고돌~지요
아침 점심 저녁까지 돌고돌~지요
매일매일 매일매일
때깍때깍 나는 시계
부지런히 일~하~죠-
때깍때깍 나는 시계
긴~~바늘과 짧은-바-늘-로~
시-간을 알려주는 고마운 친구

7) 음악을 들으며 신체표현 하도록 이끈다.
- 바닥에 색 테이프로 2m 정도의 원을 붙여서 시계 모양을 만든다.
- 음악을 들으며 한 사람씩 나와서 원 안에 누운 후 두 팔과 다리를 모아서 시계의 시침과 분침처럼 천천히 움직인다.
- 음악이 멈추면 시계가 되었던 유아도 멈춘다.
- 교사는 각 유아에게 악기(우드 소재 타악기)를 한 개씩 나누어 준 후 음악의 빠르기에 맞게 연주하도록 한다.

■ 마무리

8) 유아들과 생활도구 중 하나인 시계의 소리를 들어보고 '시계' 음악에 맞춰 활동을 경험한 것에 대해 이야기를 나누며 마무리한다.

악보 8-4

째깍째깍 나는 시계[원곡: 시계 교향곡 중 2악장(Clock Symphony 2 mov.)]

김미정 작사
Haydn 작곡

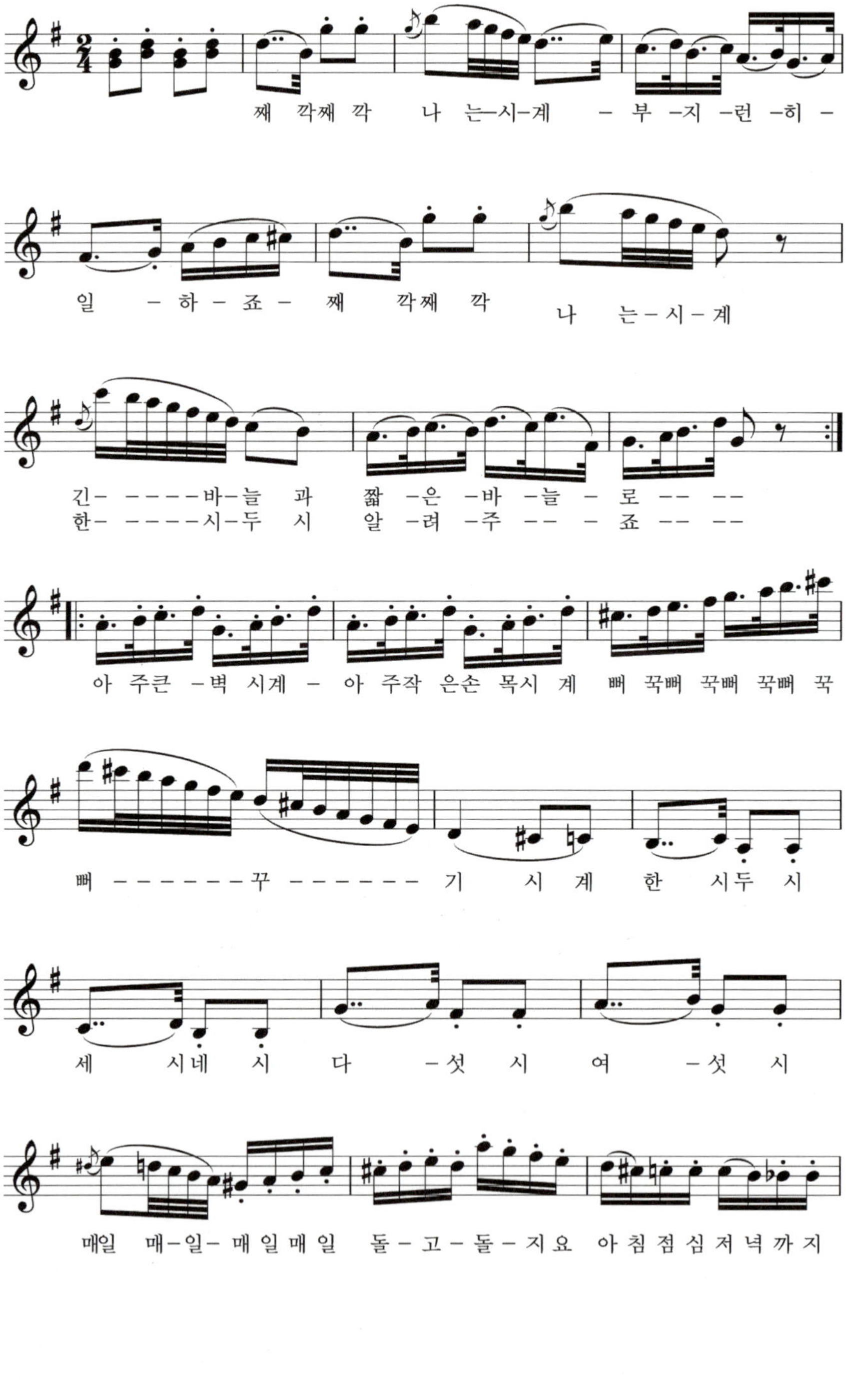

돌 - 고 - 돌 - 지 요 매 일 매 일 매 일 매 일 째 깍 째 깍
나 는-시-계 - 부 -지 -런 -히 - 일 - 하 - 죠 -
째 깍 째 깍 나-는-시---계 긴 -바 -늘 과
짧 은바 -늘 로 시 -간 을알 려주 는 고 마운 친구

표 8-9 음악감상 놀이 계획안

<table>
<tr><td>활동명</td><td>아기 나뭇잎의 나들이</td><td>주제</td><td>환경과 생활</td><td>대상</td><td>만 2세</td></tr>
<tr><td>활동목표</td><td colspan="5">• 다양한 음악을 듣고 자신의 느낌을 자유롭게 표현한다.
• 음악의 특징에 따라 다양하게 표현하기를 즐긴다.</td></tr>
<tr><td>표준 보육과정 관련 요소</td><td colspan="5">• 예술경험>예술감상하기>주변 환경의 예술적 요소에 관심 갖고 즐기기
• 사회관계>정서인식과 조절>자신의 정서를 적절하게 표현하기</td></tr>
<tr><td>음악요소</td><td colspan="2">음색</td><td colspan="2">음악활동유형</td><td>음악감상>신체표현</td></tr>
<tr><td>활동자료</td><td colspan="5">• 음악적 요소: 활동곡 ① 비발디의 사계 중 〈겨울〉 중 2악장 음원,
활동곡 ② 앤더슨의 〈고장난 시계(싱코페이티드 클락)〉,
활동곡 ③ 〈뚝딱뚝딱 집을 지어요(김미정 개사)〉,
활동곡 ④ 〈어부 아저씨처럼 물고기를 잡아요〉,
활동곡 ⑤ 〈차이코프스키의 꽃의 왈츠〉,
• 비음악적 요소: 스카프, 클라베스(소리막대), 장미꽃잎 모음, 바람 머리띠, 아기 나뭇잎 머리띠, 휘슬(또는 취주악기), 낚싯대, 물고기 모형, 바다 표현을 위한 파란색 스카프(대), 창작동화 '아기 나뭇잎의 여행(김미정 지음)', 동화 그림자료와 머리띠(아기 바람, 아기 나뭇잎, 큰 나무, 신호등, 횡단보도, 장난감 자동차 2개</td></tr>
<tr><td>사전 준비</td><td colspan="5">- 바닥에 선을 붙인다(교실 전체 공간을 고려하여 크기를 정해 붙인다).
- 각 장소에 악기와 사용할 놀이도구를 바구니에 미리 배치해놓는다.
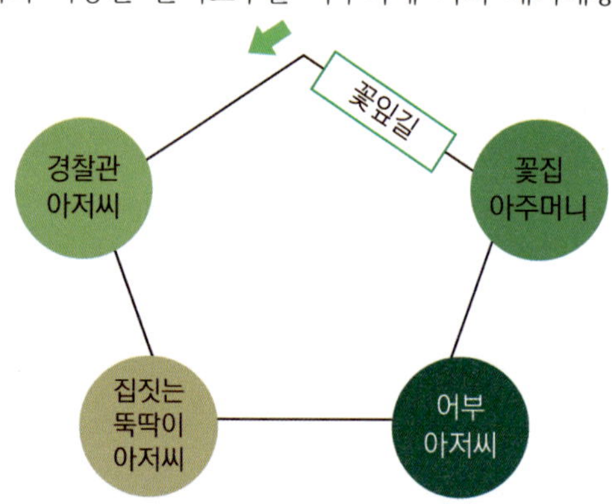

그림 8-5 사전 환경구성</td></tr>
<tr><td>활동방법</td><td colspan="5">■ 도입
1) 동화 〈아기 나뭇잎의 여행〉의 등장인물들을 소개한다.
- 교사는 아기 바람, 아기 나뭇잎, 큰 나무, 집 짓는 아저씨, 어부 아저씨, 꽃집 아줌마를 보여주며 동화 놀이 활동에 흥미와 관심을 유도한다.
■ 전개
2) 배경음악인 활동곡 ① 〈비발디의 사계 겨울 중 2악장〉을 배경음악으로 동화를 들려준다.</td></tr>
</table>

활동방법

예 동화 장면 1: 아기 바람과 아기 나뭇잎의 여행 시작

날씨가 너무 추워서 참새도 놀러 오지 않고, 토끼도, 다람쥐들도 놀러 오지 않았어요. 아기 나뭇잎은 매일 나무에만 매달려있어서 무척 심심했어요. 그러던 어느 날, 아기 나뭇잎은 훨훨 날아다니는 아기 바람에게 부탁을 했어요.
"바람아, 너는 좋겠구나, 어디든지 훨훨 날아다닐 수 있잖니? 나는 이렇게 매일 나무에만 붙어 있어야 해. 나 좀 데리고 여기저기 여행을 시켜줄래?" 하고 바람에게 부탁했어요.
그러나 아기 바람은 걱정을 했어요.
"그래도 네가 없으면 엄마가 걱정하실 텐데..." 하며 걱정을 했어요.
그래도 아기 바람은 계속 아기 바람에게 졸라댔어요. 아기 나뭇잎은 계속 "싫어, 싫어. 가고 싶어. 멀리멀리 여행 가고 싶어. 잉잉잉" 하며 자꾸자꾸 졸라댔어요.
아기 바람은 아기 나뭇잎이 너무 슬프고, 불쌍해 보였어요. 그래서 바람은 "그래, 잠깐만 나랑 여행을 하고 빨리 돌아오자."라고 말하고 아기 나뭇잎을 태우고 휘잉~ 하고 하늘로 날아올랐어요. 와~정말 신나는 일들이 벌어질 것 같아요.
아기 바람은 아기 나뭇잎을 업고 여행을 시작했답니다.

3) 아기 바람과 아기 나뭇잎이 되어 여행을 떠나는 내용을 신체표현 하도록 한다.
- 교사는 '아기 바람 머리띠'를 하고 아기 나뭇잎(초록 스카프)이 된 영아와 마주 보고 영아의 두 발을 자신의 발등 위에 올리고 손을 잡고 음악에 맞추어 걷는다.
- 활동곡 ② 〈앤더슨의 싱코페이드 클락〉을 들으며 아기 바람과 아기 나뭇잎이 되어 움직이도록 한다.

4) 교사는 영아들과 교통경찰 아저씨 놀이를 하며 악기연주 하도록 한다.

예 동화 장면 2: 자동차, 횡단보도, 신호등 사거리의 교통경찰 아저씨 놀이

아기 바람과 아기 나뭇잎은 휘잉휘잉 여행을 가다가 숨이 차서 잠시 땅으로 내려왔대요. 바로 그때였어요. 어디선가 휘익휘익 소리가 들렸어요. 아하! 도로 위에서 교통정리를 하시는 교통경찰 아저씨였어요. (휘슬 소리) 우리 모두 교통경찰 아저씨가 되어볼까요?

- 교사는 영아들과 함께 바닥의 선을 따라 다음 놀이 장소로 이동한다.
- 교사는 영아들을 모두 이동한 장소에 앉도록 하고, 휘슬(음높이가 없는 취주악기들 또는 리코더의 아랫부분을 떼어서 사용)을 나눠준다.
- 다음에 제시된 리듬 패턴으로 휘슬을 부는 것을 영아들에게 모델링한다.

〈경찰관 아저씨의 휘슬 소리 리듬패턴〉

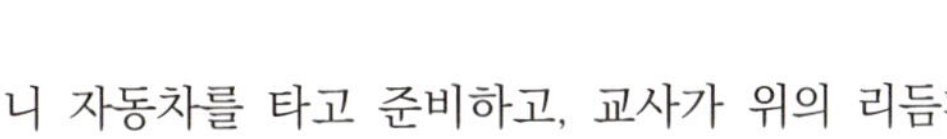

- 영아들이 미니 자동차를 타고 준비하고, 교사가 위의 리듬패턴을 연주할 때마다 영아가 탄 자동차 한 대씩 다음 장소로 이동하도록 한다.
- 영아들이 리듬 패턴 소리에 익숙해지면 영아 한 명씩 휘슬을 불도록 하고 그 소리에 맞춰 활동을 반복하도록 한다.

활동방법

5) 집 짓는 뚝딱이 아저씨가 되어 악기를 연주하도록 한다.

예 동화 장면 3: 집 짓는 뚝딱이 아저씨 놀이

> 조금 걸어가다가 이번에는 뚝딱뚝딱 집을 짓고 있는 뚝딱이 아저씨를 만났어요. 아하! 집을 짓는 아저씨였어요. 우리도 집을 한번 지어볼까?

- 교사는 영아들에게 클라베스 1쌍씩 나눠준 후 클라베스(소리막대) 1쌍을 이용하여 다음의 '집 짓는 뚝딱이 리듬패턴'을 모델링한다.
- 영아들과 함께 '뚝딱뚝딱 뚝딱이 아저씨가 뚝딱뚝딱 집을 지어요'(원곡: 뚝딱뚝딱) 노래의 선율에 맞춰 '집 짓는 뚝딱이 리듬 패턴'을 연주한다.
- 영아들이 일어서서 연주하면서 바닥의 선을 따라 다음 장소로 이동하도록 이끈다.

〈집 짓는 뚝딱이 리듬패턴〉

6) 어부가 되어 낚시 놀이를 하도록 한다.

예 동화 장면 4: 어부 아저씨 놀이

> 출렁출렁 쏴~ 바람과 아기 나뭇잎은 멀리 바다까지 오게 되었어요.
> "어기여차 어기여차 그물로 물고기를 잡는 어부 아저씨들이 있었어요. 또 기다란 낚싯대를 바다에 던지고 계신 아저씨도 계시네요.

- 교사는 모형낚싯대를 들고 노래를 부르며 각 영아의 머리에 차례로 터치해 준다.

> 어부가 되어서 물고기 잡아요(개사 - 김미정)
> 어부가 되어서 물고기를 잡아요 나도 신나게 물고기를 잡아요
> 낚싯대를 바다에 던지고 기다려 어어어어 어어어어 잡았다 슝

- 파란 바다를 표현한 천 위에 물고기 모형을 들고 영아들에게 낚싯대 한 개씩 나누어 주고 낚시 놀이를 하도록 한다.
- 다음 장소로 바닥의 선을 따라 모두 이동하도록 한다.

7) 꽃집 주인이 되어 놀이하도록 한다.

예 동화 장면 5: 향기로운 꽃집 들려보기

> 햐~ 향기로운 꽃냄새가 나네. "꽃 사세요! 꽃 사세요!" 저쪽에서 소리가 나네. 빨리 가보자. 우와~ 예쁜 꽃집이었어요. 아주머니가 장미꽃, 해바라기, 국화 같은 예쁜 꽃을 팔고 계셨어요. 우리 친구들 어떤 꽃향기가 나나요? 맡아볼까요?

<table>
<tr>
<td>활동방법</td>
<td>
- 교사는 두 손에 꽃잎을 들고 영아들에게 보여주며 향기 맡아 보고, 만져보도록 한다.
교사: 꽃집에는 많은 꽃이 있지만 오늘 선생님이 준비한 꽃은 OO꽃입니다.
한 사람씩 향기를 맡아보도록 해요.
이 꽃잎을 한 사람씩 만져볼까요? 어떤 느낌이 드나요?
- 영아가 한 명씩 차례로 비닐 위에 만들어놓은 꽃잎 길을 맨발로 걷도록 한다. 이때 〈차이코프스키의 꽃의 왈츠〉를 들려준다.
예 동화 장면 6: 여행을 마치고 집으로 돌아가기
바람이 말했어요. "자, 엄마가 걱정하셔. 이제 그만 집으로 돌아가자!"

8) 고장난 시계(싱코페이티드 클락)를 들으며 영아를 교사의 발등에 태우고 집으로 돌아가도록 한다.

■ 마무리
9) 아기 나뭇잎 나들이 음악동화 표현놀이를 하면서 제일 재미있었던 점에 대해 이야기 나누며 활동을 마무리한다.
</td>
</tr>
<tr>
<td>교사를 위한 TTP!</td>
<td>
• 각 장소마다 악기나 놀이준비물을 미리 준비하여 활동시간이 지연되지 않도록 한다.
• 꽃잎을 만져보는 활동 시 꽃잎이 너무 차갑지 않은지 체크 후 영아들에게 제시한다. 영아들의 경우 발달 특징으로 인해 '부드러워요' 등의 표현보다 '차가워요'의 느낌을 먼저 느낄 수 있기 때문이다.
• 아기 나뭇잎이 여행을 하는 장소마다 다양한 소리를 경험하고 표현할 수 있도록 한다.
• 영아들의 발달 개인차, 흥미, 교실 환경, 일과 스케줄 등을 고려하여 3개 또는 4개의 활동으로 줄여서 진행할 수 있다.
</td>
</tr>
</table>

출처: 김미정(2011)의 사회·정서 통합에 기초한 영아 음악프로그램 개발 및 적용 효과 내용에 기반하여 놀이 활동으로 재구성함.

| 표 8-10 | 음악감상과 그림 계획안

<table>
<tr><td>활동명</td><td>친구와 함께 음악을 그려요</td><td>주제</td><td>친구</td><td>대상</td><td>만 3~5세</td></tr>
<tr><td>활동목표</td><td colspan="5">• 친구와 함께 그림을 그리며 협동심을 갖는다.
• 반복되는 리듬의 편안함을 느껴본다.
• 반복되는 음악의 아름다움을 느껴본다.</td></tr>
<tr><td>누리과정 관련 요소</td><td colspan="5">• 예술경험>예술감상하기>다양한 예술을 감상하며 상상하기를 즐긴다.
• 사회관계>더불어 생활하기>서로 다른 감정, 생각, 행동을 존중한다.</td></tr>
<tr><td>활동자료</td><td colspan="5">음악 CD 〈파헬벨의 카논〉 또는 음원, CD 플레이, 전지 1~2장(반 인원수와 연령에 따라 준비), 색연필 또는 크레파스</td></tr>
<tr><td>활동방법</td><td colspan="5">▪ 도입
1) 벽에 전지를 옆으로 길게 붙여서 준비한다.
2) 유아에게 감상곡의 제목을 소개하고 음악의 앞부분을 조금 들려준다.

▪ 전개
3) 음악을 들려준다.
4) 음악감상 후 유아에게 어떤 악기 소리가 제일 잘 들렸는지, 무엇이 생각났는지 / 떠올랐는지 이야기 나누어본다.
5) 유아 모두 앉아 있다가 한 음악을 들으며 한 명씩 조용히 일어나서 차례로 드로잉 재료로 전지에 그림을 그리도록 한다.
6) 음악감상을 하며 한 명씩 전지에 그림을 그릴 때 그리던 유아가 그림 그리기를 멈추게 하기 위해 교사가 유아의 손등이나 어깨를 톡톡 살짝 쳐서 그림 그리기를 마치도록 한다.
7) 음악이 끝나면 유아들은 다시 제자리로 돌아가서 앉도록 이끈다.
8) 유아들이 함께 그린 전체 그림을 한쪽 벽에 붙인 후 모든 유아가 함께 감상하고 제목도 지어보도록 한다.

▪ 마무리
9) 함께 음악을 들으며 완성한 전체 그림을 보고 느낀 점에 대해 이야기 나눈다.</td></tr>
</table>

표 8-11 음악감상 통합 계획안

<table>
<tr><td>활동명</td><td>주제그림악보로 놀이해요</td><td>주제</td><td>친구</td><td>대상</td><td>만 4~5세</td></tr>
<tr><td>활동목표</td><td colspan="5">• 음악을 들으며 주제그림악보를 그려본다.
• 반복되는 셈여림을 느껴본다.</td></tr>
<tr><td>누리과정 관련 요소</td><td colspan="5">• 예술경험>예술감상하기>다양한 예술을 감상하며 상상하기를 즐긴다.
• 사회관계>더불어 생활하기>서로 다른 감정, 생각, 행동을 존중한다.</td></tr>
<tr><td>음악요소</td><td>셈여림>빠르기</td><td colspan="2">활동유형</td><td colspan="2">음악감상>그림 그리기</td></tr>
<tr><td>활동자료</td><td colspan="5">음악 CD 차이코프스키의 〈호두까기인형〉 중 '트레팍' 또는 음원, CD 플레이, 주제그림악보(8절 크기의 종이에 감상곡의 음악적 특징이 간단히 나타난 악보), 색연필 또는 크레파스</td></tr>
<tr><td>활동방법</td><td colspan="5">

■ **도입**

1) 감상활동곡의 제목이 '트레팍'이며 차이코프스키의 발레모음곡 〈호두까기인형〉에 나오는 러시아의 2박자 춤곡이라고 소개한다.

■ **전개**

2) 감상활동곡의 주제그림악보([그림 8-6])을 보여주며 선과 점등의 미술 요소에 대해 이야기 나눈다.

예 교사의 발문

이 주제그림악보에서 어떤 것들이 보이나요?
선은 어떻게 생겼나요?
점은 큰가요? 작은가요?
어떤 모양으로 모여 있나요?

3) 각 유아에게 주제그림악보를 나누어 준다.

4) 음악의 앞부분(주제)을 목소리로 들려주며 손가락으로 그림악보를 따라 그리도록 모델링 한다.

예 주제 부분에 실러블 붙인 예

5) 아이들에게 색연필 1개씩 나누어 주고 첫 번째 선 출발점에 색연필을 대고 준비하도록 한다. 음악을 틀고 바로 그림악보를 따라 그리도록 한다.

- 음악 중간에 주제와 다른 부분이 나올 때는 주제그림악보의 여백에 자유롭게 그리도록 하고, 다시 주제가 나올 때 제시되었던 선으로 돌아가서 다시 시작하도록 한다.

</td></tr>
</table>

활동방법	6) 음악이 끝나면 옆의 친구와 색연필을 바꾸는 시간을 짧게 주고 다시 음악을 들으며 주제그림악보에 덧그리도록 한다. 7) 유아들에게 1분 정도의 시간을 더 주어 주제그림악보를 완성하도록 한다. 8) 완성한 작품에 제목(또는 짧은 스토리)을 붙여보도록 한다. 9) 자신의 작품과 제목을 친구들에게 소개하는 시간을 갖는다. **■ 마무리** 10) 활동에 대해 느낀 점에 대해 이야기 나누며 마무리한다.
주제 그림악보	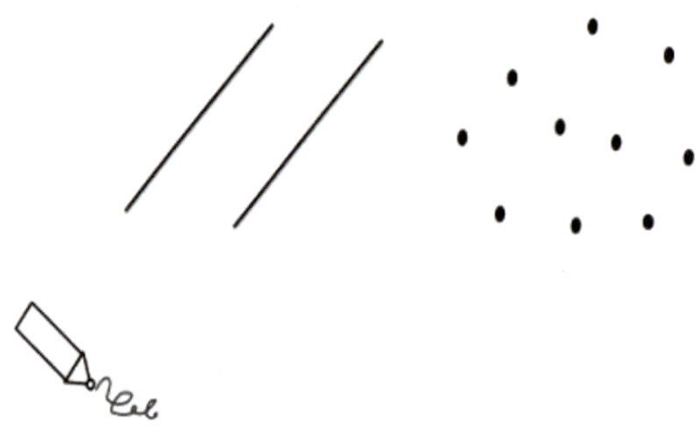 **▌그림 8-6 ▌〈호두까기인형〉 중 '트레팍' 주제그림악보**

CHAPTER 09

영유아음악과 미술 통합

1. 음악과 미술의 통합 내용
2. 음악과 미술의 통합 방법
3. 음악과 미술의 통합 활동의 실제

1. 음악과 미술의 통합 내용

1) 음악과 미술의 통합

영유아음악교육은 영유아의 특정 음악적 능력 발달 지원에 제한된 것이 아니라 영유아의 전인적 발달을 돕기 위한 것이 목적이므로 통합적으로 이루어져야 한다. 통합적 음악교육은 주로 '음악 영역 내에서의 통합', '예술 영역 내에서의 통합', '타 학문 영역과의 통합' 접근으로 나뉜다. '음악 영역 내에서의 통합'은 음악 개념 요소의 통합, 음악활동 영역의 통합으로 이루어질 수 있으며, '예술 영역 내에서의 통합'은 음악과 미술, 음악과 동작, 음악과 동작(또는 춤), 음악과 문학(동화, 동시 등)의 통합으로 이루어질 수 있다. 그 외에 '타 학문 영역과의 통합'은 음악과 자연탐구 영역(수과학), 음악과 사회 · 정서 영역(사회관계 영역), 음악과 언어 영역(의사소통 영역)의 통합으로 계획되고 적용될 수 있다.

영유아의 음악교육은 음악의 특정 영역에 치우친 제한된 음악성이 아니라 폭넓고 다양한 음악적 능력을 계발할 수 있어야 하며, 이를 위해 음악의 여러 영역이 서로 긴밀한 연계를 가지고 통합적으로 교육되어야 한다(유덕희, 1997). 음악과의 통합적 접근 중 미술과의 통합을 중심으로 살펴보고자 한다.

음악활동과 미술활동은 표현방식에서는 차이가 있지만 모두 영유아의 전반적인 미적 감수성 발달을 돕는다는 공통적인 특징을 가지고 있다. 인간은 본능적으로 자기표현의 욕구를 가지고 있지만, 영유아들은 언어적 표현이 미숙하므로 음악이나 놀이, 그림 등의 다른 표현매체를 통해서 자신을 표현하는 경우가 많다. 아동은 그림을 통해 자신의 내면세계를 표현하고, 자아를 확립하여 미술활동을 통해서 언어, 사고, 창의성, 사회성을 발달시켜 나간다.

미술활동을 포함한 모든 예술 활동은 공통적으로 영유아의 발달에 중요한 영향을 미치는 활동이라고 볼 수 있다. 이러한 공통점 이외에도, 모든 예술 활동은 서로 긴밀한 연관성을 가지고 있다(Burton & Kuroda, 1981). 따라서 미술교육을 다른 활동, 예를 들어 음악활동과 통합적으로 운영한다면 영유아의 창의적 사고와 표현력 신장에 크게 기여할 수 있다.

2) 미술의 주요 구성요소

(1) 선

기하학에서의 선과는 달리, 표정을 가진 역동적인 선이며, 감정을 가진 특수한 선을 의미한다(정미경, 1999). 선은 특히 영유아의 그림 표현에 기본이 된다. 직선, 곡선, 가는 선, 굵은 선, 거친 선, 부드러운 선들이 포함된다.

(2) 색채

색채를 선택하는 미술에서는 색의 여러 가지 특성인, 색조, 명도, 채도 등을 이용하여 다양한 시각적 체험과 감정 그리고 상징 등을 표현할 수 있다. 영유아의 그림 속에서 색채의 선택은 생리적 조건, 심리적 감정과 정서의 표출을 반영(권상구, 1991)하지만, 이는 절대적인 것은 아니고, 상징적이고 감정적이며 독단적, 주관적인 것은 점차로 자연적인 것으로 변모해간다(김용권, 1996). 빨강, 주황, 노랑 등의 원색과 2차색, 3차색 등이 포함된다.

(3) 모양

바깥의 외곽을 한정 짓는 색의 변화 또는 선에 의해서 시각적으로 지각할 수 있는 영역을 구분 짓는 것이다. 한 작품의 주제란 선, 색, 그리고 모양 등을 조화시켜 객관적으로 존재하는 현실 세계나 경험에 대한 개인적인 감정 등을 표현한 것을 의미한다. 영유아 그림에서의 모양은 보통 타원, 원, 정사각형, 직사각형 등의 기하학적인 형태로 이루어지고 아동의 평균적인 인물 도식은 개별적으로 다르다고 하더라도 머리, 팔, 다리 그 밖의 다채로운 모습 등의 요소를 지니고 있다. 또한 이러한 미술의 구성요소들은 음악의 개념요소인 리듬, 선율, 셈여림, 음색 등을 시각적으로 표현하는 영유아는 형의 도식을 발명함으로써 부모나 친구들과의 의사소통을 한다(오종숙, 1991).

3) 영유아음악과 미술의 통합 근거

미술활동과 음악활동은 영유아의 전반적인 발달에 기여한다는 점에서 공통적인 특징을 가지고 있지만, 한편으로는 그 표현방식과 형태 면에서 큰 차이가 있다. 미술의 중요 구성요소는 모양, 색, 질감, 선, 공간 등을 들 수 있는 반면, 음악의 주요 요소는 음, 리듬, 멜로디, 화성, 음색, 셈여림, 형식 등이다.

미술은 공간과 관련된 시각적 표현이며, 음악은 시간과 관련된 청각적 표현이라는 차이점을 갖는다. 이렇게 미술과 음악의 요소와 표현의 차이는 있지만, 모두 예술적 표현이라는 공통점을 가진다. 따라서 아동의 미술활동과 음악활동을 통합적으로 운영하기 위해서는 두 예술 활동의 공통점과 차이점을 이해하고 적극적으로 활용하여야 한다. 예를 들면 시각적 매체인 미술을 청각적인 음악활동으로 표현하거나 그와 반대로 음악감상활동 결과를 미술로 표현하는 활동을 할 수 있는 것이다. 만약 소리를 볼 수 있다면, 또는 그와 반대로 시각적 예술품을 들을 수 있다면 어떤 일이 일어날까?

디지털 소음계를 이용하면 소리의 강약과 고저를 그래프의 형식으로 볼 수 있으며 숫자로 알아볼 수도 있다. 그러나 유아교육에서 소리를 보는 표현활동은 기계적이고 인위적인 방법을 사용하여 소리를 그림으로 변환하는 과정은 아니다. 지각되는 순간 사라져버리는 소리가 주는 심상을 마음속에 간직하고 그 심상을 다시 시각적 매체를 통하여 창의적으로 표현하는 활동을 의미한다.

예를 들어, 고구려 벽화에 나오는 악기 그림을 보고, 그 악기가 어떤 소리를 낼 것인지 상상해 보고 악기를 탐색하여 보거나 음악으로 표현해 보거나, 서양화나 동양화를 감상하고 그림에 등장하는 인물, 사물, 동·식물의 소리를 표현해 보거나, 그림과 어울리는 음악을 찾아보거나, 또는 즉흥적으로 음악을 만들어보는 활동은 매우 유용하다. 서양음악과 전통음악에서의 다양한 장르 음악을 감상하고 음악에서 느껴지는 미적인 감각을 다양한 소재와 주제의 그림 그리기나 조형 활동을 통해서 표현해 보는 것도 중요한 통합 활동이라고 볼 수 있다.

이러한 미술과 음악의 통합적 활동은 보이는 그림을 들리는 소리로, 들리는 소리를 보이는 그림으로 상상하여 직접 만들어 보는 과정은 영유아들의 창의성을

증진시키고 심미적 감각을 높일 수 있다

음악을 미술활동으로 표현할 때에는, 음악적 특징을 그림으로 어떻게 표현할 것인지 아주 간단하게 제시해주고, 구체적인 형상보다는 점, 선, 면으로 음악의 느낌을 표현하도록 유도한다. 음악을 들으면서 그림을 그리는 경우, 처음에는 대부분 대근육적인 움직임으로 음악의 흐름을 표현하지만 점점 소근육적인 움직임의 표현이 나타나며, 이러한 경험을 많이 할수록 음악에 대한 보다 구체적이고 정확한 반응을 나타내게 된다.

2. 음악과 미술의 통합 방법

영유아음악과 미술은 예술을 통한 교육이라는 측면에서 많은 유사성이 있다. 그러므로 음악과 미술의 통합 활동은 다양한 방법으로 이루어질 수 있다.

- 그림을 감상하면서 그림의 이미지와 일치하는 음악을 상상하는 활동
- 음악에 어울리는 그림을 찾도록 한다.
- 그림 속에 있는 악기를 연주하도록 한다.
- 그림 속에 있는 인물의 특징이나 사물의 속성을 음악으로 표현해 본다.
- 음악과 일치하는 그림이나 그림과 일치하는 음악에 대하여 다른 사람들과 이야기 나눈다.

교사는 음악과 미술 통합 활동의 계획을 통해 수업이 잘 이루어지도록 하기 위해 적극적으로 음악과 미술의 일치점과 차이점을 정확히 인식하고 통합적 요소를 잘 이해하여야 한다.

3. 음악과 미술 통합 활동의 실제

표 9-1 음악과 미술의 통합 계획안

<table>
<tr><th>활동명</th><td colspan="3">나비가 친구 꽃을 찾아요</td><th>주제</th><td>봄</td><th>대상</th><td>만 4~5세</td></tr>
<tr><th>활동목표</th><td colspan="7">• 명화를 감상하고 느낀 점을 음악으로 표현할 수 있다.
• 음악에 맞추어 나비의 날갯짓을 몸으로 표현한다.</td></tr>
<tr><th>누리과정
관련 요소</th><td colspan="7">• 예술경험>예술 감상하기>다양한 예술을 감상하며 상상하기를 즐긴다.
• 예술경험>아름다움 찾아보기>다양한 예술적 요소에 관심을 갖고 찾아본다.
• 사회관계>더불어 생활하기>서로 다른 감정, 생각, 행동을 존중한다.</td></tr>
<tr><th>음악요소</th><td>빠르기</td><th>미술요소</th><td>색</td><th colspan="2">음악활동유형</th><td colspan="2">음악감상>신체표현</td></tr>
<tr><th rowspan="4">활동자료</th><td>음악</td><td colspan="6">슈만의 '나비(Papillons)' Op. 2 중 1곡 왈츠 중 No.1, 2, 4, 5</td></tr>
<tr><td rowspan="2">미술</td><td colspan="3"></td><td colspan="3"></td></tr>
<tr><td colspan="6">나비와 관련된 명화</td></tr>
<tr><td>비음악</td><td colspan="6">흰색 8절지, 색지(또는 색종이), 빨대, 모루(갈색 또는 검은색), 크레파스(또는 색연필), 사인펜</td></tr>
<tr><th>활동
방법</th><td colspan="7">▪ 도입
1) 명화의 색과 소재, 색 등 특징들을 탐색해 본다.
-소재가 나비와 꽃인 2개의 명화를 감상하며 작품의 특징과 미술적 요소를 탐색해 본다.
예 교사의 발문
이 그림에서 무엇을 볼 수 있니?
그림의 나비는 무슨 색일까요?
나비의 날개는 어떻게 생겼을까요?
나비는 모두 몇 마리일까요?
그림의 꽃은 무슨 색이죠? 또는 모두 몇 송이일까요?
이 그림에서 어떤 향기가 날까?
이 그림에서 어떤 소리가 날까? 시끄러울까? 조용할까?
이 그림의 제목은 무엇일까?
우리 친구들이 만약 제목을 짓는다면 어떤 제목이 좋을까?</td></tr>
</table>

활동 방법	■ **전개** 2) 감상 활동곡 〈슈만의 나비 중 왈츠〉의 제목을 소개하고, 음악을 들으며 나비의 움직임을 그림으로 표현해 보도록 한다. - 각 유아에게 흰색 8절지 한 장씩 나눠준다. - 음악을 들으며, 손가락을 종이에 대고 나비의 움직임을 자유롭게 표현해 보도록 한다. - 유아에게 드로잉 재료(크레파스 또는 색연필)를 나눠준다. - 음악을 다시 들으며 드로잉 재료로 나비의 움직임을 그림으로 표현해 보도록 한다. - 음악이 끝난 후 1분 정도 더 자유롭게 그림을 그린다. 3) 그룹 조형 활동 '나비 동산 꾸미기'를 한다. - 음악을 감상하며 색지와 빨대 등의 재료로 나비를 만든다. - 음악을 반복해서 들으며 한 사람씩 차례로 일어나서 벽에 마련된 넓은 하늘과 동산 배경 그림에 자신이 만든 나비를 붙인다. - 모두 나비를 붙인 후 함께 만든 작품을 감상한다. 4) 음악을 배경으로 그림 속의 나비와 꽃을 신체로 표현해 본다. - 2개의 그림 중 하나를 선택하고, 친구들과 꽃과 나비를 신체로 표현해 본다. ■ **마무리** 5) 활동하면서 제일 재미있었던 점 또는 조금 힘들었던 점에 대해 이야기 나누며 활동을 마무리한다.

표 9-2 음악과 미술의 통합 계획안

<table>
<tr><td>활동명</td><td colspan="2">그림 속의 소리를 상상해 보아요</td><td>주제</td><td>소리</td><td>대상</td><td>만 4~5세</td></tr>
<tr><td>활동목표</td><td colspan="6">• 그림을 감상하고 다양한 음악적 소리를 상상해 본다.
• 그림 속에서 찾은 여러 소리들을 다양한 악기로 표현해 본다.</td></tr>
<tr><td>누리과정 관련 요소</td><td colspan="6">• 예술적 경험>예술감상하기>다양한 예술을 감상하며 상상하기를 즐긴다.
• 자연탐구>생활 속에서 탐구하기>물체의 특성과 변화를 여러 가지 방법으로 탐색한다.</td></tr>
<tr><td>음악요소</td><td colspan="2">음색</td><td colspan="2">활동유형</td><td colspan="2">소리듣기>신체표현</td></tr>
<tr><td rowspan="3">활동자료</td><td>음악</td><td colspan="5">악기: 라운드 자일로폰, 심벌즈, 탬버린, 핸드드럼, 징글스틱, 클라베스
음악: 파헬벨의 카논 음원</td></tr>
<tr><td>미술</td><td colspan="3"></td><td colspan="2">작품명: 〈얀 스테인(Jan Steen)의 세례잔치〉</td></tr>
<tr><td>비음악</td><td colspan="5">악기 바구니 또는 쟁반, 악기들</td></tr>
<tr><td>활동방법</td><td colspan="6">■ 도입
1) 미술작품에 대해 이야기를 나눈다.
- 미술작품의 작가 이름 및 작품의 내용에 대해 유아들과 이야기를 나누며 감상하도록 한다.
예 교사의 발문
이 그림 속에 사람들은 무엇을 하고 있니?"
우리가 이곳에 함께 있다면 어떤 느낌이 들까? 시끄러울까? 조용할까? 어떤 소리가 들릴까?
이 그림의 제목은 무엇일까? 함께 상상해 보고 우리 친구들이 만약 제목을 짓는다면 어떤 제목을 지어 주고 싶니?

■ 전개
2) 그림의 내용을 소리로 표현해 보도록 한다.
- 미술작품 속의 다양한 모습 속에서 상상되는 여러 가지 재미있는 소리를 표현해 본다.

- 교사: 이 그림 속에 내가 함께 있다면 어떤 소리가 들릴까?
- 유아: 국자로 젓는 소리요.
그릇 깨지는 소리요.
아기 우는 소리요.
시끄럽게 떠드는 소리요.</td></tr>
</table>

활동방법	3) 악기로 미술작품 표현하기 - 여러 가지 악기를 이용하여 유아들이 그림 속에서 찾은 다양한 소리를 만들어 본다. - 한 악기를 제시하고 그 악기와 어울리는 모습을 그림에서 찾아본다. - 그림의 일부분을 조금씩 나눠서 감상하며 그림에 어울리는 악기를 찾아보고 그 악기를 연주하는 모습을 신체로 표현해 본다. - 유아에게 다양한 악기를 제시하고, 그림과 어울리는 악기로 연주해 보도록 한다. 예 교사의 발문 누가 나와서 여러 가지 악기 중에서 국자 소리를 연주해 볼까? (유아들이 그림 속에서 찾아낸 여러 모습들과 연관 지어 그에 어울리는 악기를 탐색하여 보고 연주하여 소리를 만들어본다) 그릇이 부딪힐 때 나는 소리를 목소리로 표현해 보겠니?" 예 영유아가 표현한 악기소리 - 라운드 자일로폰: 국자 젓는 딸그락 소리 - 심벌즈: 그릇 깨지는 소리 - 탬버린: 아기 우는 소리(탬버린을 손톱으로 짧게 긁기) - 핸드드럼: 시끄럽게 떠드는 소리 - 징글스틱: 소곤소곤 대는 소리 - 핸드벨: 그릇 부딪히는 소리 ■ **마무리** 4) 미술작품을 악기로 표현하고 난 후의 느낌을 이야기 나눈다. 예 교사의 발문 그림 속의 모습들을 보고 악기를 이용해서 연주해 보니 어떠니? 어떤 악기의 연주 소리가 독특하고 재미있었니?

| 표 9-3 | 음악과 미술의 통합 계획안

<table>
<tr><td>활동명</td><td>음악에 어울리는 그림이에요</td><td>주제</td><td>가족/사랑</td><td>대상연령</td><td>만 5세</td></tr>
<tr><td>활동목표</td><td colspan="5">• 그림을 보고 느낌을 표현한다.
• 그림들마다 다른 분위기와 느낌을 자아낸다는 것을 인식한다.
• 그림의 분위기와 정서에 어울리는 음악을 선택할 수 있다.</td></tr>
<tr><td>활동자료</td><td colspan="5">• 음악자료: 〈결혼행진곡(멘델스존)〉, 〈미뉴에트(J.S. 바흐)〉, 〈아름다운 로즈마린(크라이슬러)〉
• 미술자료: 에펠탑의 신랑 신부(샤갈), 부지발의 무도회(르누아르), 성 가족(무닐로)
  </td></tr>
<tr><td>활동방법</td><td colspan="5">■ 도입
1) 세 그림을 비교해 보고 느낌에 대해 이야기 나눈다.
예 교사의 발문
그림 속의 사람들의 모습이 서로 어떻게 보이니? / 비슷한 점이 있니?
서로 다른 점은 무엇일까? /
이 그림을 보니까 어떤 느낌이 드니? 왜 그렇게 느껴질까?

■ 전개
2) 세 종류의 음악을 듣고 느낌을 말로 표현한다.
예 교사의 발문
음악을 들으니까 어떤 것이 생각나니? 어떤 느낌이 드니?
3) 음악과 어울리는 그림을 찾아서 연결해 본다.
예 교사의 발문
세 그림 중에서 지금 들리는 음악과 가장 잘 어울리는 그림을 찾아보자.
4) 유아가 나와서 어울리는 그림을 고르도록 한다.
5) 그림과 음악을 그렇게 연결시킨 이유를 알아본다.
예 교사의 발문
왜 이 음악에 이 그림이 어울린다고 생각하니?
6) 그림을 보며 다시 음악을 들어본다.
7) 같은 방법으로 세 가지 음악을 모두 들으며 활동한다.

■ 마무리
8) 활동에서 느낀 점에 대해 이야기 나누며 마무리한다.</td></tr>
</table>

유의점	• 집단의 크기를 대집단 또는 소집단 활동으로 융통성 있게 적용한다. • 유아의 창의적인 생각과 표현을 존중해준다.
확장활동	• 음악을 들으며 생각나거나 상상되는 장면을 그려본다. • 그림을 감상하고 이야기 나눈다.

참고: 이숙희(2010) 아동음악 내용을 참고하여 재구성함.

| 표 9-4 | 음악과 미술의 통합 수업 자료

관련 주제	음악: 곡명(작곡자)	미술: 작품명(작가)
어린이집 / 유치원 / 친구 / 놀이	• 모음곡 〈어린이 정경〉 중 숨바꼭질, 갤롭(슈만) • 장난감 교향곡(레오폴드 모차르트) • 엔터테이너(조플린)	• 어릿광대(마티스) • 가장 좋은 친구(에밀 버몬)
나와 가족	• 자장가(브람스) • 결혼행진곡(멘델스존) • 결혼행진곡(바그너) • 할아버지: 피터와 늑대(프로코피예프) • 사람의 인사(엘가)	• 가족(장욱진) • 기타 치는 아이(노먼 록웰) • 피아노 치는 소녀들(르누아르) • 가족과 비둘기(이중섭) • 가족(헨리무어) • 목욕(메리 카사트) • 아를의 방(빈센트 반 고흐) • 피아노를 치는 소녀들(르누아르)
우리 동네	• 휘파람을 부는 개(프라이어) • 학교 가는 길(김광민)	• 기와 이기(김홍도) • 코탱의 골목(위트릴로) • 아를르의 공원입구(고흐)
동식물	• 강아지 왈츠(쇼팽) • 고양이 왈츠(앤더슨) • 동물의 사육제 중 사자, 암탉과 수탉, 노새, 거북이, 코끼리, 캥거루, 물고기, 뻐꾸기, 새, 피아니스트, 화석, 백조(생상스) • 피터와 늑대 중 오리, 새, 고양이, 늑대 고양이, 오리, 새, 할아버지, 총소리 등(프로코피예프) • 꿀벌: 벌들의 비행(림스키코르사코프)	• 사자, 암탉과 수탉, 노새, 거북이, 코끼리, 캥거루, 물고기, 뻐꾸기, 새, 피아니스트, 화석, 백조 그림 • 황소(이중섭) • 그랑자드 섬의 일요일 오후(쇠라) • 십장생도(민화) • 국화꽃병(르누아르) • 해바라기(반고흐) • 수박과 들쥐(신사임당) • 군마도(김기창) • 금붕어(앙이 마티스) • 초충도(신사임당)

관련 주제	음악: 곡명(작곡자)	미술: 작품명(작가)
자연	• 나무: 옴 부라마이 푸(헨델) • 꽃의 왈츠(차이코프스키) • 보리수(슈베르트) • 거북(생상스) • 바위타령(국악) • 화석: 동물의 사육제 중(생상스)	• 나무(모네) • 생명 나무(구스타프 클림트) • 소나무(시냑) • 라 그랑자트섬의 오후(쇠라) • 화병 속의 장미(르누아르) • 달팽이(마티스) • 바위 그림 또는 바위 조각 작품
건강과 안전	• 놀람교향곡 중 2악장(하이든) • 캉캉(오펜바흐) • 어린이 놀이(드뷔시) • 라데츠키 행진곡(요한 슈트라우스)	• 씨름(김홍도) • 불안(뭉크) • 조용한 긴장(칸딘스키) • 서커스(마르크 샤갈) • 아이의 목욕(메리 커셋) • 이나에르에서의 물놀이(쇠라)
생활도구	• 싱코페이티드 클락: 고장난 시계 (앤더슨) • 타자기(앤더슨) • 시계 교향곡 2악장(하이든) • 밤과 꿈(슈베르트)	• 바느질(조영석) • 주전자와 꽃이 있는 정물(로이 리히텐슈타인) • 탑: 바벨탑(브뤼겔) • 다림질하는 여자들(칸딘스키)
교통기관	• 푸니쿠니 푸니쿨라(이탈리아 민요) • 크시코스의 우편마차(네케) • 뱃노래(쇼팽) • 수상음악(헨델) • 크시코스의 우편마차(네케) • 뱃노래(호프만) • 헝가리 무곡 5번(브람스)	• 기차: 생라자르 기차역(모네) • 배: 생마레 해변의 고깃배들(고흐) • 자동차가 있는 풍경(장욱진)
우리나라	• 산도깨비(조광제)	탈춤(김기창)
세계 여러 나라	• 알프스의 저녁노을(외스텐) • 요들송 • 카르멘 전주곡(비제)	• 세계 여러 나라 소재 그림
환경과 생활	• 윌리엄 텔 서곡(로시니) • 서곡 핑갈의 동굴(멘델스존) • 밤: 아이네 클라이네 나흐트무지크 (모차르트) • 바다(드뷔시) • 달: 월광 소나타(베토벤) 달빛(드뷔시) • 산: 산왕의 전당에서(그리그)	• 산책(샤갈) • 목련이 있는 산(민경갑) • 사과밭(오지호) • 노란 새가 있는 풍경(파울클레) • 꽃이 있는 농장정원(클림트) • 소나무(시냑) • 비 오는 날 파리의 거리(카유보트) • 아를르의 공원입구(고흐)

관련 주제	음악: 곡명(작곡자)	미술: 작품명(작가)
계절-봄	• 바이올린 소나타 '봄'(베토벤) • 봄의 소리(요한 슈트라우스) • 무언가 중 봄노래(멘델스존) • 사계 중 봄 1악장(비발디)	• 봄: 씨뿌리는 사람 • 꽃 소재 그림
계절-여름	• 피아노 소나타 21번 중 2악장 (모차르트) • 빗방울 전주곡(쇼팽) • 천둥과 번개(요한 슈트라우스)	• 여름 달밤(김환기) • 아스니에르에서의 물놀이(조르주 쇠라) • 파리의 거리-비 오는 날(구스타브 카유보트)
계절-가을	• 풍년가(경기민요) • 즐거운 농부(슈만)	• 만종(밀레)
계절-겨울	• 춤추는 눈송이(드뷔시) • 사계 중 겨울(비발디) • 스케이트를 타는 사람들(빌트토이펠) • 군밤타령(민요)	• 신나는 드라이브 외 겨울 작품들 (모지스 할머니) • 서리가 내린 겨울 풍경(보리스 쿠스토디예프) • 옹플뢰르 근처의 눈 내린 풍경(모네
별, 밤(어두운)	• 작은 별 변주곡(모차르트)	• 별이 빛나는 밤에(고흐)
물고기, 여름	• 송어(슈베르트)	• 물고기와 노는 세 아이(이중섭)

CHAPTER 10

영유아음악과 동화 통합

1. 음악과 동화의 통합 내용
2. 음악과 동화의 통합 방법
3. 음악과 동화의 통합 활동의 실제

1. 음악과 동화의 통합 내용

1) 음악과 동화의 통합적 접근

동화는 영유아교육현장에서 가장 많이 사용되는 교육적 매체이며, 영유아기 동화의 경험을 영유아의 호기심과 상상력을 가지게 하며 이후의 삶에 영향을 미친다. 동화는 모든 영유아들이 좋아하는 매체이며, 영유아는 동화를 통하여 자신이 직접 경험하지 못한 새로운 형태의 삶과 사건, 타인의 삶, 사고들을 경험하게 되고 인간 정서의 다양성에 대한 공감 및 통찰력을 가질 수 있다. 또한 동화를 통해 자신의 현실생활에 대한 새로운 태도와 정신을 기를 수 있으며, 상상력의 모체를 형성하고, 삶에 대한 긍정적인 태도를 형성할 수 있다. 동화를 통한 음악교육이란 동화와 음악의 통합적인 활동으로 동화를 통한 내적인 심미감과 상상력을 음악으로 표현함으로써 영유아의 전인적인 발달을 지원할 수 있는 교육이다.

2) 동화의 주요 구성요소

동화에는 규칙과 반복, 그리고 리듬이 있다. 음악에도 전체적인 음악적 흐름이나 반복되는 규칙과 리듬이 존재한다. 영유아들은 동화 속에 있는 리듬과 반복을 즐기며, 이런 요소를 내포하고 있는 이야기를 좋아한다. 이야기 속의 리듬과 반복, 생동감 있는 언어는 아동들에게 청각적 즐거움을 제공하며(Mandler & Johnson, 1977), 이야기의 내용을 쉽게 기억하게 한다.

영유아를 대상으로 동화가 가지고 있는 특징들을 활용하여 동화를 구연하거나 극 놀이를 하는 과정에서 음의 강약, 음의 높낮이, 음색, 그리고 리듬에 관한 음악적 요소를 통합적으로 적용할 수 있다. 동화에 포함된 의성어와 의태어 그리고 운율을 이용한 언어의 리듬감을 활용하여 동화를 음악활동과 통합할 수 있다.

3) 영유아 음악과 동화의 통합 근거

동화에는 사건의 흐름이나 전체적인 이야기 줄거리가 있으며, 음악에도 그 안에 이야기를 담고 있다. 동화의 이야기와 음악 이야기의 차이점은 그림책의 이야기가 구체적인 반면, 음악의 이야기는 추상적인 형태를 가지는 점이다. 동화와 음악활동을 통합적으로 계획하고 적용하는 과정에서 음악에 담긴 추상적인 이야기를 구체화할 수 있으며, 추상적 이야기를 다양한 의미로 해석할 수도 있다.

동화와 음악을 통합한 표상활동을 통해 아동은 동화에 등장하는 주인공의 특징과 역할, 사건의 변화와 동화의 스토리에 대한 이해를 높일 수 있다. 음악이라는 표상양식에 맞도록 동화의 내용을 변환하거나 재구성하면서 다양한 표상양식에 경험을 가질 수 있다.

2. 음악과 동화의 통합 방법

1) 기존의 음악동화를 통한 활동 방법

- 프로코피예프의 〈피터와 늑대〉, 생상스의 〈동물의 사육제〉, 차이코프스키의 발레모음곡 〈호두까기인형〉 등 동화 스토리와 모음곡들이 함께 구성된 '음악동화'를 음악수업에 활용하는 방법이 있다.
- 이런 음악동화들은 스토리와 각 곡의 소재나 제목들이 명확하게 제시되어 있으므로 적용하기 용이하다는 장점이 있고, 각 곡의 길이가 짧아 영유아의 감상 활동 시간이 적합하다.
- 프로코피예프의 〈피터와 늑대〉는 피터와 할아버지 농장에서 일어나는 재미와 모험적 요소를 포함한 모음곡 형식이다. 다양한 동물들을 다양한 악기로 묘사하고 있고, 스토리도 영유아의 관심을 끌 수 있다.
- 생상스의 관현악 모음곡인 〈동물의 사육제〉는 '동물' 주제와 관련하여 통합하여 활용할 수 있다. 그림책에 나오는 주인공을 여러 가지 악기로 표현하거나

음악감상을 한 후 음악에 맞는 이야기를 꾸며보는 활동도 할 수 있다.

- 차이코프스키의 발레모음곡 〈호두까기 인형〉도 영유아의 흥미와 생활과 관련된 흥미롭고 다양한 곡들이 포함되어 있다.

2) 기존 동화를 활용한 활동 방법

- 전래동화 '해님달님', '커다란 무', '잭과 콩나무', '과일나라 도깨비' 등의 동화 내용을 음악으로 구성하여 활동하는 방법이 있다.
- 동화의 내용 중 주요 장면이나 흥미 있는 장면, 활동 계획 구성요소와의 관련성을 고려하여 적용한다. 기존의 잘 알려진 노래의 선율에 동화의 내용으로 간략하게 개사하여 노래 부르며 활동할 수 있다.
- 동화내용을 음악극화하여 극 놀이를 할 수 있다.
- 음악동화의 역할을 담당하여 친구들과 협동하는 기회를 가질 수 있다.

3) 음악의 특징에 맞는 동화 내용을 창작하는 방법

음악의 특징을 구성하고 있는 음악적 개념 요소를 기반으로 동화 내용을 창작하여 활용할 수 있다. 예를 들어 〈유모레스크(드보르작)〉의 첫 부분은 부점 리듬패턴(♫♫♫♫)이 반복된다. 이 음악요소를 활용하여 곡의 도입 시 토끼 관련 동화를 짧게 활용하고, 음악을 들으며 가사를 붙여서 이야기를 만들어 본다. '깡총깡총 아기 토끼, 엄마 토끼 찾아가요. 깡총깡총깡총깡총 등'으로 활동할 수 있다.

3. 음악과 동화 통합 활동의 실제

| 표 10-1 | 음악과 동화의 통합 계획안

<table>
<tr><th>활동명</th><td>잭이 콩나무 타고</td><th>주제</th><td>봄</td><th>대상</th><td>만 4~5세</td></tr>
<tr><th>활동목표</th><td colspan="5">• 친구들과 동화의 내용을 음악극 놀이로 표현한다.
• 음악을 창의적으로 표현하는 과정을 즐긴다.</td></tr>
<tr><th>누리과정 관련 요소</th><td colspan="5">• 예술경험>창의적으로 표현하기>극 놀이로 경험이나 이야기를 표현한다.
• 사회관계>더불어 생활하기>친구와 서로 도우며 사이좋게 지낸다.</td></tr>
<tr><th>음악요소</th><td>리듬, 음높이, 셈여림</td><th colspan="2">음악활동유형</th><td colspan="2">음악극 놀이</td></tr>
<tr><th>활동자료</th><td colspan="5">• 활동곡 1〈나는 작은 콩(악보 10-1-①) / 김미정 곡〉
활동곡 2〈잭이 심은 콩에서(악보 10-1-②) / 김미정 곡〉
활동곡 3〈거인이 쿵쿵쿵〉(악보 10-1-③) / 김미정 곡
활동곡 4〈살금살금 뿅뿅뿅〉(악보 10-1-④) / 김미정 곡〉
활동곡 5〈잭이 콩나무 타고 하늘까지 올라간다(악보 10-1-⑤) / 김미정 곡〉
• 에그셰이크, 글로켄슈필(또는 실로폰), 우드블록(또는 클라베스), 게더링드럼, 말렛(채), 탬버린, 동화책 『잭과 콩나무』</td></tr>
<tr><th>활동방법</th><td colspan="5">■ 도입
1) 동화의 제목과 주인공을 소개한 후 내용을 들려준다.

■ 전개
2) 활동곡 1(악보 10-1-①)을 부르며 간단한 율동을 모델링한다.
- 교사는 유아들이 율동에 익숙해지면, 에그셰이크를 한 박에 한 번씩 연주하며 반주한다.
예 율동 표현: 두 손을 가슴높이에서 잡고 동그란 콩 모양을 만든 후 점점 올리고 머리 위에서 멈춘다.</td></tr>
</table>

악보 10-1-①

나는 작은 콩

김미정 작사
김미정 작곡

활동방법

3) 활동곡 2(악보 10-1-②)를 부르며 콩에서 싹이 난 율동을 모델링하고 유아들이 앉아서 따라 하도록 한다.
   - 교사는 유아들이 율동에 익숙해지면 우드블록(또는 나무 소재 악기)을 한 박에 한 번씩(한마디에 4회 연주) 반주한다.

악보 10-1-②

잭이 심은 콩에서

김미정 작사
김미정 작곡

활동방법

4) 활동곡 3과 활동곡 4를 부르며 거인과 잭을 표현한다.

- 활동곡 3 〈거인이 쿵쿵쿵〉의 말리듬을 부를 때 유아들이 몸집이 크고 발소리가 큰 거인을 큰소리로 발 구르기 동작을 하고 교사는 큰 소리의 북을 큰소리로 연주한다. 다음 곡과의 셈여림 차이를 다르게 표현할 수 있도록 한다.

예 악기표현

교사는 유아들이 〈거인이 쿵쿵쿵〉을 노래 부를 때 게더링드럼(또는 다른 북 종류)을 2박에 한 번씩(한 마디에 2회) 연주한다.

악보 10-1-③

거인이 쿵쿵쿵

김미정 작사
김미정 작곡

- 활동곡 4 〈살금살금 뿅뿅뿅〉을 부를 때 유아들이 몸집이 작은 잭이 거인에게 들킬까 봐 살금살금 걷는 동작을 한다.

예 악기표현

글로켄슈필(또는 실로폰)을 도(C음)와 솔(G음)을 2박에 한 번씩(한 마디에 2회) 연주하며, 작은 몸짓과 작은 발소리로 걷는 잭을 표현한다.

악보 10-1-④

살금살금 뿅뿅뿅

김미정 작사
김미정 작곡

활동방법

5) 활동곡 5를 부르며 음악놀이를 한다.
   - 교사의 북소리에 맞춰 유아 한 명씩 스카프 연결한 것(또는 긴 줄을 타고 콩나무를 올라가는 음악놀이를 한다.
   - 처음 말리듬을 부를 때는 앉아서 두 손으로 줄을 타고 올라가는 동작을 한다.
   - 점차 익숙해지면 콩나무(긴 스카프 또는 긴 줄)를 두 손으로 타고 올라가서 도착지점에서 악기(비브라슬랩)를 연주하거나 스카프를 들고 있는 교사 또는 친구와 하이파이브를 하며 제자리로 돌아온다.
   - 말리듬의 템포를 느리게 또는 빠르게 바꾸며 진행하면 유아들의 흥미와 참여를 더 이끌 수 있다.

악보 10-1-⑤

잭이 콩나무 타고 하늘까지 올라간다

김미정 작사
김미정 작곡

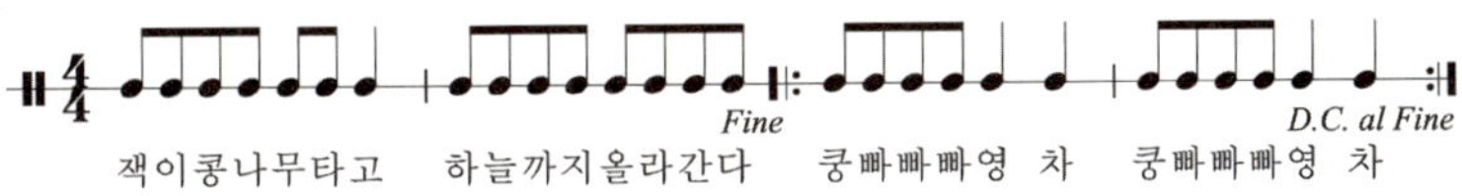

■ **마무리**

6) 동화 내용을 음악극 놀이로 표현하는 활동에서 느낀 점에 대해 이야기 나누고 활동을 마무리한다.

표 10-2 동화 음악 놀이 계획안

<table>
<tr><td>활동명</td><td colspan="2">또또의 음악회</td><td>주제</td><td>봄</td><td>대상</td><td>만 4~5세</td></tr>
<tr><td>활동목표</td><td colspan="6">• 친구들과 동화의 내용을 음악극 놀이로 표현한다.
• 음악을 창의적으로 표현하는 과정을 즐긴다.</td></tr>
<tr><td>누리과정 관련 요소</td><td colspan="6">• 예술경험>창의적으로 표현하기>극 놀이로 경험이나 이야기를 표현한다.
• 사회관계>더불어 생활하기>친구와 서로 도우며 사이좋게 지낸다.</td></tr>
<tr><td>음악요소</td><td>리듬, 음높이, 셈여림</td><td>음악활동유형</td><td colspan="4">음악극 놀이</td></tr>
<tr><td>활동자료</td><td>
</td><td colspan="5">동화 『또또의 음악회』(니카에요시오 글, 우에노노리코 그림, 이재은 옮김 / 세상모든책 출판사), 악기소리 음원(트럼펫, 심벌즈, 북, 아코디언, 바이올린, 하프, 트럼본, 피아노), 모형악기(트럼펫, 심벌즈, 북, 아코디언, 바이올린, 하프, 트럼본, 피아노 발건반 모형, 음악(마지막 곡)</td></tr>
<tr><td>활동방법</td><td colspan="6">

▪ **도입**

1) 동화책을 제시하고 표지의 내용을 살펴본 후 동화를 들려준다.

예 동화내용(김미정 글 수정)

또또라는 주인공 쥐돌이가 갑작스럽게 음악회에서 트럼펫 연주를 맡게 되고 그 과정에서 문제를 해결해 나가는 과정을 내용으로 한다.

펭귄선생님이 또또에게 걸어온다.

펭귄선생님: 또또야, 이번 음악회에서 트럼펫을 불어 줄래?
또또: '푸~ 푸~' 안 되겠어요. 선생님! 저는 못 불겠어요.
펭귄선생님: 또또야, 넌 할 수 있어. 끝까지 해봐. 열심히 연습하면 돼.
야옹이: (또또가 트럼펫에서 '푸 푸' 소리 나는 것을 보고) 키득키득, 저것도 못 불다니 …….
또또: 야옹아, 그 심벌즈와 이 트럼펫을 바꿀까?
야옹이: 싫어 싫어. 난 이게 제일 좋아.
(짜앙~ 짜앙~ 심벌즈를 크게 연주하며) 이게 얼마나 재미있다구.
또또와 친구: 이 - 크, (귀를 막으며 도망친다.)
야옹이: 헤헤헤 …….
또또: 야옹이는 심술꾸러기.
또또: 너구리야, 그 북과 이 트럼펫을 바꿀까?
너구리: 안 돼. 이 북은 내가 아니면 못 쳐. 또또한테는 너무 커서 북 위에 올라가서 쳐야 할걸?
(둥~ 둥~ 둥~ 북을 연주하며) 으쓱으쓱, 너구리가 뽐을 내어요.
또또와 친구: 쳇, 괜히 말했네.
또또: 원숭아, 그 아코디언과 이 트럼펫을 바꿀까?
또또와 친구: 쳇, 괜히 말했네.
또또: 원숭아, 그 아코디언과 이 트럼펫을 바꿀까?
원숭이: 바꿔주고 싶지만, 너 나처럼 팔이 길지 않잖아.
(뿌아앙~) 으쓱으쓱, 원숭이도 뽐을 내며 연주해요.
또또: 아, 알았어.

</td></tr>
</table>

활동방법	**또또:** 사자야, 그 바이올린과 이 트럼펫을 바꿀까? **사자:** 어쩌지 ……. 바꿔 주고 싶지만 너 나처럼 턱이 튼튼하지 않잖니. (낑깡낑깽~ 바이올린을 연주하며) 으쓱으쓱, 사자도 뽐을 내어요. **또또:** 아, 알았어. **또또와 친구:** 너무너무 힘들어. 그래도 끝까지 해 봐야지. **또또:** 곰아, 그 하프와 이 트럼펫을 바꿀까? **곰:** 어쩌지 ……. 바꿔주고 싶지만 넌 나처럼 손톱이 튼튼하지 않잖아. (뜨르릉~ 하프를 연주하며) 으쓱으쓱, 곰도 뽐을 내어요. **또또:** 아무리 생각해도 내가 악기를 다루는 건 어려워. 트럼본을 부는 기린을 만난다. **또또:** 저, 기린아……. 그 트롬본과 이 트럼펫을 바꿀까? **기린:** 또또, 그건 말도 안 돼. 넌 나처럼 목이 길지 않잖아. **또또와 친구:** (몹시 실망하며) ……. ……. 피아노에 앉아 있는 코끼리를 만난다. **또또:** 코끼리는 몸집이 크니까 커다란 피아노도 치는구나. 코끼리야, 코끼리야. 재미있니? **코끼리:** 아니, 또또야. 하나도 재미없어. 난 손가락이 너무 뚱뚱해서 건반을 칠 수가 없거든. **펭귄선생님:** 바로 그거야! 얘들아, 좋은 생각이 떠올랐단다. 또또와 또순이는 피아노 건반을 뛰어다니며 발로 피아노를 치고 동물 친구들은 각자의 악기를 연주하고 코끼리는 조명을 비춰주네요. 펭귄 선생님의 멋진 지휘에 맞춰 정말 즐거운 연주회네요. **■ 전개** 2) 동화에 나오는 악기의 모형을 보여주며 악기(음원)의 소리를 들려준다. 예 동물과 악기 또또 - 트럼펫 / 고양이 - 심벌즈 / 너구리 - 북/ 원숭이 - 아코디언 / 사자 - 바이올린 / 곰 - 하프/ 기린 - 트럼본 / 또또와 또순이 - 피아노 3) 유아들이 각 동물과 악기를 하나씩 맡아서 준비하도록 한다. 4) 동물 머리띠를 한 유아들이 각자의 대사를 연습해 보도록 한다(위의 동화 내용표 참고). 5) 극 놀이를 시작하고, 동화의 내용에 맞춰 악기 음원을 들려준다. 마지막 곡에는 모두 즐겁게 악기연주하는 흉내를 내도록 한다. **■ 마무리** 6) 동화 내용을 음악극 놀이로 표현하는 활동에서 느낀 점에 대해 이야기 나누고 활동을 마무리한다.
유의점	4세 유아에게 적용 시 동화의 내용을 줄여서 활동한다(아코디언 연주하는 원숭이나 바이올린 연주하는 사자 등을 빼기).

| 표 10-3 | 동화 음악 표현 놀이 계획안

<table>
<tr><td>활동명</td><td>내가 닦아줄게 싹싹싹</td><td>주제</td><td>봄</td><td>대상</td><td>만 2세</td></tr>
<tr><td>활동목표</td><td colspan="5">• 동화의 반복되는 의태어를 악기로 표현해 본다.
• 음악을 창의적으로 표현하는 과정을 즐긴다.</td></tr>
<tr><td>표준 보육과정 관련 요소</td><td colspan="5">• 예술경험>창의적으로 표현하기>극 놀이로 경험이나 이야기를 표현한다.
• 사회관계>더불어 생활하기>친구와 서로 도우며 사이좋게 지낸다.</td></tr>
<tr><td>음악요소</td><td colspan="2">리듬, 음색</td><td colspan="2">음악활동유형</td><td>음악극 놀이</td></tr>
<tr><td>활동자료</td><td></td><td colspan="4">동화 「내가 닦아줄게」(하야기 아키코 글·그림, 이영준 옮김, 한림출판사)의 수정본(김미정), 활동곡 〈내가 닦아줄게 싹싹싹(김미정 편곡, 원곡: 모차르트 작은별 변주곡)〉, 수건, 접시, 큰 숟가락, 노란색 클레이(수프 표현용), 생쥐 인형, 토끼 인형, 곰 인형, 아기 인형, 키보드, 귀로, 카바사, 수건(또는 스카프)</td></tr>
<tr><td>활동방법</td><td colspan="5">▪ 도입
1) 동화책을 제시하고 표지의 내용을 살펴본 후 동화를 들려준다.
예 동화내용(김미정 수정)

모두 모두 맛있는 수프를 먹자! / 어어어어? 생쥐가 수프를 흘렸네
배에 흘렸네 닦아줄게 싹싹싹 / 배꼽이 간질간질 간질간질 (고마워)
저런, 토끼도 흘렸네 손에 흘렸네/
닦아줄게 싹싹싹 손가락이 간질간질 간질간질 (고마워)
아이쿠! 곰도 흘렸네 발에 흘렸네
닦아줄게 싹싹싹 발가락이 간질간질 간질간질 (고마워)
아이, 맛있어. 반짝반짝 접시가 모두 비었네!
저런 저런 누구 입에 수프가 묻었네요/
싹싹싹 싹싹싹 잘 먹었어요

▪ 전개
2) 활동곡의 가사를 간단한 동작으로 표현해 보도록 한다.
원곡 〈작은 별〉에 아래 가사를 붙여서 부른다(가사: 김미정).

1절 모두 모두 맛있는 수프를 먹-자
어어어어? 생쥐가 수프를 흘렸네 (어디에?)
배에 흘렸네 닦아줄게 어떻게?
(교사가 악기를 영아에게 제시하고 연주하도록 한다.)
싹싹싹싹 싹싹싹 싹싹싹싹 싹싹싹
자꾸자꾸 닦으니까 배꼽이 간질간질 고마워</td></tr>
</table>

활동방법

2절 모두 모두 맛있는 수프를 먹-자
어어어어? 토끼가 수프를 흘렸네 (어디에?)
손에 흘렸네 닦아줄게 어떻게?
(교사가 악기를 영아에게 제시하고 연주하도록 한다.)
싹싹싹싹 싹싹싹 싹싹싹싹 싹싹싹
자꾸자꾸 닦으니까 손가락이 간질간질 고마워
3절 모두 모두 맛있는 수프를 먹-자
어어어어? 곰이 수프를 흘렸네 (어디에?)
발에 흘렸네 닦아줄게 어떻게?
(교사가 악기를 영아에게 제시하고 연주하도록 한다.)
싹싹싹싹 싹싹싹 싹싹싹싹 싹싹싹
자꾸자꾸 닦으니까 발가락이 간질간질 고마워
4절 모두 모두 맛있는 수프를 먹-자
냠냠냠냠 냠냠냠냠 조금 흘려도 괜찮아
냠냠냠냠 냠냠냠냠 내가 수건으로 닦아줄게 싹!싹!싹! (뽀드득)

예 동화 내용을 기존 곡의 선율에 적용한 예

악보 10-2

내가 닦아줄게 싹싹싹(원곡: 모차르트 작은별 변주곡)

김미정 작사
김미정 편곡

활동방법			
	예 동작표현 예		
	1절	모두 모두 맛있는 수프를 먹자	왼손으로 접시, 오른손의 두 손가락으로 숟가락을 만들어 먹는 흉내 낸다.
		어어어어? 생쥐가 수프를 흘렸네	두 손을 눈에 대고 놀라는 표정을 지은 후 두 손으로 수프가 쏟아지는 것 표현한다.
		생-쥐가 배-에 수프를 흘렸네	두 손으로 배를 가리킨 후 번갈아 가며 위에서 아래로 내리며 쏟아진 것을 표현한다.
		내가 닦아줄게 수건으로 싹싹싹싹 싹싹싹 (영아의 악기연주)	두 손으로 4각 수건을 표현하거나 실제로 수건을 꺼내서 들고 배(신체부분)를 닦는다.
		배꼽이 간질간질 간질간질 (고마워)	수건 닦던 손을 점차 빠르게 움직이며 영아를 살짝 간지럽힌다.

3) 동화 표현을 위한 악기탐색을 한다.
  - 교사는 영아들에게 귀로(또는 카바사 작은 것)를 제시하고 채로 악기를 긁거나 악기로 몸을 닦는 동작으로 소리 내본다.
4) 교사는 영아 1명과 함께 활동내용을 모델링을 한다.
  - 영아 한 명을 앞으로 나오게 하여 교사와 마주 보고 앉게 한 후 노래를 부르며 교사가 수건으로 닦아주는 것을 모델링한다.
5) 다른 영아들도 앞으로 나오게 하여 교사와 1대1로 활동한다.
  - 제자리에 앉아 있는 영아들의 집중이 흩어지지 않게 하기 위해 교사는 키보드를 바닥에 놓고 노래의 한 절을 다 같이 부르도록 유도한다.
6) 영아들의 주의집중과 흥미를 더 유도하기 위해서 앞에 나온 영아에게 노래가사의 동물과 수프 흘린 신체를 선택하도록 하여 부르며 활동한다.
7) 영아들이 표현에 익숙해지면 영아들끼리 닦아주거나 동물 인형을 닦아주는 표현을 한다.

■ **마무리**

8) 동화 내용을 음악극 놀이로 표현하는 활동에서 제일 재미있었던 점에 대해 간단히 이야기 나누고 활동을 마무리한다.

❙ 표 10-4 ❙ 동화 음악 놀이 계획안

<table>
<tr><th>활동명</th><td colspan="2">개가 무서워요</td><th>주제</th><td>봄</td><th>대상</th><td>만 5세</td></tr>
<tr><th>활동목표</th><td colspan="6">• 동화의 반복되는 의태어를 악기로 표현해 본다.
• 음악을 창의적으로 표현하는 과정을 즐긴다.</td></tr>
<tr><th>누리과정 관련 요소</th><td colspan="6">• 예술경험>창의적으로 표현하기>극 놀이로 경험이나 이야기를 표현한다.
• 사회관계>더불어 생활하기>서로 다른 감정, 생각, 행동을 존중한다.</td></tr>
<tr><th>음악요소</th><td>리듬, 음색</td><th colspan="2">음악활동유형</th><td colspan="3">음악극 놀이</td></tr>
<tr><th>활동자료</th><td>
</td><td colspan="5">동화 『개가 무서워요(하야기 아키코 글·그림, 이영준 옮김, 한림출판사)』, 활동 노래① 〈텔레비전에 OOO 나오면(김미정 개사)〉, 활동 노래② 〈무섭지 않아〉, 감상 활동곡 〈카르멘 전주곡(비제)〉 페트병(1인 1~2개), 색종이(1 / 8 크기), 연필</td></tr>
<tr><th>활동방법</th><td colspan="6">■ 도입
1) 동화책의 표지를 보며 제목과 주인공과 내용에 대해 살펴본다.
■ 전개
2) 동화의 주인공처럼 각 유아들이 무서워하는 것에 대해 이야기 나눈 후 관련 내용을 간단한 단어나 그림으로 표현하도록 한다.
3) 유아들의 대답을 기존 동요 '텔레비전에 내가 나오면'의 선율에 가사를 붙여서 노래 불러보도록 한다.
예 개사 표현
- 텔레비전에 ○○○(무서운 대상) 나오면 꺼버리겠네 꺼버리겠네
- 텔레비전에 ○○○(무서운 대상) 나오면 요술봉으로 무찌르겠네
4) '무섭지 않아' 노래 부르기를 한다.
나는나는 무섭지 않아요 나는나는 무섭지 않아요
씩씩하고 용감하죠 울지 않죠 무서울 땐 엄마 품에 꼬오옥 안기죠
5) 색종이에 자신이 무서워하는 것의 명칭이나 그림을 그리고 다양한 꾸밈재료를 페트병에 넣어 요술봉을 만들도록 한다.
6) 감상곡 '카르멘 전주곡(비제)'를 들으며 음악에 맞춰 요술봉을 흔드는 표현을 하도록 한다.
- 이때, 다 같이 한 줄 기차 대형으로 서서 요술봉을 흔들며 가다가 방향을 바꿔서(뒤로 돌아서, 안으로, 밖으로, 제자리에서 등) 움직이도록 진행할 수 있다.
■ 마무리
7) 동화 내용을 음악놀이로 표현하면서 제일 흥미 있었던 점에 대해 간단히 이야기 나누고 활동을 마무리한다.</td></tr>
<tr><th>교사를 위한 TIP!</th><td colspan="6">유아들이 만 5세가 되면서 점점 두렵거나 무서운 대상이 생기고 감정으로 표현하기도 한다. 이런 유아들의 행동은 발달 과정에서 자주 나타나는 행동이다. 이 시기가 잘 지나갈 수 있도록 두려움, 낯섦과 같은 정서를 다양한 음악놀이로 경험하는 것이 필요하다.</td></tr>
</table>

APPENDIX

부록 1

개정 표준보육과정과 개정 누리과정 그리고 영유아음악교육

1. 개정 표준보육과정과 영아음악교육
2. 개정 누리과정과 유아음악교육

국가수준의 교육과정에서 영유아가 교육기관에서 경험해야 할 바람직한 태도, 가치, 지식 및 기술을 제시하고 있는 0~2세 대상 개정 표준보육과정(5차)과 만 3~5세 대상 국가수준의 공통 교육과정인 개정 누리과정을 중심으로 영유아음악교육 관련 내용을 살펴보고자 한다. 표준보육과정은 예술경험 영역에서의 내용을 중심으로, 만 3~5세 개정 누리과정은 2019년 7월에 고시된 내용을 중심으로 한다.

1. 개정 표준보육과정과 영아음악교육

1) 표준보육과정의 추구하는 인간

건강한 사람, 자주적인 사람, 창의적인 사람, 감성이 풍부한 사람, 더불어 사는 사람

2) 표준보육과정의 목적과 목표

(1) 목적

표준보육과정의 목표는 영유아가 놀이를 통해 심신의 건강과 조화로운 발달을 이루고 바른 인성과 민주 시민의 기초를 형성하는 데에 있다.

(2) 0~2세 보육과정의 목표

- 자신의 소중함을 알고, 건강하고 안전한 환경에서 즐겁게 생활한다.
- 자신의 일을 스스로 하고자 한다.
- 호기심을 가지고 탐색하며 상상력을 기른다.
- 일상에서 아름다움에 관심을 가지고 감성을 기른다.
- 사람과 자연을 존중하고 소통하는 데 관심을 가진다.

3) 표준보육과정의 운영

(1) 편성과 운영

- 어린이집의 운영시간에 맞추어 편성한다.
- 표준보육과정을 바탕으로 각 기관의 실정에 적합한 계획을 수립하여 운영한다.
- 하루 일과에서 바깥 놀이를 포함하여 영유아의 놀이가 충분히 이루어지도록 편성하여 구성한다.
- 성, 신체적 특성, 장애, 종교, 가족, 및 문화적 배경 등에 따른 차별이 없도록 편성하여 운영한다.
- 영유아의 발달과 장애 정도에 따라 조정하여 운영한다.
- 가정과 지역사회와의 협력과 참여에 기반하여 운영한다.
- 교사 연수를 통해 표준보육과정의 운영을 개선할 수 있도록 한다.

(2) 교수 · 학습

- 영유아의 의사 표현을 존중하고 민감하게 반응한다.
- 영유아가 흥미와 관심에 따라, 놀이에 자유롭게 참여하고 즐기도록 한다.
- 영유아가 놀이를 통해 배우도록 한다.
- 영유아가 다양한 놀이와 활동을 경험할 수 있도록 실내외 환경을 구성한다.
- 영유아와 영유아, 영유아와 교사, 영유아와 환경 사이에 능동적인 상호작용이 이루어지도록 한다.
- 각 영역이 내용이 통합적으로 영유아의 경험과 연계되도록 한다.
- 개별 영유아의 요구에 따라, 휴식과 일상생활이 원활히 이루어지도록 한다.
- 영유아의 연령, 발달, 장애, 배경 등을 고려하여 개별 특성에 적합한 방식으로 배우도록 한다.

(3) 평가

- 표준보육과정 운영의 질을 진단하고 개선하기 위해, 평가를 계획하고 실시한다.
- 영유아의 특성 및 변화 정도와 표준보육과정의 운영을 평가한다.
- 평가의 목적에 따라 적합한 방법을 사용하여 평가한다.
- 평가의 결과는 영유아에 대한 이해와 표준보육과정 운영 개선을 위한 자료로 활용할 수 있다.

4) 표준보육과정의 내용

어린이집 표준보육과정은 0~5세 영유아를 위한 국가수준의 보육과정이며 0~1세 보육과정, 2세 보육과정, 3~5세 보육과정(누리과정)으로 구성한다.

가. 국가 수준의 공통성과 지역, 기관 및 개인 수준의 다양성을 동시에 추구한다.
나. 영유아의 전인적 발달과 행복을 추구한다.
다. 영유아 중심과 놀이 중심을 추구한다.
라. 영유아의 자율성과 창의성 신장을 추구한다.
마. 영유아, 교사, 원장, 부모 및 지역사회가 함께 실현해 가는 것을 추구한다.

5) 표준보육과정의 영역별 목표와 내용

(1) 0~1세 영역별 목표와 내용

① 기본생활

가. 목표

- 건강하고 안전한 일상생활을 경험한다.
- 건강한 일상생활을 경험한다.
- 안전한 일상생활을 경험한다.

나. 내용

표 1 표준보육과정 중 기본생활 영역의 내용범주와 내용

내용범주	내용
건강하게 생활하기	• 도움을 받아 몸을 깨끗이 한다. • 음식을 즐겁게 먹는다. • 하루 일과를 편안하게 경험한다. • 배변 의사를 표현한다.
안전하게 생활하기	• 안전한 환경에서 놀이하고 생활한다. • 안전한 상황에서 교통수단을 이용해 본다. • 위험하다는 말에 주의한다.

② 신체운동

가. 목표

- 감각으로 탐색하고 신체활동을 즐긴다.
- 감각 탐색을 즐긴다.
- 신체 활동을 즐겁게 경험한다.

나. 내용

표 2 표준보육과정 중 신체 운동 영역의 내용범주와 내용

내용범주	내용
감각과 신체 인식하기	• 감각적 자극에 반응한다. • 감각으로 주변을 탐색한다. • 신체를 탐색한다.
신체활동 즐기기	• 대근육을 조절한다. • 기본 운동을 시도한다. • 실내외 신체활동을 즐긴다.

③ 의사소통

가. 목표

- 의사소통 능력의 기초를 형성한다.
- 일상생활에서 듣고 말하기를 즐긴다.
- 읽기와 쓰기에 관련된 관심을 가진다.
- 책과 이야기에 관심을 가진다.

나. 내용

표 3 표준보육과정 중 의사소통 영역의 내용범주와 내용

내용범주	내용
듣기와 말하기	• 표정, 몸짓, 말과 주변의 소리에 관심을 갖고 듣는다. • 상대방의 이야기를 들으면서 말소리를 낸다. • 표정, 몸짓, 말소리로 의사를 표현한다.

내용범주	내용
읽기과 쓰기에 관심 가지기	• 주변의 그림과 상징에 관심을 갖는다. • 끼적이기에 관심을 갖는다.
책과 이야기 즐기기	• 책에 관심을 가지고 상상한다. • 말놀이와 이야기에 재미를 느낀다.

④ 사회관계

가. 목표

- 나를 인식하고, 친숙한 사람과 관계를 맺는다.
- 나를 고유한 존재로 안다.
- 안정적인 애착을 형성하고, 또래, 교사와 함께 지낸다.

나. 내용

| 표 4 | 표준보육과정 중 사회관계영역의 내용범주와 내용

내용범주	내용
나를 알고 존중하기	• 나를 인식한다. • 나의 욕구와 감정을 나타낸다. • 나와 친숙한 것을 안다.
더불어 생활하기	• 안정적인 애착을 형성한다. • 또래에게 관심을 가진다. • 다른 사람의 감정과 행동에 관심을 가진다. • 반에서 편안하게 지낸다.

⑤ 예술경험

가. 목표

- 아름다움을 느끼고 경험한다.
- 자연과 생활에서 아름다움에 관심을 가진다.
- 예술적 경험을 표현한다.

나. 내용

| 표 5 | 표준보육과정 중 예술경험 영역의 내용범주와 내용

내용범주	내용
아름다움 찾아보기	• 자연과 생활에서 아름다움을 느낀다. • 아름다움에 관심을 가진다.
창의적으로 표현하기	• 익숙한 노래와 리듬을 표현한다. • 움직임과 춤으로 자유롭게 표현한다. • 미술 재료와 도구로 표현해 본다. • 일상 생활 경험을 상상놀이로 표현한다.

⑥ 자연탐구

가. 목표

- 주변 환경과 자연에 관심을 가진다.
- 일상에서 탐색을 즐긴다.
- 주변 환경을 탐색한다.
- 생명과 자연에 관심을 가진다.

나. 내용

표 6 표준보육과정 중 자연탐구 영역의 내용범주와 내용

내용범주	내용
탐구 과정 즐기기	• 주변 세계와 자연에 대해 호기심을 가진다. • 사물과 자연 탐색하기를 즐긴다.
생활 속에서 탐구하기	• 친숙한 물체를 감각으로 탐색한다. • 물체의 수량에 관심을 가진다. • 주변 공간과 모양을 탐색한다. • 규칙성을 경험한다.
자연과 더불어 살기	• 주변의 동식물에 관심을 가진다. • 날씨의 변화를 감각으로 느낀다.

(2) 2세 영역별 목표와 내용

① 기본생활

가. 목표

- 건강하고 안전한 생활습관의 기초를 형성한다.
- 건강한 생활습관의 기초를 형성한다.
- 안전한 생활습관의 기초를 형성한다.

나. 내용

표 7 표준보육과정 중 기본생활 영역의 내용범주와 내용

내용범주	내용
건강하게 생활하기	• 자신의 몸을 깨끗이 해 본다. • 음식에 관심을 가지고 즐겁게 먹는다. • 하루 일과를 즐겁게 경험한다. • 건강한 배변습관을 갖는다.
안전하게 생활하기	• 일상에서 안전하게 놀이하고 생활한다. • 교통수단을 안전하게 이용해 본다. • 위험한 상황에 대처하는 방법을 경험한다.

② 신체운동

가. 목표

- 감각을 활용하고 신체활동을 즐긴다.
- 감각을 활용하고, 신체를 인식한다.
- 신체활동을 즐긴다.

나. 내용

표 8 표준보육과정 중 신체운동 영역의 내용범주와 내용

내용범주	내용
감각과 신체 인식하기	• 감각 능력을 활용한다. • 신체를 인식하고 움직인다.
신체활동 즐기기	• 대근육을 조절한다. • 기본 운동을 즐긴다. • 실내외 신체활동을 즐긴다.

③ 의사소통

가. 목표

- 의사소통 능력과 상상력의 기초를 형성한다.
- 일상생활에서 듣고 말하기를 즐긴다.
- 읽기와 쓰기에 관심을 가진다.
- 책과 이야기에 재미를 느낀다.

나. 내용

표 9 표준보육과정 중 의사소통 영역의 내용범주와 내용

내용범주	내용
듣기와 말하기	• 표정, 몸짓, 말에 관심을 갖고 듣는다. • 상대방의 이야기를 듣고 말한다. • 표정, 몸짓, 단어로 의사를 표현한다. • 자신의 요구와 느낌을 말한다.
읽기과 쓰기에 관심 가지기	• 주변의 그림과 상징, 글자에 관심을 갖는다. • 끼적이며 표현하기를 즐긴다.
책과 이야기 즐기기	• 책에 관심을 가지고 상상한다. • 말놀이와 이야기에 재미를 느낀다.

④ 사회관계

가. 목표

- 나를 알고, 다른 사람과 더불어 생활하는 경험을 한다.
- 나를 알고 긍정적으로 여긴다.
- 다른 사람과 즐겁게 지내기 위한 태도를 기른다.

나. 내용

표 10 표준보육과정 중 사회관계 영역의 내용범주와 내용

내용범주	내용
나를 알고 존중하기	• 나와 다른 사람을 구별한다. • 나의 감정을 표현한다. • 내가 좋아하는 것을 한다.
더불어 생활하기	• 가족에게 관심을 갖는다. • 또래와 함께 놀이한다. • 다른 사람의 감정과 행동에 반응한다. • 반에서의 규칙과 약속을 알고 지킨다.

⑤ 예술경험

가. 목표

- 아름다움을 느끼고 즐긴다.
- 자연과 생활에서 아름다움을 느끼고 관심을 가진다.
- 예술을 통해 자유롭게 표현한다.

나. 내용

표 11 표준보육과정 중 예술경험 영역의 내용범주와 내용

내용범주	내용
아름다움 찾아보기	• 자연과 생활에서 아름다움을 느끼고 즐긴다. • 아름다움에 관심을 갖고 찾아본다.
창의적으로 표현하기	• 익숙한 노래와 리듬을 표현한다. • 움직임과 춤으로 자유롭게 표현한다. • 미술 재료와 도구로 표현해 본다. • 일상생활 경험을 상상놀이로 표현한다.

⑥ 자연탐구

가. 목표

- 주변 환경과 자연을 탐색하는 과정을 즐긴다.
- 일상에서 탐색하는 과정을 즐긴다.
- 주변 환경에 관심을 가지고 탐색한다.
- 생명과 자연에 관심을 가진다.

나. 내용

| 표 12 | 표준보육과정 중 자연탐구 영역의 내용범주와 내용

내용범주	내용
탐구 과정 즐기기	• 주변 세계와 자연에 대해 호기심을 가진다. • 사물과 자연을 반복하여 탐색하기를 즐긴다.
생활 속에서 탐구하기	• 친숙한 물체의 특성과 변화를 감각으로 탐색한다. • 물체의 수량에 관심을 가진다. • 주변 공간과 모양을 탐색한다. • 규칙성에 관심을 가진다. • 주변 사물을 같고 다름에 따라 구분한다. • 생활 도구에 관심을 가진다.
자연과 더불어 살기	• 주변의 동식물에 관심을 가진다. • 날씨와 계절의 변화를 감각으로 느낀다.

6) 표준보육과정 기반의 영아음악교육

0~1세와 2세 영아를 위한 예술경험 영역의 수준별 세부내용을 기반으로 음악교육을 계획하여야 한다. 교사는 영아의 발달 단계를 고려하여 음악과 신체움직임, 미술, 춤, 극 놀이 등과 통합, 음악과 신체, 언어, 자연탐구 등의 영역과 통합하여야 한다.

2. 개정 누리과정과 유아음악교육

1) 누리과정의 내용

2019년 개정 누리과정은 2017년 12월에 교육부가 발표했던 기존 누리과정을 구성 체계 및 주요 내용을 수정, 보완한 놀이중심 교육과정이다. 누리과정에서 추구하는 인간상은 건강한 사람, 자주적인 사람, 창의적인 사람, 감성이 풍부한 사람, 더불어 사는 사람이며, 이를 위한 누리과정의 목적은 유아가 놀이를 통해 심신의 건강과 조화로운 발달을 이루고 바른 인성과 민주 시민의 기초를 형성하는 데 있다. 이를 실현하기 위한 누리과정의 목표는 영역별 목표가 아닌, 개정 누리과정이 추구하는 인간상에 따라 다음과 같이 설정되었다(허미애, 2019).

• 자신의 소중함을 알고, 건강하고 안정한 생활 습관을 기른다.
• 자신의 일을 스스로 해결하는 기초 능력을 기른다.
• 호기심과 탐구심을 가지고 상상력과 창의력을 기른다.
• 일상에서 아름다움을 느끼고, 문화적 감수성을 기른다.
• 사람과 자연을 존중하고 배려하며 소통하는 태도를 기른다.
• 추구하는 인간상 구현을 위한 지식, 기능, 태도 및 가치를 반영하여 구성한다.
• 신체 운동·건강, 의사소통, 사회관계, 예술경험, 자연탐구의 5개 영역을 중심으로 구성한다(기존의 연령별 구분과 다름).

- 3~5세 유아가 경험해야 할 내용으로 구성한다.
- 0~2세 보육과정 및 초등학교 교육과정과 연계할 수 있도록 구성한다.

2) 누리과정의 운영

(1) 편성 · 운영

- 1일 4~5시간을 기준으로 편성한다.
- 일과 운영에 따라 확장하여 편성할 수 있다.
- 누리과정을 바탕으로 각 기관의 실정에 적합한 계획을 수립하여 운영한다.
  하루 일과에서 바깥 놀이를 포함하여 유아의 놀이가 충분히 이루어지도록 편성하여 운영한다.
- 성, 신체적 특성, 장애, 종교, 가족 및 문화적 배경 등으로 인한 차별이 없도록 편성하여 운영한다.
- 유아의 발달과 장애 정도에 따라 조정하여 운영한다.
- 가정과 지역사회와의 협력과 참여에 기반하여 운영한다.
- 교사 연수를 통해 누리과정의 운영이 개선되도록 한다.

(2) 교수 · 학습: 교사는 아래의 사항에 따라 유아를 지원한다

- 유아가 흥미와 관심에 따라 놀이에 자유롭게 참여하고 즐기도록 한다.
- 유아가 놀이를 통해 배우도록 한다.
- 유아가 다양한 놀이와 활동을 경험할 수 있도록 실내외 환경을 구성한다.
- 유아와 유아, 유아와 교사, 유아와 환경 간에 능동적인 상호작용이 이루어지도록 한다.
- 5개 영역의 내용이 통합적으로 유아의 경험과 연계되도록 한다.
- 개별 유아의 요구에 따라 휴식과 일상생활이 원활히 이루어지도록 한다.
- 유아의 연령, 발달, 장애, 배경 등을 고려하여 개별 특성에 적합한 방식으로 배우도록 한다.

(3) 평가

- 누리과정 운영의 질을 진단하고 개선하기 위해 평가를 계획하고 실시한다.
- 유아의 특성 및 변화 정도와 누리과정의 운영을 평가한다.
- 평가의 목적에 따라 적합한 방법을 사용하여 평가한다.
- 평가의 결과는 유아에 대한 이해와 누리과정 운영 개선을 위한 자료로 활용할 수 있다.

3) 누리과정의 영역별 목표 및 내용

통합적 접근의 유아음악교육을 계획하기 위하여 영역별 내용을 이해하는 것이 필요하다.

(1) 신체 운동 · 건강

① 목표

- 실내외에서 신체활동을 즐기고, 건강하고 안전한 생활을 한다.
- 신체활동에 즐겁게 참여한다.
- 건강한 생활습관을 기른다.
- 안전한 생활습관을 기른다.

② 내용

표 13 누리과정 중 신체 운동 · 건강 내용범주와 내용

내용범주	내용
신체활동 즐기기	신체를 인식하고 움직인다.
	신체움직임을 조절한다.
	기초적인 이동운동, 제자리 운동, 도구를 이용한 운동을 한다.
	실내외 신체활동에 자발적으로 참여한다.
건강하게 생활하기	자신의 몸과 주변을 깨끗이 한다.
	몸에 좋은 음식에 관심을 가지고, 바른 태도로 즐겁게 먹는다.
	하루 일과에서 적당한 휴식을 취한다.
	질병을 예방하는 방법을 알고 실천한다.
안전하게 생활하기	일상에서 안전하게 놀이하고 생활한다.
	TV, 컴퓨터, 스마트폰 등을 바르게 사용한다.
	교통안전 규칙을 지킨다.
	안전사고, 화재, 재난, 학대, 유괴 등에 대처하는 방법을 경험한다.

출처: 허미애(2019). 2019 개정 누리과정 이해와 현장 적용. 한국아동보육복지협회. 추계학술 대회. 자료집. 재인용.

(2) 의사소통

① 목표

- 일상생활에 필요한 능력과 상상력을 기른다.
- 일상생활에서 듣고 말하기를 즐긴다.
- 읽기와 쓰기에 관심을 가진다.
- 책이나 이야기를 통해 상상하기를 즐긴다.

② 내용

표 14 누리과정 중 의사소통 내용범주와 내용

내용범주	내용
듣기와 말하기	말이나 이야기를 관심 있게 듣는다.
	자신의 경험, 느낌, 생각을 말한다.
	상황에 적절한 단어를 사용하여 말한다.
	상대방이 하는 이야기를 듣고 관련해서 말한다.
	바른 태도로 듣고 말한다.
	고운 말을 사용한다.

내용범주	내용
읽기와 쓰기에 관심 가지기	말과 글의 관계에 관심을 가진다.
	주변의 상징, 글자 등의 읽기에 관심을 가진다.
	자신의 생각을 글자와 비슷한 형태로 표현한다.
책과 이야기 즐기기	책에 관심을 가지고 상상하기를 즐긴다.
	동화, 동시에서 말의 재미를 느낀다.
	말놀이와 이야기 짓기를 즐긴다.

출처: 허미애(2019). 2019 개정 누리과정 이해와 현장 적용. 한국아동보육복지협회. 추계학술 대회. 자료집. 재인용.

(3) 사회관계

① 목표

- 자신을 존중하고 더불어 생활하는 태도를 가진다.
- 자신을 이해하고 존중한다.
- 다른 사람과 사이좋게 지낸다.
- 우리가 사는 사회와 다양한 문화에 관심을 가진다.

② 내용

표 15 누리과정 중 사회관계 내용범주와 내용

내용범주	내용
나를 알고 존중하기	나를 알고 소중히 여긴다.
	나의 감정을 알고 상황에 맞게 표현한다.
	내가 할 수 있는 것을 스스로 한다.
더불어 생활하기	가족의 의미를 알고 화목하게 지낸다.
	친구와 서로 도우며 사이좋게 지낸다.
	친구와의 갈등을 긍정적인 방법으로 해결한다.
	서로 다른 감정, 생각, 행동을 존중한다.
	일상에서 예의를 지켜 행동한다.
	약속과 규칙의 필요성을 알고 지킨다.
사회에 관심 가지기	내가 살고 있는 곳에 대해 궁금한 것을 알아본다.
	우리나라에 대해 자부심을 가진다.
	다양한 문화에 관심을 가진다.

출처: 허미애(2019). 2019 개정 누리과정 이해와 현장 적용. 한국아동보육복지협회. 추계학술 대회. 자료집. 재인용.

(4) 예술경험

① 목표

- 아름다움과 예술에 관심을 가지고 창의적 표현을 즐긴다.
- 자연과 생활 및 예술에서 아름다움을 느낀다.
- 예술을 통해 창의적으로 표현하는 과정을 즐긴다.
- 다양한 예술 표현을 존중한다.

② 내용

표 16 누리과정 중 예술경험 내용범주와 내용

내용범주	내용
아름다움 찾아보기	자연과 생활에서 아름다움을 느끼고 즐긴다.
	다양한 예술적 요소에 관심을 갖고 찾아본다.
창의적으로 표현하기	다양한 노래를 즐겨 부른다.
	신체, 사물, 악기로 간단한 소리와 리듬을 만들어 본다.
	신체나 도구를 활용하여 움직임과 춤으로 자유롭게 표현한다.
	다양한 미술 재료와 도구로 자신의 생각과 느낌을 표현한다.
	극 놀이로 경험이나 이야기를 표현한다.
예술감상하기	다양한 예술을 감상하며 상상하기를 즐긴다.
	서로 다른 예술 표현을 존중한다.
	우리나라 전통 예술에 관심을 갖고 친숙해진다.

출처: 허미애(2019). 2019 개정 누리과정 이해와 현장 적용. 한국아동보육복지협회. 추계학술 대회. 자료집. 재인용.

(5) 자연탐구

① 목표

- 탐구하는 과정을 즐기고, 자연과 더불어 살아가는 태도를 가진다.
- 일상에서 호기심을 가지고 탐구하는 과정을 즐긴다.
- 생활 속의 문제를 수학적, 과학적으로 탐구한다.
- 생명과 자연을 존중한다.

② 내용

표 17 누리과정 중 자연탐구 내용범주와 내용

내용범주	내용
탐구과정 즐기기	주변 세계와 자연에 대해 지속적으로 호기심을 가진다.
	궁금한 것을 탐구하는 과정에 즐겁게 참여한다.
	탐구과정에서 서로 다른 생각에 관심을 가진다.

내용범주	내용
생활 속에서 탐구하기	물체의 특성과 변화를 여러 가지 방법으로 탐색한다.
	물체를 세어 수량을 알아본다.
	물체의 위치와 방향, 모양을 알고 구별한다.
	일상에서 길이, 무게 등의 속성을 비교한다.
	주변에서 반복되는 규칙을 찾는다.
	일상생활에서 모은 자료를 기준에 따라 분류한다.
	도구와 기계에 대해 관심을 가진다.
자연과 더불어 살기	주변의 동식물에 관심을 가진다.
	생명과 자연환경을 소중히 여긴다.
	날씨와 계절의 변화를 생활과 관련짓는다.

출처: 허미애(2019). 2019 개정 누리과정 이해와 현장 적용. 한국아동보육복지협회. 추계학술 대회. 자료집. 재인용.

4) 누리과정 기반의 영유아음악교육

만 3~5세 유아를 위한 예술경험 영역의 수준별 내용을 기반으로 하여야 한다. 음악 내, 예술 내, 타 발달영역과 통합하여 계획한 활동이 이루어져야 한다.

APPENDIX

부록 2

영유아음악교육의 평가

1. 영유아음악교육의 계획
2. 영유아음악교육의 평가

1. 영유아음악교육의 계획

- 교육, 보육계획(연간, 주간, 일일 계획 등)에 기반하여 활동을 계획한다.
- 실내와 실외 환경을 다양한 흥미 영역으로 구성하며 음악과 음률영역이 단원별, 주제로 상황에 맞게 다양하게 배치하여 운영될 수 있도록 계획한다(권종애, 손은영, 2020).
- 교사는 누리과정과 표준보육과정의 예술경험영역을 통해 영유아음악교육에 대한 교육과정을 운영하도록 계획한다.

2. 영유아음악교육의 평가

1) 영유아음악교육 평가의 중요성

영유아음악교육에서 평가는 결과적인 평가에 중점을 두지 않고 영유아가 어떤 경험을 얼마나 다양하게 하였는가, 그리고 스스로 시도하고 참여하고 즐거워하였는가 등의 과정중심, 차원 중심의 평가에 중점을 두어야 한다. 영유아의 평가가 그들의 음악능력과 교육내용을 평가하는 것이어서는 안 되지만 영유아의 음악적 발달을 이해하고 교사의 효율적인 지도계획을 수립하는 데 필요하고, 부모와의 의사소통 도구로도 활용될 수 있기 때문이다.

유아의 특성 및 변화 정도와 교육과정의 운영을 평가한다. 평가의 결과는 영유아에 대한 이해와 교육과정 운영 개선을 위한 자료로 활용할 수 있다.

영유아 음악활동의 평가는 음악활동의 목표 성취 정도와 목표에 따른 영유아의 변화과정을 파악하고, 다음 활동에 필요한 기초 자료를 제공하기 위해서 필요하다.

평가의 진정한 목적은 영유아가 이미 학습한 결과를 알아내는 것보다 학습이 이루어지는 과정에서 교수와 통합된 평가를 통해 그들의 학습을 최대한 돕는 것에 있다. 따라서 영유아음악활동의 평가도 음악교육 활동 과정에서 자연스럽게 나타나는 음악적 수행을 평가하는 과정 중심 평가의 방향으로 이루어지는 것이 중요하다(안경숙, 신애선, 2020).

2) 영유아에 대한 평가 내용

영유아에 대한 평가는 주로 관찰에 의해 이루어진다(하정희, 조영진, 강혜정, 2017). 표준보육과정과 누리과정 운영의 질을 진단하고 개선하기 위해 평가를 계획하고 실시하여야 한다.

(1) 일화기록법

특정한 사건에 초점을 맞춰 짧게 서술한 설명을 위미한다. 이름, 성별, 생년월일, 관찰일, 관찰자, 관찰 장소 등의 내용으로 이루어진다.

(2) 행동목록법(체크리스트)

숫자평정척도, 도식평정척도, 기술평정척도 등

(3) 비형식적 면담을 통한 평가

영유아가 교실에서 자연스럽게 음악활동을 하는 과정에서 영유아와 교사가 서로 이야기하고, 상호작용하면서 평가하는 방법이다.

(4) 음악활동유형별 평가 내용 예

① 소리 탐색 및 듣기 활동시

- 영유아가 다양한 소리에 관심을 갖고 민감하게 귀 기울이는가?
- 일상적인 소리와 소음 그리고 음악을 구별하여 들 수 있는가?
- 다양한 소리의 음색을 구별할 수 있는가?
- 예술영역이나 타영역(사회관계영역/신체·운동영역/의사소통영역/자연탐구영역)과의 통합하여 표현할 수 있는가?

② 노래 활동시

- 영유아가 얼마나 즐겁게 노래를 부르는가?
- 다양한 노래를 부르는가?
- 노래의 선율과 리듬, 가사를 얼마나 정확하게 표현하는가?
- 자신감을 가지고 노래 부르는가?
- 자발적이고 적극적으로 노래 부르기에 참여하는가?
- 그룹 노래 활동에 어느 정도 참여하는가?

③ 음악감상 활동시

- 영유아가 감상활동에 즐겁게 참여하는가?
- 감상곡에 관심을 얼마나 갖는가?
- 통합 감상 활동에 적극적으로 참여하는가?

④ 악기 연주 활동시

- 영유아가 주변의 다양한 사물로 소리 만드는 것을 즐거워하는가?
- 악기의 이름과 연주방법 등에 관심을 갖는가?
- 즐거운 마음으로 악기연주에 참여하는가?
- 눈과 손의 협응이 어느 정도 되는가?
- 그룹원과 함께 연주하는 데 참여할 수 있는가?

⑤ 신체표현 활동시

- 영유아가 음악의 요소들을 신체로 표현하는 것을 즐기는가?
- 노래 가사나 소재에 기반한 신체표현이나 동작표현에 적극적으로 참여하는가?

- 음악을 간단한 도구를 활용하여 자발적으로 참여하는가?
- 그룹 신체표현 활동에 즐겁게 참여하는가?

3) 교사에 대한 평가

음악 활동을 준비하고 운영하는 과정에서 영유아를 관찰하면서 활동을 진행한 후에 교사 자신의 수업에 대해 스스로 평가하여 교수과정을 점검하는 것이다. 영유아의 음악교육에서 교사의 음악적 능력과 음악활동의 내용과 질이 많은 영향을 미친다. 하지만 교사의 음악적 능력 보다 더 중요한 것은 음악을 사랑하고 음악을 이해하고자 하는 마음이 더 중요하다.

- 음악활동 선정시 생활주제나 주제와 연계하였는가?
- 적용할 음악(동요, 클래식 곡, 세미클래식 등)에 대해 정확히 이해하였는가?
- 활동계획안 하위 구성 내용간 연계 및 관련성을 가지고 계획하였는가?
- 유아의 발달과 개인차에 대한 이해가 충분히 되었는가?
- 유아의 자율성과 창의성 신장을 돕기 위해 음악활동을 창의적이고 놀이를 통해 경험할 수 있도록 계획하고 지도하였는가?

4) 음악활동에 대한 평가

영유아의 음악적 발달과 전인적 발달을 이끌기 위해 영유아의 발달을 고려한 단계적 접근이 이루어져야 한다.

- 영아의 발달에 적합하게 활동을 계획하고 적용하였는가?
- 표준보육과정과 누리과정에 기반한 활동을 실시하였는가?
- 음악요소와 음악활동유형을 고르게 적용하였는가?
- 통합적 접근의 음악활동을 구성하고 적용하였는가?

참 고 문 헌

강보라(2017). 영유아 음악교육. 서울: 창지사.

교육과학기술부 · 보건복지부(2012). 5세 누리과정 교사용 지침서.

김명순, 조경자(2005). 유아를 위한 음악교육의 이론과 실제. 서울: 다음세대.

김미정(2007). 놀이와 움직임을 통해 음악을 탐색하고 표현하는 아이들. 중앙대학교 아동연구회 교사교육 자료집.

김미정(2010). 사회 · 정서 통합에 기초한 영아 음악프로그램의 개발 및 적용효과. 중앙대학교 박사학위논문.

김미정(2015). 주의력결핍 과잉행동장애 아동의 문제행동과 정서에 미치는 음악치료의 효과에 대한 사례연구: 감상곡의 주제그림악보(Theme chart)를 활용한 통합적 접근. 예술심리치료연구, 11(1).

김미정(2019). 영아기 자녀와 부/간 상호작용 증진을 위한 음악 프로그램 연구. 이화여자대학교 교육대학원 석사학위논문.

김미정, 이숙희(2008). 통합적 음악감상 활동에 기초한 유아의 정서지능 증진 프로그램 개발 및 효과. 미래유아교육학회지, 15(4), 443-467.

김은심(2004). 영아를 위한 동작활동 - 18~35개월-. 경기: 정민사.

김은심(2009). 영유아를 위한 음악 · 동작 교육의 이론과 실제. 서울: 창지사.

김종인(2005). 행복을 주는 음악치료. 경기: 지식산업사.

남기원, 강남연, 김명정(2017). 영유아음악교육. 경기: 공동체.

문연경(2001). 유리드믹스 교수법 1, 2, 3. 서울: 현대음악출판사.

문연경(2003). 유리드믹스-영아. 서울: 현대음악출판사.

방은영(2015). 영유아음악교육. 경기: 공동체.

보건복지부(2013). 표준보육과정. 보건복지부.

심성경, 이희자, 이선경, 김경의, 이효숙, 박주희(2014). 영유아음악교육. 경기: 양서원.

심성경, 이희자, 이선경, 김경희, 이효숙, 박주희(2003). 유아음악교육. 경기: 양서원.

안재신(2004). 유아음악교육. 서울: 교육과학사.

안재신, 김혜숙, 안경숙, 김소향, 이옥주, 정수진(2002). 구성주의 이론에 기초한 유아음악교육. 서울: 교육과학사.

이석원(2014). 음악음향학. 서울: 심설당.

이숙희(2010). 아동음악. 서울: 동문사.

이숙희, 고인숙, 김미정(2009). 유아의 문제행동에 영향을 미치는 관련 변인 연구. 한국영유아교원교육학회, 13(1), 163-183.

전인옥, 이숙희(2016). 유아음악교육. 서울: 한국방송통신대학교출판부.

정현주(2013). 인간행동과 음악. 서울: 학지사.

정현주(2015). 음악치료의 이해와 적용. 서울: 이화여자대학교출판부.

최병철(2006). 음악치료학. 서울: 학지사.

하정희, 조영진, 강혜정(2017). 유아음악교육. 경기: 공동체.

허미애(2019). 2019 개정 누리과정 이해와 현장 적용. 한국아동보육복지협회 추계학술대회. 자료집.

황인주(2008). 만 2세 영아반에 적절한 음악경험이 음악적성 및 태도에 미치는 효과. 이화여자대학교 대학원 박사학위논문.

Anderess, B. (1995). Transforming Curriculum in Music Sue Bredekamp and Teresa Rosegtant(Eds). Reaching Potentials: Transforming Early Childhood Curriculmn and Assessment 2. 99-108. Washington DC: NAEYC.

Alford, C. A. (1971). Prenatal infections: International Symposion of Viema, september 2nd and 3rd. Stuttgart, Georg Thieme Verlag.

Andress, B. (1973). Transforming Curriculum in Music. In S. Bredekamp & Rossgrant(Eds), *Reaching potentials; Transforming early childhood curriculum and assessment Vol. 2*.

Brunner, J. S. (1966). *What We haver learned about Early Learning.* European Early Education Research Journal.

Campbell, P. S., Scott-Kassner, C. (2006). *Music in childhood: From preschool through the Elementary Grades(3rd ed.)*. Belmont, CA: Thomson Schirmer Books.

Chen, Z., & Siegler, R. (2000). Across the great divide: Bridging the gap between understanding of toddlers' and older children's thinking. *Monographs of the Society for Research in Child development, 62*(2).

Campbell, P. S. & Scott-Kassner, C. (2006). *Music in Childhood: From preschool through the elementary grades*(3rd Ed.). New York: Schrimer Books.

Cohen, J-Q. (2001). Project spectrum: Early learning activities. 안영진, 이성숙(역). 프로젝트 스펙트럼 2. 유아를 위한 활동. 서울: 창지사.

Chen, Z., Sanchez, R. P., & Campbell, T. (1997). From beyend to within their grasps: The rudiments of analogical problem solving in 10-13 month-olds. *Developmental Psychology, 33*, 790-801.

Dalcroze, E. J. (1976). Eurhythmics, art and education, Edited and prepared for the press by Cynthia Cox. Translated from french by Frederick Rothwell. New York: Amo Press, Inc..

Davis, W., & Gfeller, K. & Thaut. M. (2008). Introduction to music therapy: Theory and Practice (3rd ed.). Silver Spring, MD: American Music therapy Association.

DeCasper, A. J., & Fifer, W. P. (1980). Of human bonding: Newborns prefer their mother's voices. *Science, 208*, 1174-1176.

Dowling, W. J. (1984). Development of musical schemata in children's spontaneous singing In W.P. Crozier & A, J. Chapman (Eds.), Cognitive Precesses in the perception of art(pp. 145-163). Amsterdam: North-Holland.

Fridman, R. (1973). *The first cry of the newborn: Basis for the child's future musical development. Journal of Research in Music Education, 21*, 264-269.

Fridman, R. (1973). The first cry of the newborn: Basis for the child's future musical development. *Journal of Research in Music Education, 21*, 264-269.

Goleman, D. (1995). *Emotion Intelligence*. New York: Bantam Books.

Gordon, E. (1997). *A Music Learning Theory for New born and Young Children.* Chicago.: GIA.

Greata, J. (2006). *An introduction to Music in early childhood education.* New York: Thomson Delmar Learning.

Greenberg, M. (1979). *Your Children Need Music*: Upper Saddle River, NJ: Prentice-Hall. Inc.

Hevner, K. (1935). Expression in music: a discussion of experimental studies and theories. *Psychological review, 42*, 186-204.

Jensen, 2004

Kodály, Z. (1952). *Let us sing correctly*. New York: Boosey and Co, Rhapsody.

McDonald (1979). *Music in Lives: The early years*. Washington, DC: National Association for the Education of Young Children.

Michel, P. (1973). Optimum development of musical abilities in the first years of life. *psychology of Music, 1*(2), 14-20.

Moog, H. (1976). *The musical experience of the pre-school* child. London: Schott.

Mandler, J, M., & Johnson, N. S., (1977). *Remembrance of thinks parsed: story structure and recall*. New York: Academic Press.

Michel, P. (1973). Optimum development of musical abilities in the first years of life. *Psychology of Music*, *1*(2), 14-20.

Moog, H. (1976). The musical experience of the pre-school child. London: Schott.

Mursell, J. L. (1986). 음악적 성장을 위한 교육. (한국 음악 교재 연구회 역). 서울 세광출판사. pp.13.

Nye, V. T. (1975). *Music for young children*. W. C. Brown Co.

Oakes, L. M. (1994). *The development of infant's use of continuity cues in their perceptions of causality. Developmental psychology, 30*, 869-879.

Orff, C. (1995). Orff centenniao celebrated around the world-Anniversaries. Teaching music. Schott's Sohne.

Piaget, J. (1970). *Genetic epistemology.* New York, Columbia. University Press.

Radocy, R. E., & Boyle, J. D. (2001). Psychological Foundations of Behavior. 음악심리학(최병철, 방금주 역). 서울: 학지사(원서 1997 출판).

Sims, W. L. (2005). Effects of tree versus directed listening on duration of individual music listening by prekindergarten. *JRME, 53*, 78-86.

Scott-Kassner, C. (1993). Music in childhood: from preschool through the elementary grades. New York: Schirmer Books: Macmillan Publishers.

Trehub, S. (2003). The developmental origins of musicalty. *Nature & Neuroscience, 6*. 669-673.

Valorie, N. S., Mitchel, Kevin, L., Alain, D., & Robert, J. Z. (2011). Anatomically distinct dopamine release during anticipation and experience of peak emotion to music. *Nature Neuro science, 14*, 257-262.

Young, S. (2003). *Music with the under fours*. London Routledge Falmer.

찾 아 보 기

[인 명]

[내 용]

[ㄱ]

[ㄴ]

[ㄷ]

[ㄹ]

[ㅁ]

[ㅂ]

[ㅅ]

[ㅇ]

저 자 약 력

이 숙 희

전) 중앙대학교 아동복지학과 교수
중앙대학교 사회개발대학원 원장 및 사범대학 부속 유치원 원장 역임
백석대학교 초빙교수 및 부속유치원 원장

현) 한국아동보육복지협회 회장

김 미 정

학력) 이화여자대학교 음악대학 학사
연세대학교 교육대학원 음악교육 석사 & 이화여자대학교 음악치료교육 전공 석사
중앙대학교 사회복지 대학원 박사(아동복지 전공)

자격증) 음악중재전문가(KCMT), 예술심리치료 전문가

전) 미국 North Carolina주 Chapel Hill시 「Lincoln Pre-School」 Head Start
미국 North Carolina주 Raleigh시 Raleigh Catholic church 지휘자 및 반주자
중앙대학교 부속 유치원 음악강사
과천 정부청사 부속어린이집 음악강사
서울고등검찰청 부속 어린이집 음악강사
고용노동부 직업능력개발원 아동음악 강사
중앙대학교, 평택대학교 상담대학원, 가천대학교 외 출강
한국아동보육복지협회 이사, 한국음악치료사협회 회원

현) 진영음악심리연구소 대표
서울시 서초구 보건사업 재활 사례관리 심리지원팀 전문자문위원

개정 누리과정과 개정 표준보육과정에 기초한

영유아음악교육

1판 1쇄 인쇄 2020년 11월 15일
1판 1쇄 발행 2020년 11월 20일

저 자 이숙희 · 김미정

발 행 인 회장 박철용 · 대표 박세원
발 행 처 정민사
주 소 경기도 파주시 직지길 522 파주출판도시
전 화 031-955-8030
팩 스 031-955-8025
홈 페 이 지 http://www.jmpub.co.kr
이 메 일 yswgroup@naver.com
출 판 등 록 1979년 1월 22일 No. 406-2004-000130호

I S B N 978-89-5809-869-0
정 가 21,000원